米开朗琪罗传

罗曼·罗兰　著
傅雷　译

人民美術出版社
北京

图书在版编目（CIP）数据

米开朗琪罗传 / (法) 罗曼·罗兰著；傅雷译. --
北京：人民美术出版社, 2018.12
ISBN 978-7-102-08191-5

Ⅰ. ①米… Ⅱ. ①罗… ②傅… Ⅲ. ①米开朗琪罗
(Michelangelo, Buonarroti 1475-1564)—传记 Ⅳ.
①K835.465.72

中国版本图书馆CIP数据核字(2018)第262475号

米开朗琪罗传
MǏKĀILǍNGQÍLUÓ ZHUÀN

编辑出版　人民美术出版社
（北京市东城区北总布胡同32号　邮编：100735）
http://www.renmei.com.cn
发行部：（010）67517601
网购部：（010）67517864
责任编辑　张　侠　李　捷
装帧设计　徐　洁
责任校对　白劲光
责任印制　胡雨竹
制　　版　朝花制版中心
印　　刷　天津千鹤文化传播有限公司
经　　销　全国新华书店

版　次：2018年12月　第1版　第1次印刷
开　本：889mm × 1194mm　1/32
印　张：11
印　数：0001—3000册
ISBN　978-7-102-08191-5
定　价：55.00元
如有印装质量问题影响阅读，请与我社联系调换。（010）67517784

编者按

《米开朗琪罗传》为罗曼·罗兰所著《巨人三传》之一。米开朗琪罗是文艺复兴时期伟大的艺术家和诗人，与达·芬奇和拉斐尔并称意大利“文艺复兴三杰”。

罗曼·罗兰称米开朗琪罗“是文艺复兴的代表，整个世纪的光荣都是属于他的”。但在这本传记中，罗曼·罗兰并没有渲染艺术家“英雄”的成分，而是为我们呈现了一个最真实的米开朗琪罗，使我们看到了巨人生活的孤独与精神的悲苦。在他漫长而艰难的创作道路中，时时忍受着疾病的痛苦与命运的嘲弄；家族对他的索取；妒忌者对他的中伤与排挤。而他的自由亦被不断更迭的统治者所摆布。他的艺术创作经受了无数的制约，无法去表达他自己心中的伟大构想。大量的作品未完成，而完成者又屡遭破坏。但我们仍然看到了米开朗琪罗那高贵的灵魂从未改变，他对家人的无私与关怀，对弱者与民众的仁爱，对国家与信仰的忠诚始终如一。他经历了意大利的辉煌与衰弱，以人的觉醒与挣扎为主题，在不朽的作品中表现了令人震撼的力与狂怒，从而成为矗立在文艺复兴的一座山峰。

本传记为20世纪著名的翻译家、艺术评论家、教育家傅雷所译，今年是傅雷110周年诞辰，本书的出版亦是对他的一种纪念。本书将傅雷翻译的原文转为简体字，以方便读者阅读；同时也将繁体字版本附后，为一些爱好者和研究者所用，力图为读者呈现傅雷最原汁原味的译文。同时附加编者注数十处，对一些人名、地名、术语予以解释。更附大量米开朗琪罗精美的彩色作品图片，以便读者对原文中提及的作品有更好的了解。

人民美术出版社外国美术编辑室

目　录

译者弁言

本书之前，有《贝多芬传》；本书之后，有《托尔斯泰传》：合起来便是罗曼·罗兰底不朽的“巨人三传”。迻译本的意念是和迻译《贝多芬传》的意念一致的，在此不必多说。在一部不朽的原作之前，冠上不伦的序文是件亵渎的行为。因此，我只申说下列几点：

一、本书是依据原本第十一版全译的。但附录底弥氏诗选因其为意大利文原文（译者无能）且在本文中已引用甚多，故擅为删去。

一、附录之后尚有详细参考书目（英、德、美、意四国书目），因非目下国内读书界需要，故亦从略。

一、原文注解除删去最不重要的十余则外，余皆全译，所以示西人治学之严，为我人作一榜样耳。

一九三四年一月五日。

在翡冷翠[1]底国家美术馆中，有一座为弥盖朗琪罗[2]称为“胜利者”的白石雕像。这是一个裸露的青年，生成美丽的躯体，低低的额上垂覆着卷曲的头发。昂昂地站着，他的膝盖踞曲在一个胡髭满面的囚人背上，囚人蜷伏着，头伸向前面，如一匹牛。可是胜利者并不注视他。即在他的拳头将要击下去的一刹那，他停住了，满是沉郁之感的嘴巴，和犹豫的目光转向别处去了。手臂折转去向着肩头，身子望后仰着；他不再要胜利，胜利使他厌恶。他已征服了，但亦被征服了。

这幅英雄的惶惑之象，这个折了翅翼的胜利之神，在弥盖朗琪罗全部作品中是永留在工作室中的唯一的作品，以后，但尼哀·特·伏尔丹[3]想把它安置在弥氏墓上。——它即是弥盖朗琪罗自己，即是他全生涯底象征。

痛苦是无穷的，它具有种种形式。有时，它是由于物质底凌虐，如灾难，疾病，命运底褊枉，人类底恶意。有时，它即蕴藏在人底内心。在这种情境中的痛苦，是同样的可悯，同样的无可挽救；因为人不能自己选择他的人生，人既不要求生，也不要求成为他所成为的样子。

弥盖朗琪罗底痛苦，即是这后一种。他有力强，他生来便是为战斗为征服的人；而且他居然征服了。——可是，他不要胜利。他所要的并不在此。——真是哈姆雷德式的悲剧呀！赋有英雄的天才而没有实现的意志；赋有专断的热情，而并无奋激的愿望：这是多么悲痛的矛盾！

人们可不要以为我们在许多别的伟大之外，在此更发见一桩伟大！我们永远不会说是因为一个人太伟大了，世界于他才显得不够。精神底烦闷并非伟大底一种标识。即在一般伟大的人物，缺少生灵与万物之间，

[1] 编者注：即佛罗伦萨。

[2] 编者注：即米开朗琪罗。

[3] 编者注：意大利画家和雕塑家，米开朗琪罗挚友之一。

生命与生命律令之间底和谐，并不算是伟大：却是一桩弱点。——为何要隐蔽这弱点呢？最弱的人难道是最不值得人家爱恋吗？——他正是更值得爱恋，因为他对于爱的需求更为迫切。我绝不会造成不可幾及的英雄范型。我恨那懦怯的理想主义，它只教人不去注视人生底苦难和心灵底弱点。我们当和太容易被梦想与甘言所欺骗的民众说：英雄的谎言只是懦怯的表现。世界上只有一种英雄主义：便是注视世界底真面目——并且爱世界。

我在此所要叙述的悲剧，是一种与生俱来的痛苦，从生命底核心中发出的，它毫无间歇地侵蚀生命，直到把生命完全毁灭为止。这是巨大的人类中最显著的代表之一，一千九百余年来，我们的西方充塞着他的痛苦与信仰底呼声，——这代表便是基督徒。

将来，有一天，在多少世纪底终极，——（如果我们尘世的事迹还能保存于人类记忆中的话）——会有一天，那些生存的人们，对于这个消逝的种族，会倚凭在他们堕落的深渊旁边，好似但丁俯在 Malebolge[1] 之旁那样，充满着惊叹、厌恶与怜悯。

但对于这种又惊又佩又恶又怜的感觉，谁还能比我们感得更真切呢？因为我们自幼便渗透这些悲痛的情操，便看到最亲爱的人们相斗，我们一向识得这基督教悲观主义底苦涩而又醉人的味道，我们曾在怀疑踌躇的辰光，费了多少力量，才止住自己不致和多少旁人一样堕入虚无的幻象中去。

神呀！永恒的生呀！这是一般在此世无法生存的人们底荫庇！信仰，往往只是对于人生对于前途的不信仰，只是对于自己的不信仰，只是缺乏勇气与欢乐！……啊！信仰！你的苦痛的胜利，是由多少的失败

[1] 编者注：现译为“恶囊”，为地狱第八层之内的壕沟。

造成的呢！

基督徒们，为了这，我才爱你们，为你们抱憾。我为你们怨叹，我也叹赏你们的悲愁。你们使世界变得凄惨，把它装点得更美。当你的痛苦消灭的时候，世界将更加枯索了。在这满着卑怯之徒的时代，——在苦痛前面发抖，大声疾呼地要求他们的幸福，而这幸福往往便是别人底灾难，——我们应当敢于正视痛苦，尊敬痛苦！欢乐固然值得颂赞，痛苦亦何尝不值得颂赞！这两位是姊妹，而且都是圣者。她们锻炼人类，开展伟大的心魂。她们是力，是生，是神。凡是不能兼爱欢乐与痛苦的人，便是既不爱欢乐，亦不爱痛苦。凡能体味她们的，方懂得人生底价值和离开人生时底甜蜜。

罗曼·罗兰

弥盖朗琪罗

这是一个翡冷翠城中的中产者，——

——那里，满是阴沈的宫殿，矗立着崇高的塔尖如长矛一般，柔和而又枯索的山岗细腻地映在天际，岗上摇曳着杉树底圆盖形的峰巅，和闪闪作银色，波动如水浪似的橄榄林；

——那里，一切都讲究极端的典雅，洛朗·特·梅迭西斯[1]底讥讽的脸相，玛几阿凡[2]底阔大的嘴巴，鲍梯却梨[3]画上的黄发，贫血的维纳斯，都会合在一起；

——那里，充满着热狂，骄傲，神经质的气息，易于耽溺在一切盲目的信仰中，受着一切宗教的和社会的狂潮耸动，在那里，个个人是自由的，个个人是专制的，在那里，生活是那么舒适，可是那里的人生无异是地狱；

——那里，居民是聪慧的，顽固的，热情的，易怒的，口舌如钢一般尖利，心情是那么多疑，互相试探，互相嫉忌，互相吞噬；

——那里，容留不下莱渥那·特·文西[4]般的自由思想者，那里，鲍梯却梨只能如一个苏格兰底清教徒般在幻想的神秘主义中终其天年，那里，萨伏那洛尔（Savonarole）受了一般坏人的利用，举火焚烧艺术品，使他的僧徒们在火旁舞蹈——三年之后，这火又死灰复燃地烧死了

[1] 编者注：即洛伦佐·德·美第奇。

[2] 编者注：即马基雅维利。

[3] 编者注：即波提切利。

[4] 编者注：即莱奥纳多·达·芬奇。

他自己。

在这个时代底这个城市中，他是他们的狂热底对象。

自然，他对于他的同胞们没有丝毫温婉之情，他的豪迈宏伟的天才蔑视他们小组的艺术，矫饰的精神，平凡的写实主义，他们的感伤情调与病态的精微玄妙。他对待他们的态度很严酷；但他爱他们。他对于他的国家，并无达·文西般的微笑的淡漠。远离了翡冷翠，便要为怀乡病所苦。[1] 他一生想尽方法要住在翡冷翠，在战争底悲惨的时期中，他留在翡冷翠；他要“至少死后能回到翡冷翠，既然生时是不可能。”[2]

因为他是翡冷翠底画家，故他对于自己的血统与种族非常自傲。[3] 甚至比对于他的天才更加自傲。他不答应人家当他艺术家看待：

“我不是雕塑家弥盖朗琪罗……我是弥盖朗琪罗·鲍那洛蒂（Michelagniolo Buonarotti）……”[4]

他精神上便是一个贵族，而且具有一切阶级底偏见。他甚至说：“修

[1] “我不时堕入深切的悲苦中，好似那些远离家庭的人一样。”（见罗马，1497 年 8 月 19 日书）

[2] “死之于我，显得那么可爱；因为它可以使我获得生前所不能得到的幸福：即回到我的故乡。”

[3] Buonarroti Simoni, 裔出 Settignano，在翡冷翠地方志上自 12 世纪起即已有过记载。弥盖朗琪罗当然知道这一点。“我们是中产阶级，是最高贵的世裔。”（1546 年 12 月致他的侄子 Lionardo 书）——他不赞成他的侄子要变得更高贵的思念：“这决非是自尊的表示。大家知道我们是翡冷翠最老最高贵的世家。”（1549 年 2 月）——他试着要重振他的门第，教他的家族恢复他的旧姓 Simoni，在翡冷翠创立一族庄；但他老是被他兄弟们底平庸所沮丧。他想起他的弟兄中有一个（Gismondo）还推车度日，如乡下人一般地生活着，他不禁要脸红。——1520 年，Alessandro de Canossa 伯爵写信给他，说在伯爵底家谱上查出他们原是亲戚的证据。这消息是假的，弥盖朗琪罗却很相信，他竟至要购买 Canossa 底宫邸。据说那是他的祖先底发祥地。他的传记作者 Condivi 依了他的指点把法王亨利二世底姊姊，和玛蒂特大伯爵夫人都例入他的家谱之内。1515 年，教皇雷翁十世到翡冷翠的时候，弥盖朗琪罗底兄弟 Buonarroto 受到教皇底封绶。

[4] 他又说：“我从来不是一个画家，也不是彫塑家，——作艺术商业的人。我永远保留着我世家底光荣。”（1548 年 5 月 2 日致 Lionardo 书。）

炼艺术的，当是贵族而非平民。”[1]

他对于家族抱有宗教般的，古代的，几乎是野蛮的观念。他为它牺牲一切，而且要别人和他一样牺牲。他将，如他所说的，“为了它而卖掉自己，如奴隶一般。”[2] 在这方面，为了些微的事情，他会激动感情。他轻蔑他的兄弟们，的确他们也应该受他轻蔑。他轻蔑他的侄子，——他的承继人。但对于他的侄子和兄弟们，他仍尊敬他们代表世系的身分。这种言语在他的信札中屡见不鲜：

“我们的世系……维持我们的世系……不要令我们的血统中断……”

凡是这强悍的种族底一切迷信，一切盲从，他都全备。这些仿佛是一个泥团（有如上帝捏造人类的泥团），弥盖朗琪罗即是在这个泥团中形成的。但在这个泥团中却涌跃出澄清一切的成分：天才。

不相信天才，不知天才为何物的人，看一看弥盖朗琪罗罢！从没有人这样地为天才所拘囚的了。这天才底气质似乎和他的气质完全不同：这是一个征服者投入他的怀中而把他制服了。他的意志简直是一无所能；甚至可说他的精神与他的心也是一无所能。这是一种狂乱的爆发，一种骇人的生命，为他太弱的肉体与灵魂所不能胜任的。

他在继续不断的兴奋中过生活。他的过分的力量使他感到痛苦，这痛苦逼迫他行动，不息地行动，一小时也不得休息。

他写道：“我为了工作而筋疲力尽，从没有一个人像我这样地工作过，我除了夜以继日的工作之外，甚么都不想。”

这种病态的需要活动不特使他的业务天天积聚起来，不特使他接受他所不能实行的工作，而且也使他堕入偏执的僻性中去。他要雕琢整个

[1] 他的传记作者 Condivi 所述语。

[2] 1497 年 8 月 19 日致他的父亲书。——他在 1508 年 3 月 13 日 33 岁时才从父亲那里获得成丁独立权。

的山头。当他要建造甚么纪念物时，他会费掉几年的光阴到石厂中去挑选石块，建筑搬运石块的大路；他要成为一切：工程师，手工人，斫石工人；他要独个子干完一切；建造宫邸，教堂，由他一个人来。这是一种判罚苦役底生活。他甚至不愿分出时间去饮食睡眠。在他的信札内，随处看得到同样可怜的语句：

“我几乎没有用餐的时间……我没有时间吃东西……十二年以来，我的肉体被疲倦所毁坏了，我缺乏一切必需品……我没有一个铜子，我是裸体了，我感受无数的痛苦……我在悲惨与痛苦中讨生活……我和患难争斗……”[1]

这患难其实是虚幻的。弥盖朗琪罗是富有的；他拼命使自己富有，十分富有。[2] 但富有对于他有何用处？他如一个穷人一样生活，被劳作束缚着好似一匹马被磨轮底轴子系住一般。没有人会懂得他如此自苦的原因。没有人能懂得他为何不能自主地使自己受苦，也没有人能懂得他的自苦对于他实是一种需要。即是脾气和他极相似的父亲也埋怨他：

“你的弟弟告诉我，你生活得十分节省，甚至节省到悲惨的程度：节省是好的；但悲惨是坏的：这是使神和人都为之不悦的恶行；它会妨害你的灵魂与肉体。只要你还年青。这还可以；但当你渐渐衰老的时光，这悲惨的坏生活所能产生的疾病与残废，全都会显现。应当避免悲惨，中庸地生活，当心不要缺乏必需的营养，留意自己不要劳作过度……”[3]

[1] 见 1507，1509，1512，1513，1525，1547 诸年信札。

[2] 他死后，人家在他罗马寓所发现他的藏金有 7 千至 8 千金币，约合今日 40 万或 50 万法郎（合华币 8 万或 10 万元）。史家伐萨利（Vasari）说他两次给他的侄儿 7 千小金元，给他的侍役 Urbino 两千小金元。他在翡冷翠亦有大批存款。1534 年时，他在翡冷翠及附近各地置有房产 6 处，田产 7 处。他酷爱田。1505，1506，1512，1515，1517，1518，1519，1520 各年他购置不少田地。这是他乡下人底遗传性。然而他的储蓄与置产并非为了他自己，而是为别人化去，他自己却甚么都不舍得享用。

[3] 这封信后面又加上若干指导卫生的话，足见当时的野蛮程度：“第一，保护你的头，使它保有相当的温暖，但不要洗：你应当把它揩拭，但不要洗。”（1500 年 12 月 19 日信）

但甚么劝告也不起影响。他从不肯把自己的生活安排得更合人性些。他只以极少的面包与酒来支持他的生命。他只睡几小时。当他在蒲洛纳(Bologne)[1]进行于勒二世[2]底铜像时,他和他的三个助手睡在一张床上,因为他只有一张床而又不愿添置。[3]他睡时衣服也不脱,皮靴也不卸。有一次,腿肿起来了,他不得不割破靴子;在脱下靴子的时候,腿皮也随着剥下来了。

这种骇人的卫生,果如他的父亲所预料,使他老是患病。在他的信札中,人们可以看出他生过十四或十五次大病。[4]他好几次发热,几乎要死去,他眼睛有病,牙齿有病,头痛,心病。[5]他常为神经痛所苦,尤其当他睡眠的时候;睡眠对于他竟是一种苦楚。他很早便老了。四十二岁他已感到衰老。[6]四十八岁时,他说他工作一天必得要休息四天。[7]他又固执着不肯请任何医生诊治。

他的精神所受到这苦役生活底影响,比他的肉体更甚。悲观主义侵蚀他。这于他是一种遗传病。青年时,他费尽心机去安慰他的父亲,因

[1] 编者注:即博洛尼亚。

[2] 编者注:即尤利乌斯二世。

[3] 见1506年信。

[4] 1517年9月,在他从事于圣·洛朗查底坟墓雕塑与米纳佛基督像的时候,他病得几乎死去。1518年9月,在Seravezza石厂中,他以疲劳过度与烦闷而病了。1520年拉斐尔逝世的时候,他又病倒了。1521年年终,一个友人Lionardo Sellajo祝贺他:"居然从一场很少人能逃过的痛症中痊愈了。"1531年6月,翡冷翠城陷落后,他失眠,饮食不进,头和心都病了;这情景一直延长到年终;他的朋友们以为他是没有希望的了。1539年,他从西施庭教堂底高架上堕下,跌破了腿。1544年6月,他患了一场极重的热病。1545年12月至1546年正月,他旧病复发,使他的身体极度衰弱。1549年3月,他为石淋症磨难极苦。1555年7月,他患风痛。1559年7月,他又患石淋与其他种种疾病:他衰弱得厉害。1561年8月,他"晕到了,四肢拘挛着"。

[5] 见他的诗集卷八十二。

[6] 1519年7月致Domenico Buoninsegni书。

[7] 1523年7月致Bart Angiolini书。

为他有时为狂乱的苦痛纠缠着。[1] 可是弥盖朗琪罗底病比他所照顾的人感染更深。这没有休止的活动，累人的疲劳，使他多疑的精神陷入种种迷乱状态。他猜疑他的敌人，他猜疑他的朋友。[2] 他猜疑他的家族，他的兄弟，他的嗣子；他猜疑他们不耐烦地等待他的死。

一切使他不安；[3] 他的家族也嘲笑这永远的不安。[4] 他如自己所说的一般，在"一种悲哀的或竟是癫狂的状态"中过生活。[5] 痛苦久了，他竟嗜好有痛苦，他在其中觅得一种悲苦的乐趣：

"愈使我受苦的我愈欢喜。"[6]

对于他，一切都成为痛苦底题目，——甚至爱，[7] ——甚至善。[8]

"我的欢乐是悲哀。"[9]

没有一个人比他更不接近欢乐而更倾向于痛苦的了。他在无垠的宇

---

[1] 在他致父亲的信中，时时说："你不要自苦……"（1509 年春）——"你在这悲痛的情操中生活真使我非常难过；我祈求你不要再去想这个了。"（1509 年正月 27 日）——"你不要惊惶，不要愁苦。"（1509 年 9 月 15 日）他的父亲 Buonarroti 和他一样时时要发神经病。1521 年，他突然从他自己家里逃出来，大声疾呼地说他的儿子把他赶出了。

[2] "在完满的友谊中，往往藏着毁损名誉与生命的阴谋。"（见他致他的朋友 Luigi del Riccio——把他从 1546 年那场重病中救出来的朋友——的十四行诗）参看 1561 年 11 月 15 日，他的忠实的朋友 Tommaso de' Cavalieri 为他褊枉地猜忌之后给他的声辩信：——"我敢确言我从没得罪过你；但你太轻信那般你最不应该相信的人……"

[3] "我在继续的不信任中过生活……不要相信任何人，张开了眼睛睡觉……"

[4] 1515 年 9 月与 10 月致他的兄弟 Buonarroto 信中有言："……不要嘲笑我写的一切……一个人不应当嘲笑任何人；在这个时代，为了他的肉体与灵魂而在恐慌与不安中过活是并无害处的……在一切时代，不安是好的……"

[5] 在他的信中，他常自称为"忧愁的与疯狂的人"，——"老悖"，——"疯子与恶人"。——但他为这疯狂辩白，说这只对于他个人有影响。

[6] 诗集卷一百五十二。

[7] 十四行诗卷一百九十第四十八首："些少的幸福对于恋爱中人是一种丰满的享乐，但它会使欲念绝灭，不若灾患会使希望长大。"

[8] "一切事物使我悲哀，"他写道，"……即是善，因为它存在的时间太短了，故给予我心灵的苦楚不减于恶。"

[9] 诗集卷八十一。

宙中所见到的所感到的只有它。世界上全部的悲观主义都包含在这绝望的呼声，这极端褊枉的语句中：

“千万的欢乐不值一单独的苦恼！……”[1]

“他的猛烈的力量，Condivi 说，把他和人群几乎完全隔离了。”

他是孤独的。——他恨人；他亦被人恨。他爱人；他不被人爱。人们对他又是钦佩，又是畏惧。晚年，他令人发生一种宗教般的尊敬。他威临着他的时代。那时，他稍微镇静了些。他从高处看人，人们从低处看他，他从没有休息，也从没有最微贱的生灵所能享受的温柔——即在一生能有一分钟的时间在别人底爱抚中睡眠。妇人底爱情于他是无缘的，在这荒漠的天空，只有 Vittonria Colonna 底冷静而纯洁的友谊，如明星一般照耀了一刹那。周围尽是黑夜，他的思想如流星一般在黑暗中剧烈旋转，他的意念与幻梦在其中回荡。贝多芬从没有这种情境。因为这黑夜即在弥盖朗琪罗自己的心中。贝多芬底忧郁是人类底过失；他天性是快乐的，他希望快乐。弥盖朗琪罗却是内心忧郁，这忧郁令人害怕，一切的人本能地逃避他。他在周围造成一片空虚。

这还算不得什么，最坏的并非是成为孤独，却是对自己亦孤独了，和自己也不能生活，不能为自己底主宰，而且否认自己，与自己斗争，毁坏自己。他的心魂永远在欺妄他的天才，人们时常说起他有一种“反对自己的”宿命，使他不能实现他任何伟大的计划。这宿命便是他自己。他的不幸底关键，足以解释他一生底悲剧——而为人们所最少看到或不敢去看的关键，——只是缺乏意志和赋性懦怯。

在艺术上，政治上，在他一切行动和一切思想上，他都是优柔寡断的。在两件作品，两项计划，两个部分中间，他不能选择。关于于勒二世（Jules

[1] 诗集卷七十四。

II）底纪念建筑，圣•洛朗查[1]底屋面，梅迭西斯底坟墓[2]等等的历史都足证明他这种犹豫。他开始，开始，却不能有何结果。他要，他又不要。他才选定，他已开始怀疑。在他生命终了的时光，他甚么也没有完成：他厌弃一切。人家说他的工作是强迫的；人家把朝三暮四，计划无定之责，加在他的委托人身上。其实如果他决定拒绝的话，他的主使人正无法强迫他呢。可是他不敢拒绝。

他是弱者。他在种种方面都是弱者，为了德性和为了胆怯。他是心地怯弱的。他为了种种思虑而苦闷，在一个性格坚强的人，这一切思虑全都可以丢开的。因为他把责任心夸大之故，便自以为不得不去干那最平庸的工作，为任何匠人可以比他做得更好的工作。[3]他既不能履行他的义务，也不能把它忘掉。[4]

他为了谨慎与恐惧而变得怯弱。为于勒二世所称为“可怕的人”，同样可被伐萨利称做“谨慎者”，——“使任何人，甚至使教皇也害怕的”[5]人会害怕一切。他在亲王权贵面前是怯弱的，——可是他又最瞧不起在亲王权贵面前显得怯弱的人，他把他们叫做“亲王们底荷重的驴子。”[6]——他要躲避教皇；他却留着，他服从教皇。[7]他容忍他的主人们底蛮横无理的信，他恭敬地答复他们。[8]有时，他反抗起来，他骄傲

[1] 编者注：即圣洛伦佐教堂。

[2] 编者注：即美第奇家族陵墓。

[3] 他雕塑圣·洛朗查底墓像时，在 Seravezza 石厂中过了几年。

[4] 他 1514 年承受下来的弥纳尔寺中的基督像，到 1518 年还未动工。“我痛苦死了……我做了如窃贼一般的行为……”1501 年，他和西也纳 Piccolomini 寺签订契约，订明 3 年以后交出作品。可是 60 年后，1561 年，他还为了没有履行契约而苦恼。

[5] Sébastien del Piombo 信中语（1520 年 10 月 27 日）。

[6] 和伐萨利谈话时所言。

[7] 1534 年，他要逃避教皇保尔三世，结果仍是听凭工作把他系住。

[8] 1518 年 2 月 2 日，大主教于勒·梅迭西斯猜疑他被加莱人收买，送他一封措辞严厉的信给他。弥盖朗琪罗屈服地接受了，回信中说他“在世界上除了专心取悦他以外，再没有别的事务了”。

地说话；——但他永远让步。直到死，他努力挣扎，可没有力量奋斗。教皇克莱芒七世（Clément VII）——和一般的意见相反——在所有的教皇中是对他最慈和的人，他认识他的弱点；他也怜悯他。[1]

他的全部的尊严会在爱情前面丧失。他在坏蛋前面显得十分卑怯。他把一个可爱的但是平庸的人，如 Tommaso de' Cavalieri 当做一个了不得的天才。[2]

至少，爱情使他这些弱点显得动人。当他为了恐惧之故而显得怯弱时，这怯弱只是——人们不敢说是可耻的——病苦得可怜的表现。他突然陷入神志错乱的恐怖中。于是他逃了，他被恐怖逼得在意大利各处奔窜。一四九四年，为了某种幻象，吓得逃出翡冷翠。一五二九年，翡冷翠被围，负有守城之责的他，又逃亡了。他一直逃到佛尼市[3]。几乎要逃到法国去。以后他对于这件事情觉得可耻，他重行回到被围的城里，尽他的责任，直到围城终了。但当翡冷翠陷落，严行流戍放逐，雷厉风行之时，他又是多么怯弱而发抖！他甚至去恭维法官 Valori，那个把他的朋友，高贵的 Battista della Palla 处死的法官。可怜啊！他甚至弃绝他的友人，翡冷翠底流戍者。[4]

---

[1] 参看在翡冷翠陷落之后，他和 Sébastien del Piombo 的通信。他为了他的健康为了他的苦闷抱着不安。

[2] “……我不能和你相比。你在一切学问方面是独一无二的。”（1533 年正月 1 日弥盖朗琪罗致 Tommaso de' Cavalieri 书）

[3] 编者注：即威尼斯。

[4] “……一向我留神着不和被判流戍的人谈话，不和他们有何来往；将来我将更加留意……我不和任何人谈话；尤其是翡冷翠人。如果有人在路上向我行礼，在理我不得不友善地和他们照呼，但我竟不理睬。如果我知道谁是流戍的翡冷翠人，我简直不回答他……”这是他的侄儿通知他被人告发与翡冷翠底流戍者私自交通后，他自罗马发的复信（1548 年）中语。更甚于此的，他还做了忘恩负义的事情；他否认他病剧时受过 Strozzi 一家底照拂：“至于人家责备我曾于病中受 Strozzi 家的照拂，那么，我并不认为我是在 Strozzi 家中而是在 Luigi del Riccio 底卧室中，他是和我极友善的。”（Luigi del Riccio 是在 Strozzi 邸中服役）——弥盖朗琪罗曾在 Strozzi 家中作客是毫无疑义的事，他自己在两年以前即送给 Roberto Strozzi 一对《奴隶》（现存法国卢佛美术馆），表示对于他的盛情的感谢。

他怕。他对于他的恐怖感到极度的羞耻。他瞧不起自己。他憎厌自己以致病倒了。他要死。人家也以为他快死了。[1]

但他不能死。他内心有一种癫狂的求生的力量，这力量每天会苏醒，求生，为的要继续受苦。——他如果能不活动呢？但他不能如此。他不能不有所行动。他行动。他应得要行动。——他自己行动么？——他是被动！他是卷入他的癫痫的热情与矛盾中，好似但丁底狱囚一般。

他应得要受苦啊！

“使我苦恼罢！苦恼！在我过去，没有一天是属于我的！”[2]

他向神发出这绝望的呼号：

“哟神！神哟！谁还能比我自己更透入我自己？”[3]

如果他渴望死，那是因为他认为死是这可怕的奴隶生活底终极之故。他讲起已死的人时真是多么艳羡！

“你们不必再恐惧生命底嬗变和欲念底转换……后来的时间不再对你们有何强暴的行为了；必须与偶然不再驱使你们……言念及此，能不令我艳羡？”[4]

“死！不再存在！不再是自己！逃出万物底桎梏！逃出自己的幻想！”

“啊！使我，使我不再回复我自己！”[5]

他的烦躁的目光还在京都博物馆中注视我们，在痛苦的脸上，我更

[1] 那是1531年，在翡冷翠陷落后，他屈服于教皇克莱芒七世和谄媚法官Valori之后。

[2] 诗集卷四十九（1532年）。

[3] 诗集卷六（1504—1511年间）。

[4] 诗集卷五十八（1534年纪念他父亲之死的作品）。

[5] 诗集卷一百三十五。

听到这悲怆的呼声。[1]

他是中等的身材，肩头很宽，骨骼与肌肉突出很厉害。因为劳作过度，身体变了形，走路时，头望上仰着，背伛偻着，腹部突向前面。这便是画家 François de Hollande 底肖像中的形相：那是站立着的侧影，穿着黑衣服；肩上披着一件罗马式大氅；头上缠着布巾，布巾之上覆着一顶软帽。[2]

头颅是圆的，额角是方的，满着皱痕，显得十分宽大。黑色的头发乱蓬蓬地虬结着。眼睛很小，又悲哀，又强烈，光彩时时在变化，或是黄的或是蓝的。鼻子很宽很直，中间隆起，曾被 Torrigiani 底拳头击破。[3]从鼻孔到口角有很深的皱痕，嘴巴生得很细腻，下唇稍稍前突。鬓毛稀薄，牧神般的胡须簇拥着两片颧骨前突的面颊。

全部脸相上笼罩着悲哀与犹豫的神情，这确是诗人 Tasse 时代底面目，表现着不安的，被怀疑所侵蚀的痕迹。凄惨的目光引起人们底同情。

同情，我们不要和他斤斤较量了罢。他一生所希望而没有获到的这爱情，我们给了他罢。他尝到一个人可能受到的一切苦难。他目击他的故乡沦陷。他目击意大利沦于野蛮民族之手。他目击自由之消灭。他眼见他所爱的人一个一个地逝世。他眼见艺术上的光明，一颗一颗地熄灭。

在这黑夜将临的时光，他孤独地留在最后。在死的门前，当他回首瞻望的时候，他不能说他已做了他所应做与能做的事以自安慰。他的一生于他显得是白费的。一生没有欢乐也是徒然。他也徒然把他的一生为

[1] 以下的描写根据弥盖朗琪罗底各个不同的肖像。Francesco La Cava 晚近发见《最后之审判》中，有他自己的画像。四百年来，多少人在他面前走过而没有看见他。但一经见到，便永远忘不了。

[2] 1564 年，人们把他的遗骸自罗马运回到翡冷翠去的时候，曾经重开他的棺龛，那时头上便戴着这种软帽。

[3] 这是 1490—1492 年间的事。

艺术底偶像牺牲了。[1]

没有一天快乐，没有一天享受到真正的人生，九十年间的巨大的劳作，竟不能实现他梦想的计划于万一。他认为最重要的作品没有一件是完成的。运命嘲弄他，使这位雕塑家[2]有始有终地完成的事业，只是他所不愿意的绘画。在那些使他骄傲使他苦恼的大工程中，有些——（如《比士之战》底图稿，于勒二世底铜像）——在他生时便毁掉了，有些——（于勒二世底坟墓，梅迭西斯底家庙）——是可怜地流产了：现在我们所看到的只是他的思想底速写而已。

雕塑家 Ghiberti 在他的注解中讲述一桩故事，说德国 Anjon 公爵底一个镂银匠，具有可和“希腊古雕塑家相匹敌”的手腕，暮年时眼见他灌注全生命的一件作品毁掉了——“于是他看到他的一切疲劳都是枉费；他跪着喊道：‘哟吾主，天地底主宰，不要再使我迷失，不要让我再去跟从除你以外的人，可怜我罢！’立刻，他把所有的财产分给了穷人，退隐到深山中去，死了……”

如这个可怜的德国镂银家一样，弥盖朗琪罗到了暮年，悲苦地看着他的一生。他的努力都是枉费，他的作品未完的未完，毁掉的毁掉。

于是，他告退了。文艺复兴睥睨一切的光芒，宇宙底自由的至高至上的心魂，和他一起遁入“这神明的爱情中，他在十字架上张开着臂抱迎接我们”。

“颂赞欢乐”底丰满的呼声，没有嘶喊出来。于他直到最后的一呼吸，永远是“痛苦底颂赞”，“解放一切的死底颂赞”。他整个地战败了。

---

[1]“……热情的幻梦，使我们艺术当作一个偶像与一个王国……”（诗集卷一百四十七）

[2] 他自称为“雕塑家”而非“画家”。1508 年 3 月 10 日他写道：“今日，我雕塑家弥盖朗琪罗，开始西施庭教堂底绘画。”——“这全不是我的事业。”一年以后他又写道，“……我毫无益处地费掉我的时间。”（1509 年正月 27 日）关于这个见解，他从没变更。

这便是世界底战胜者之一。我们，享受他的天才底结晶品时，和享受我们先底功绩一般，再也想不起他所流的鲜血。

我愿把这血渗在大家眼前，我愿举起英雄们底红旗在我们的头上飘扬。

上编
战斗

一 力

一四七五年三月六日，他生于嘉藏打地方底嘉泼莱斯（Caprese）。荒确的乡土，“飘逸的空气”[1]，岩石，桐树，远处是阿北尼山[2]。不远的地方，便是圣法朗梭阿·大西士[3]在阿尔佛尼阿山头看见基督显灵的所在。

父亲[4]是嘉泼莱斯与丘西地方的法官。这是一个暴烈的，烦躁的，“怕上帝”的人。母亲[5]在弥盖朗琪罗六岁[6]时便死了。他们共是弟兄五人：Lionardo, Michelagniolo, Buonarroto, Giovan Simone, Sigismondo。[7]

他幼时寄养在一个石匠底妻子家里。以后他把做雕塑家底志愿好玩地说是由于这幼年的乳。人家把他送入学校：他只用功素描。“为了这，他被他的父亲与伯叔瞧不起而且有时打得很凶，他们都恨艺术家这职业，似乎在他们的家庭中出一个艺术家是可羞的。”[8]因此，他自幼便认识人

[1] 弥盖朗琪罗欢喜说他的天才是由于他的故乡底“飘逸的空气”所赐。

[2] 编者注：即亚平宁山。

[3] 编者注：即圣方济各。

[4] 他的名字叫做 Lodovico di Lionardo Buonarroti Simoni——他们一家真正的姓字是 Simonio。

[5] Francesca di Neri di Miniato del Sera。

[6] 父亲在 1485 年续娶 Lucrezia Ubaldini，她死于 1497 年。

[7] Lionardo 生于 1473 年，Buonarroto 生于 1477 年，Giovan Simone 生于 1479 年，Sigismondo 生于 1481 年。——Lionardo 做了教士。因此弥盖朗琪罗成为长子了。

[8] 据 Condivi 记载。

生底残暴与精神底孤独。

可是他的固执战胜了父亲底固执。十三岁时，他进入 Domenico Ghirlandajo 底画室——那是当代翡冷翠画家中最大最健全的一个。他初时底成绩非常优异，据说甚至令他的老师也嫉忌起来。[1] 一年之后他们分手了。

他已开始憎厌绘画。他企慕一种更英雄的艺术。他转入雕塑学校。那个学校是洛朗・特・梅迭西斯所主办的，设在圣玛克花园内。[2] 那亲王很赏识他：教他住在宫邸中，允许他和他的儿子们同席；童年的弥盖朗琪罗一下子便处于意大利文艺复兴运动底中心，处身于古籍之中，沐浴着柏拉图研究的风气。他们的思想，把他感染了，他沈湎于怀古的生活中，心中也存了崇古的信念：他变成一个希腊雕塑家。在"非常钟爱他"的 Politien 底指导之下，他雕了《Centaures 与 Lapithes 底争斗》。[3]

这座骄傲的浮雕，这件完全给力与美统制着的作品，反映出他成熟时期底武士式的心魂与粗犷坚强的手法。

他和 Lorenzo di Credi，Bugiardini，Granacci，Torrigiani del Torrigiani 等到嘉弥纳寺中去临摹玛撒西屋（Mansaccio）[4] 底壁画。他不能容忍他的同伴们底嘲笑。一天，他和虚荣的 Torrigiani 冲突起来。Torrigiani 一拳把他的脸击破了，后来，他以此自豪："我紧握着拳头"，他讲给 Benvenuto Cellini 听，"我那么厉害地打在他的鼻子上，我感到他的骨头粉碎了，这样，我给了他一个终生的纪念。"[5]

---

[1] 实在，一个那样大的艺术家会对他的学生嫉忌是很难令人置信的。我不信这是弥盖朗琪罗离开奇朗大育底原因。他到暮年还保存着对于他的第一个老师的尊敬。

[2] 这个学校由陶拿丹罗（编者注：即多纳泰罗）底学生 Beltordo 所主持。

[3] 此像现存翡冷翠。《微笑的牧神面具》一作，亦是同时代的，它引起洛朗・特・梅迭西斯对于弥盖朗琪罗的友谊。《梯旁的圣母》亦是那时所作的浮雕。

[4] 编者注：即马萨乔。

[5] 1491 年事。

然而异教色彩并未抑灭弥盖朗琪罗底基督教信仰。两个敌对的世界争夺弥盖朗琪罗底灵魂。

一四九〇年，教士萨伏那洛尔，依据了陶米尼派[1]底神秘经典“Apocalypse”开始说教。他三十七岁，弥盖朗琪罗十五岁。他看到这短小羸弱的说教者，充满着热烈的火焰，被神底精神燃烧着，在讲坛上对教皇作猛烈的攻击，向全意大利宣扬神底威权。翡冷翠人心动摇。大家在街上乱窜，哭着喊着如疯子一般。最富的市民如 Ruccellai，Salviati，Albizzi，Strozzi 辈都要求加入教派。博学之士，哲学家也承认他有理。[2]弥盖朗琪罗底哥哥，李奥那陶便入了陶米尼派修道。[3]

弥盖朗琪罗也没有免掉这惊惶底传染。萨伏那洛尔自称为预言者，他说法兰西王查理八世将是神底代表，这时候，弥盖朗琪罗不禁害怕起来。

他的一个朋友，诗人兼音乐家嘉尔第哀（Cardiere）有一夜看见洛朗·特·梅迭西斯底黑影[4]在他面前显现，穿着褴褛的衣衫身体半裸着；死者命他预告他的儿子比哀尔，说他将要被逐出他的国土，永远不得回转。嘉尔第哀把这幕幻象告诉了弥盖朗琪罗，弥氏劝他去告诉亲王；但嘉尔第哀畏惧比哀尔，绝对不敢。一个早上，他又来找弥盖朗琪罗，惊

---

[1] 编者注：即多明我派。

[2] 那时的学者 Pic de Mirandole 和 Politien 等都表示屈服于萨伏那洛尔底教义。不久之后，他们都死了（1494）。Politien 遗言死后要葬在陶米尼派底圣·玛克寺中，即萨伏那洛尔底寺院。——Pic de Mirandole 死时特地穿着陶米尼派教士底衣装。

[3] 1491 年事。

[4] 洛朗·特·梅迭西斯死于 1492 年 4 月 8 日；他的儿子比哀尔承袭了他的爵位。弥盖朗琪罗离开了爵邸，回到父亲那里，若干时内没有事做。以后，比哀尔又教他去做任事，委托他选购浮雕与凹雕的细石。于是他雕成巨大的白石像《力士》，最初放在 Strozzi 宫中，1529 年被法兰西王法朗梭阿一世购藏于枫丹白露（Fontainebleau），但在 17 世纪时便不见了。放在 San Spirito 修道院的十字架木雕亦是此时之作，为这件作品，弥盖朗琪罗用尸身研究解剖学，研究得那么用功，以至病倒了（1494）。

悸万分地告诉他说，死者又出现了：他甚至穿了特别的衣装，嘉尔第哀睡在床上，静默地注视着，死人底幽灵便来把他批颊，责罚他没有听从他。弥盖朗琪罗大大地埋怨他，逼他立刻步行到梅迭西斯别墅。半路上，嘉尔第哀遇到了比哀尔：他就讲给他听。比哀尔大笑，喊马弁把他打开。亲王底秘书 Bibbiena 和他说："你是一个疯子，你想洛朗爱哪一个呢？爱他的儿子呢还是爱你？"嘉尔第哀遭了侮辱与嘲笑，回到翡冷翠，把他倒霉的情形告知弥盖朗琪罗，并把翡冷翠定要逢到大灾难的话说服了弥盖朗琪罗，两天之后，弥盖朗琪罗逃走了。[1]

这是弥盖朗琪罗第一次为迷信而大发神经病，他一生，这类事情不知发生了多少次，虽然他自己也觉得可羞，但他竟无法克制。

他一直逃到佛尼市。

他一逃出翡冷翠，他的骚乱静了下来。——回到蒲洛涅（Bologne），过了冬天，[2] 他把预言者和预言全都忘掉了。世界底美丽从新使他奋激。他读班德拉葛（Pétrarque）[3]，鲍加斯（Boccace）[4] 和但丁底作品。

一四九五年春，他从新路过翡冷翠，正当举行着狂欢节底宗教礼仪，各党派剧烈地争执的时候。但他此刻对于周围的热情变得那么淡漠，且为表示不再相信萨伏那洛尔派底绝对论起见，他雕成著名的《睡着的爱神》像，在当时被认是古代风的作品。在翡冷翠只住了几个月；他到罗

[1] 据 Condivi 底记载：弥盖朗琪罗于 1494 年 10 月逃亡。一个月之后，比哀尔·特·梅迭西斯因为群众反叛也逃跑了；平民政府便在翡冷翠建立，萨伏那洛尔力予赞助，预言翡冷翠将使全世界都变成共和国。但这共和国将承认一个国王，便是耶稣基督。

[2] 在那里他住在高贵的 Giovanni Francesco Aldovrandi 家里作客。在和蒲洛涅警察当局发生数次的纠葛中，都得到他的不少帮助。这时候他雕了几座宗教神像，但全无宗教意味，只是骄傲的力底表现而已。

[3] 编者注：即彼特拉克。

[4] 编者注：即薄伽丘。

马去。直到萨伏那洛尔死为止，他是艺术家中最倾向于异教精神的一个。他雕《醉的酒神》《垂死的 Adonis》和巨大的《爱神像》的那一年，萨伏那洛尔正在焚毁他认为“虚妄和邪道”的书籍、饰物和艺术品。[1] 他的哥哥李渥那陶为了他信仰预言之故被告发了。一切的危险集中于萨伏那洛尔底头上：弥盖朗琪罗却并不回到翡冷翠去营救他。萨伏那洛尔被焚死了[2]：弥盖朗琪罗一声也不响。在他的信中，找不出这些事变底任何痕迹。

弥盖朗琪罗一声也不响；但他雕成了《耶稣死像》[3]：

永生了一般的年青，死了的基督躺在圣母底膝上，似乎睡熟了。他们的线条饶有希腊风的严肃。但其中已混杂着一种不可言状的哀愁情调；这些美丽的躯体已沈浸在凄凉的氛围中。悲哀已占据了弥盖朗琪罗底心魂。

使他变得阴沉的，还不单是当时的忧患和罪恶底境象。一种专暴的力进入他的内心再也不放松他了。他为天才底狂乱所扼制，至死不使他呼一口气，并无甚么胜利底幻梦，他却赌咒要战胜，为了他的光荣和为他家属底光荣。他的家庭底全部负担压在他一个人肩上。他们向他要钱。他没有钱，但他那么骄傲，从不肯拒绝他们：他可以把自己卖掉，只是为要供应家庭向他要求的金钱。他的健康已经受了影响。营养不佳，时时受寒，居处潮湿，工作过度等等开始把他磨蚀。他患着头痛，一面的肋腹发肿。[4] 他的父亲责备他的生活方式；他却不以为是他自己的过错。

“我所受的一切痛苦，我是为的你们受的。”弥盖朗琪罗以后在写给

[1] 弥盖朗琪罗于 1496 年 6 月到罗马。《醉的酒神》《垂死的 Adonis》与《爱神像》都是 1497 年底作品。

[2] 时在 1498 年 5 月 23 日。

[3] 据弥盖朗琪罗与 Condivi 的谈话，可见他所雕的圣母所以那么年轻，所以和陶拿丹罗，鲍梯却梨辈底圣母绝然不同是另有一种骑士式的神秘主义为背景的。

[4] 见他父亲给他的信——1500 年 12 月 19 日。

父亲的信中说。[1]

“……我一切的忧虑，我只因为爱护你们而有的。”[2]

一五〇一年春，他回到翡冷翠。

四十年前，翡冷翠大寺维持会曾委托 Agostino di Duccio 雕一个先知者像，那作品动工了没有多少便中止了。一向没有人敢上手的这块巨大的白石，这次交托给弥盖朗琪罗了；[3] 硕大无朋的《大卫像》(David)，便是缘源于此。

相传：翡冷翠底行政长官 Pier Soderini（即是决定交托弥氏雕塑的人）去看这座像时，为表示他的高见计，加以若干批评：他认为鼻子太厚了。弥盖朗琪罗拿了剪刀和一些石粉爬上台架，轻轻地把剪刀动了几下，手中慢慢地散下若干粉屑；但他一些也没有改动鼻子，还是照它老样。于是，他转身向着长官问道：

“现在请看。

——现在，Soderini 说，它使我更欢喜了些。你把它改得有生气了。”

“于是，弥盖朗琪罗走下台架，暗暗地好笑。”[4]

在这件作品中，我们似乎便可看到幽默的轻蔑。这是在休止期间的一种骚动的力。它充满着轻蔑与悲哀。在美术馆底阴沈的墙下，它会感到闷塞。它需要大自然中的空气，如弥盖朗琪罗所说的一般，它应当“直接受到阳光”[5]。

---

[1] 见他给父亲的信——1509 年春。

[2] 见他给父亲的信——1521 年。

[3] 1501 年 8 月。——几个月之前，他和 Francesco Piccolomini 大主教签订合同，承应为西哀纳寺塑造装饰用的雕像。这件工作他始终没有做，他一生常常如此而内疚。

[4] 据伐萨利记载。

[5] 这个像在他的工作室内时，一个雕塑家想使外面的光线更适宜于这件作品，弥盖朗琪罗和他说：“不必你辛苦，最重要的是直接受到阳光。”

一五〇四年正月二十五日，艺术委员会（其中的委员有李毗 Filippino Lippi，鲍梯却梨 Botticelli，班吕勤 Pérugin 与莱渥那·特·文西等）讨论安置这座巨像的地方。依了弥盖朗琪罗底请求，人们决定把他立在“诸侯宫邸”底前面。[1]搬运的工程交托大寺底建筑家们去办理。五月十四日傍晚，人们把《大卫像》从临时廊棚下移出来。晚上，市民向巨像投石，要击破它，当局不得不加以严密的保护。巨像慢慢地移动，系得挺直，高处又把它微微吊起，免得在移转时要抵住泥土。从 Duomo 广场搬到老宫前面一共费了四天光阴。五月十八日正午，终于到达了指定的场所。夜间防护的工作仍未稍懈。可是虽然那么周密，某个晚上群众底石子终于投中了《大卫像》。[2]

这便是人家往往认为值得我们作为模范的翡冷翠民族。[3]

一五〇四年，翡冷翠底诸侯把弥盖朗琪罗和莱渥那·特·文西放在敌对的立场上。

两人原不相契。他们都是孤独的，在这一点上，他们应该互相接近了。但他们觉得离开一般的人群固然很远，他们两人却离得更远。两人中更孤独的是莱渥那。他那时是五十二岁，长弥盖朗琪罗近二十岁。从三十岁起，他离开了翡冷翠，那里的狂乱与热情使他不耐；他的天性是细腻精密的，微微有些胆怯，他的清明宁静与带着怀疑色彩的智慧，和

---

[1] 委员会讨论此事的会议记录还保存着。迄 1873 年为止，《大卫像》留在当时弥盖朗琪罗所指定的地位，在诸侯宫邸前面。以后，人们把它移到翡冷翠美术学士院底一个特别的圆亭中，因为那时代这像已被风雨侵蚀到令人担忧的程度。翡冷翠艺术协会同时提议作一个白石的摹本，放在诸侯宫邸前底原位上。

[2] 这一段记载，完全根据当时的历史，详见 Pietro di Marco Parenti 著《翡冷翠史》。

[3] 大卫底圣洁的裸体使翡冷翠人大感局促。1545 年，人们指责《最后之审判》中的猥亵（因为其中全是裸体的人物）时，写信给他道：“仿效翡冷翠人底谦恭罢，把他们身体上可羞的部分用金叶遮掩起来。”

翡冷翠人底性格都是不相投契的。这享乐主义者，这绝对自由绝对孤独的人，对于他的乡土，宗教，全世界，都极淡漠，他只有在一般思想自由的君主旁边才感到舒服。一四九九年，他的保护人 Ludovic le More 下台了，他不得不离别米兰。一五〇二年，他投效于 César Borgia 幕下；一五〇三年，这位亲王在政治上失势了，他又不得不回到翡冷翠。在此，他讥讽的微笑正和阴沈狂热的弥盖朗琪罗相遇，而他正激怒他。弥盖朗琪罗，整个地投入他的热情与信仰之中的人，痛恨他的热情与信仰底一切敌人，而他尤其痛恨毫无热情毫无信仰的人。莱渥那愈伟大，弥盖朗琪罗对他愈怀着敌意；他亦绝不放过表示敌意的机会。

“莱渥那面貌生得非常秀美，举止温文尔雅。有一天他和一个朋友在翡冷翠街上闲步；他穿着一件玫瑰红的外衣，一直垂到膝盖；修剪得很美观的鬈曲的长须在胸前飘荡。在 Santa Tripità 寺旁，几个中产者在谈话，他们辩论着但丁底一段诗。他们招呼莱渥那，请他替他们辨明其中的意义。这时候弥盖朗琪罗在旁走过。莱渥那说：‘弥盖朗琪罗会解释你们所说的那段诗。’弥盖朗琪罗以为是有意嘲弄他，冷酷地答道：‘你自己解释罢，你这曾做过一座铜马底模塑，[1] 不会铸成铜马而你居然不觉羞耻地就此中止了的人！’——说完，他旋转身走了。莱渥那站着，脸红了。弥盖朗琪罗还以为未足，满怀着要中伤他的念头，喊道：‘而那些混帐的米兰人竟会相信你做得了这样的工作！’”[2]

是这样的两个人，行政长官 Soderini 竟把他们安置在一件共同的作品上：印诸侯宫邸中会议厅底装饰画。这是文艺复兴两股最伟大的力底奇特的争斗。一五〇四年五月，莱渥那开始他的《Anghiari 战役》底图稿。[3]

[1] 这是隐指莱渥那没有完成的 Francesco Sforza 大公底雕像。

[2] 一个同时代人底记录。

[3] 这战役是翡冷翠人打败米兰人的一仗。这个题目是故意使莱渥那难堪的，因为他在米兰有那么多的朋友与保护人。

一五〇四年八月，弥盖朗琪罗受命制作那《Cascina 战役》[1]。全个翡冷翠为了他们分成两派。——但是时间把一切都平等了。两件作品全都消灭了。[2]

一五〇五年三月，弥盖朗琪罗被教皇于勒二世召赴罗马。从此便开始了他生涯中的英雄的时代。

两个都是强项、伟大的人，当他们不是凶狠地冲突的时候，教皇与艺术家生来便是相契的。他们的脑海中涌现着巨大的计划。于勒二世要令人替他造一个陵墓，和古罗马城相称的。弥盖朗琪罗为这个骄傲的思念激动得厉害。他怀抱着一个巴比仑式的计划，要造成一座山一般的建筑，上面放着硕大无朋的四十余座雕像。教皇，兴奋非凡，派他到加拉尔地方去，在石厂中斫就一切必需的白石。在山中弥盖朗琪罗住了八个多月。他完全被一种超人的狂热笼罩住了。“一天他骑马在山中闲逛，他看见一座威临全景的山头：他突然想把它整个地雕起来，成为一个巨大无比的石像，使海中远处的航海家们也能望到……如果他有时间，如果人家答应他，他定会那么做。”[3]

一五〇五年十二月，他回到罗马，他所选择的大块白石亦已开始运到，安放在圣比哀尔场[4]上，弥盖朗琪罗所住的 Santa-Caterina 底后面。

---

[1] 亦名《比士之役》。

[2] 弥盖朗琪罗底图稿于 1505 年画到壁上，到了 1512 年梅迭西斯卷土重来时的暴乱中便毁掉了。这件作品只有从零星的摹本中可以窥见一斑。——至于莱渥那底一幅，莱渥那自己已够把它毁灭了。他为求技巧完美起见，试用一种油膏，但不能持久；那幅画后来因他灰心而丢弃，到 1550 年时已不存在了。弥盖朗琪罗这时代（1501 —1505）底作品，尚有《圣母》《小耶稣》二座浮雕，现存伦敦王家美术院与翡冷翠 Bargello 博物馆；——《勃吕勃之圣母》，1506 年时被弗拉芒商人购去；——还有现存 Uffizi 博物馆的《圣家庭》那幅大水胶画，是弥氏最经意最美之作。他的清教徒式的严肃，他的英雄的调子，和莱渥那底懒散肉感的艺术极端相反。

[3] 据 condiviv 记载。

[4] 编者注：即圣彼得广场。

“石块堆到那么高大，群众为之惊愕，教皇为之狂喜。”弥盖朗琪罗埋首工作了。教皇不耐烦地常来看他，“和他谈话，好似父子那般亲热”。为更便于往来起见，他令人在梵谛刚宫底走廊与弥盖朗琪罗底寓所中间造了一顶浮桥，使他可以随意在秘密中去看他。

但这种优遇并不如何持久。于勒二世底性格和弥盖朗琪罗底同样无恒。他一忽儿热心某个计划，一忽儿又热心另一个绝然不同的计划。另一个计划于他显得更能使他的荣名垂久：他要重建圣比哀尔大寺[1]。这是弥盖朗琪罗底敌人们怂恿他倾向于这新事业的，那些敌人数不在少，而且都是强有力的。他们中间的首领是一个天才与弥盖朗琪罗相仿而意志更坚强的人物：勃拉芒德[2]（Bramante d'Urbin），他是教皇底建筑家，拉斐尔底朋友。在两个理智坚强的翁勃里伟人与一个天才犷野的翡冷翠人中间，毫无同情心可言。但他们所以决心要打倒他，[3]无疑是因为他曾向他们挑战之故。弥盖朗琪罗毫无顾忌地指摘勃拉芒德，说他在工程中舞弊。[4]那时勃拉芒德便决意要剪除他。

他使他在教皇那边失宠。他利用于勒二世底迷信；在他面前说据普通的观念，生前建造陵墓是大不祥的。他居然使教皇对于弥盖朗琪罗底计划冷淡了下来，而乘机献上他自己的计划。一五〇六年正月，于勒二

[1] 编者注：即圣彼得大教堂。

[2] 编者注：即布拉曼特。

[3] 至少是勃拉芒德有此决心。至于拉斐尔，他和勃拉芒德交情太密了，不得不和他取一致行动，但说拉斐尔个人反对弥盖朗琪罗却并无实据。只是弥盖朗琪罗确言他也加入阴谋：“我和教皇于勒所发生的争执全是勃拉芒德与拉斐尔嫉妒的缘果：他们设法要压倒我；实在，拉斐尔也是主动的人，因为他在艺术上所知道的，都是从我这里学去的。”（1542 年 10 月弥氏给一个不可考的人的信。）

[4] Gondivi，因为他对于弥盖朗琪罗的盲目的友谊，也猜疑着说：“勃拉芒德被逼着去损害弥盖朗琪罗，第一是因为嫉妒，第二是因为他怕弥盖朗琪罗对他的判断，他是知道他的过失的人。大家知道，勃拉芒德极爱享乐，挥霍无度。不论他在教皇那边的薪给是如何高，他总不够化，于是他设法在工程方面舞弊，用劣等的材料筑墙，于坚固方面是不够的。这情形，大家可以在他所主持的圣比哀尔建筑中鉴别出来，……近来好些地方都在重修，因为已在下沉或将要下沉。”

世决定重建圣比哀尔大寺。陵墓的事情搁置了，弥盖朗琪罗不独被压倒了，而且为了他在作品方面所化的钱负了不少债务。[1] 他悲苦地怨艾。教皇不再见他了；他为了工程的事情去求见时，于勒二世教他的马弁把他逐出梵谛刚宫。

目击这幕情景的吕克主教，和马弁说：

——“你难道不认识他么？”

马弁向弥盖朗琪罗说：

——“请原谅我，先生，但我奉命而行，不得不如此。”

弥盖朗琪罗回去上书教皇：

“圣父，今天早上我由你圣下底意旨被逐出宫。我通知你自今日起，如果你有何役使，你可以教人到罗马以外的任何区处找我。”

他把信寄发了，喊着住在他家里的一个石商和一个石匠，和他们说：

“去觅一个犹太人，把我家里的一切全卖给他，以后再到翡冷翠来。”

于是他上马出发。[2] 教皇接到了信，派了五个骑兵去追他，晚上十一点钟时在 Poggibonsi 地方追上了，交给他一道命令：“接到此令，立刻回转罗马，否则将有严厉处分。”弥盖朗琪罗回答，他可以回来，如果教皇履行他的诺言：否则，于勒二世永远不必希望再看到他。[3]

他把一首十四行诗寄给教皇[4]：

“吾主，如果俗谚是对的，那真所谓‘非不能也，是不欲也’。你相信了那些谎话与谗言，对于真理底敌人，你却给他酬报。至于我，我是，我曾是你的忠实的老仆，我的皈依你好比光芒之于太阳；而我所费掉的

---

[1] “当教皇转变了念头，而运货船仍从加拉勒地方把石块运到时，我不得不自己来付钱。同时我从翡冷翠雇来的斫石匠们也到了罗马；正当我在教皇支配给我的屋子中安排他们的住处与用具时，我的钱化完了，我处于极大的窘境中。……”（1542 年 10 月的信）

[2] 1506 年 4 月 17 日。

[3] 这一切叙述都是引用上述的 1542 年 10 月一信原文。

[4] 有人把这首十四行诗认为是 1511 年作的，但我仍以为放在这个时期较适当。

时间并不使你感动！我愈劳苦，你愈不爱我。我曾希望靠了你的伟大而伟大，曾希望你的公正的度量与威严的宝剑将是我唯一的裁判人而非听从了谎骗的回声。但上天把德性降到世上之后，老是把它作弄，仿佛德性只当在一棵枯索的树上企待果实。”[1]

于勒二世底侮慢，还不止是促成弥盖朗琪罗底逃亡的唯一的原因。在一封给 Giuliano da San Gallo 的信中，他露出勃拉芒德要暗杀他的消息。[2]

弥盖朗琪罗走了，勃拉芒德成为唯一的主宰。他的敌手逃亡底翌日，他举行圣比哀尔大寺底奠基礼。[3] 他的深切的仇恨集中于弥盖朗琪罗底作品上，他要安排得使弥氏底事业永远不能恢复。他令群众把圣比哀尔场上底工场，堆着建造于勒二世陵墓的石块底区处，抢劫一空。[4]

可是，教皇为了他的雕塑家底反抗大为震怒，接连着下敕令到翡冷翠底诸侯那里，因为弥盖朗琪罗躲避在翡冷翠。诸侯教弥盖朗琪罗去，和他说：“你和教皇捣蛋，即是法兰西王也不敢那么做。我们不愿为了你而和他轻启争端：因此你当回罗马去；我们将给你必要的信札，说一切对于你的无理将无异是对于我们的无理。”[5]

弥盖朗琪罗固执着。他提出条件。他要于勒二世让他建造他的陵寝，并且不在罗马而在翡冷翠工作。当于勒二世出征班罗士（Pérouse）与蒲洛涅的时候，[6] 他的敕令愈来愈严厉了，弥盖朗琪罗想起到土耳其，那

[1] “枯索的树”隐喻于勒二世系族底旗号上的图案。

[2] “这还不是使我动身的唯一的原因；还有别的事情，为我不愿讲述的。此刻只须说我想如果我留在罗马，这城将成写我的坟墓，而不是教皇底坟墓了。这是我突然离开的主因。”

[3] 1506 年 4 月 18 日。

[4] 见 1542 年 10 月信。

[5] 同前。

[6] 1506 年 8 月终。

边的苏丹曾托法朗梭阿派教士转请他去造一座班拉地方底桥。[1]

终于他不得不让步了。一五〇六年十一月杪，他委屈地往蒲洛涅去，那时于勒二世正攻陷了城，以征服者底资格进入蒲洛涅城。

“一个早上，弥盖朗琪罗到 San Peteronio 寺去参与弥撒礼。教皇底马弁瞥见他，给认识了，把他引到于勒二世前面，他正在 Seize 宫内用餐。教皇发怒着和他说：‘是你应当到罗马去晋谒我们的；而你竟等我们到蒲洛涅来访问你！’——弥盖朗琪罗跪下，高声请求宽赦，说他的行动并非由于恶意而是因为被逐之后愤怒之故。教皇坐着，头微俯着，脸上满布着怒气；一个翡冷翠诸侯府派来为弥盖朗琪罗说情的主教上前说道：‘务望圣下不要把他的蠢事放在心上；他为了愚昧而犯罪。所有的画家除了艺术之外，在一切事情上都是一样的。’教皇暴怒起来，大声呼喝道：‘你竟和他说即是我们也不敢和他说的侮辱的话。你才是愚昧的……滚开，见你的鬼罢！’——他留着不走，教皇底侍役上前一阵拳头把他攒走了。于是，教皇底怒气在主教身上发泄完了，令弥盖朗琪罗近前去，宽赦了他。”[2]

不幸，为与于勒二世言和起见，还得依从他任性的脾气；而这专横的意志已从新转变了方向。此刻，他已不复提及陵墓问题，却要在蒲洛涅建立一个自己的铜像了。弥盖朗琪罗虽然竭力声明“他一些也不懂得铸铜的事”，也是无用。他必得学习起来，又是艰苦的工作。他住在一间很坏的屋子里，他，两个助手 Lapo 与 Lodovico，和一个铸铜匠 Bernardino，三个人只有一张床。十五个月在种种烦恼中度过了。Lapo 与 Lodovico 偷盗他，他和他们闹开了。

“Lapo 这坏蛋，他写信给他的父亲说，告诉大家说是他和 Lodovico

[1] Gondivi 记载：1504 年，弥盖朗琪罗已有到土耳其去的念头。1519 年，他和 Andrinopole 储侯来往，他要他去替他作画。我们知道莱渥那·特·文西也曾有过到土耳其去的意念。

[2] Condivi 记载。

两人做了全部的作品或至少是他们和我合作的。在我没有把他们攒出门外之前，他们脑筋中不知道他们并非是主人，直到我把他们逐出时，他们才明白是为我雇用的。如畜牲一般，我把他们赶走了。”[1]

Lapo 与 Lodovico 大为怨望；他们在翡冷翠散布谣言，攻击弥盖朗琪罗，甚至到他父亲那里强索金钱，说是弥盖朗琪罗偷他们的。

接着是那铸铜匠显得是一个无用的家伙。

“我本信 Bernardino 师父会铸铜的，即不用火也会铸，我真是多么信任他。”

一五〇七年六月，铸铜的工作失败了。铜像只铸到腰带部分。一切得重行开始。弥盖朗琪罗到一五〇八年二月为止，一直在干这件作品。他的健康为之损害了。

“我几乎没有用餐的时间”，他写信给他的父亲说，“……我在极不舒服极痛苦的情景中生活；除了夜以继日地工作之外，我甚么也不想；我曾经受过那样的痛苦，现在又受着这样的磨难，竟使我相信如果再要我作一个像，我的生命将不够了：这是巨人底工作。”[2]

这样的劳作却获得了可悲的结果。一五〇八年二月在 San Petronio 寺前建立的于勒二世像，只有四年底寿命。一五一一年十二月，它被于勒二世底敌人 Bentivogli 党人毁灭了；残余的古铜被 Alphonse d'Este 收买去铸大炮。

弥盖朗琪罗回到罗马。于勒二世命他做另一件同样意想不到同样艰难的工程。对于这个全不懂得壁画技术的画家，教皇命他去作西施庭教堂底天顶画。人们可以说他简直在在发不可能的命令，而弥盖朗琪罗居

[1] 1507 年 2 月 8 日给他父亲的信。
[2] 1507 年 11 月 10 日给他兄弟的信。

然会执行。

似乎又是勃拉芒德，看见弥盖朗琪罗回来重行得宠了，故把这件事情作难他，使他的荣名扫地。[1] 即在这一五〇八年，弥氏底敌手拉斐尔在梵谛刚宫开始 Stanza 那组壁画，获得极大的成功，故弥盖朗琪罗底使命尤其来得危险，因为他的敌人已经有了杰作摆在那里和他挑战。[2] 他用尽方法辞谢这可怕的差使，他甚至提议请拉斐尔代替他：他说这不是他的艺术，他绝对不会成功的。但教皇尽是固执着，他不得不让步。

勃拉芒德为弥盖朗琪罗在西施庭教堂内造好了一个台架，并且从翡冷翠召来好几个有壁画经验的画家来帮他忙。但上面已经说过，弥盖朗琪罗不能有任何助手。他开始便说勃拉芒德底台架不能用，另外造了一个。至于从翡冷翠招来的画家，他看见便头痛，甚么理由也不说，把他们送出门外。“一个早上，他把他们所画的东西尽行毁掉；他自己关在教堂里，他不愿再开门让他们进来，即在他自己家里也躲着不令人见。当这场玩笑似乎持续到够久时，他们沮丧万分，决意回翡冷翠去了。”[3]

弥盖朗琪罗只留着几个工人在身旁；[4] 但困难不独没有减煞他的胆量，反而使他把计划扩大了，他决意在原定的天顶之外，更要画四周的墙壁。

一五〇八年五月十日，巨大的工程开始了。黯淡的岁月，——这整个生涯中最黯淡最崇高的岁月！这是传说上的弥盖朗琪罗，西施庭底英

[1] 这至少是 Gondivi 底意见。但我们应得注意在弥盖朗琪罗没有逃到蒲洛涅之前，要他作西施庭壁画的问题已经提起过了，那时节勃拉芒德对于这计划并未见得欢欣，因为他正设法要他离开罗马。（1506 年 5 月 Pietro Rosselli 致弥盖朗琪罗书）

[2] 在 1508 年 4 月至 9 月中间，拉斐尔画成了所谓“诸侯厅”中的壁画。其中有《雅典学派》，《圣体争辩》等诸名作。

[3] 见伐萨利记载。

[4] 在弥盖朗琪罗 1510 年致父亲书中，他曾提及他的助手，甚么也不能做的话，“只要人家去服侍他……当然我不能管这些！我自己已感到帮助的人不够！他使我受苦如一头畜牲”。

雄，他的伟大的面目应当永远镂刻在人类底记忆之中。

他大感痛苦。那时代底信札证明他的狂乱的失望，决非他神明般的思想能够解救的了：

“我的精神处在极度的苦恼中。一年以来，我从教皇那里没有拿到一文钱；我甚么也不向他要求，因为我的工作进行的程度似乎还不配要求酬报。工作迟缓之故，因为技术上发生困难，因为这不是我的内行。因此我的时间是枉费了的。神佑我！”[1]

他才画完《洪水》一部，作品已开始发霉：人物底面貌辨认不清。他拒绝继续下去。但教皇一些也不原谅。他不得不重行工作。

在他一切疲劳与烦恼之外，更加上他的家族底纠缠。全家都靠了他生活，滥用他的钱，拚命的压榨他。他的父亲不停地为了钱的事情烦闷，呻吟。他不得不费了许多时间去鼓励他，当他自己已是病苦不堪的时候。

“你不要烦躁罢，这并非是人生遭受侮弄的事情……只要我自己还有些少东西，我决不令你短少什么……即使你在世界上所有的东西全都丧失了，只要我存在，你必不至有何缺乏……我宁愿自己贫穷而你活着，决不愿具有全世界底金银财富而你不在人世。……如你不能和其余的人一样在世界上争得荣誉，你当以有你的面包自足；不论贫与富，当和基督一起生活，如我在此地所做的那样；因为我是不幸的，我可既不为生活发愁亦不为荣誉——即为了世界——苦恼；然而我确在极大的痛苦，与无穷的猜忌中度日。十五年以来，我不曾有过一天好日子，我竭力支撑你；而你从未识得，也从未相信。神宽恕你们众人！我准备在未来，在我存在的时候，永远同样的做人，只要我能够！”[2]

他的三个弟弟都依赖他。他们等他的钱，等他为他们觅一个地位；

[1] 1509 年 1 月 27 日致他的父亲书。

[2] 致他的父亲书（1509 年—1512 年间）。

他们毫无顾忌地浪费他在翡冷翠所积聚的小资产；他们更到罗马来依附他；Buonarroto 与 Giovan Simone 要他替他们购买一份商业的资产，Gismondo 要他买翡冷翠附近的田产。而他们绝不感激他：似乎这是他欠他们的债。弥盖朗琪罗知道他们在剥削他；但他太骄傲了，不愿拒绝他们而显出自己的无能。那些坏蛋还不安分守己呢。他们行动乖张，在弥盖朗琪罗不在家的时候，虐待他们的父亲。于是弥盖朗琪罗暴跳起来。他把他的兄弟们当作顽童一般看待，鞭笞他们。必要时他也许会把他们杀死。

"Giovan Simone，[1]

常言道：与善人行善会使其更善，与恶人行善会使其更恶。几年以来，我努力以好言好语和温柔的行动使你改过自新，和父亲与我们好好地过活，而你却愈来愈坏了……我或能细细地和你说，但这不过是空言而已。现在不必多费口舌，只要你确切知道你在世界上甚么也没有；因为是我为了上帝的缘故维持你的生活，因为我相信你是我的兄弟和其余的一样。但我此刻断定你不是我的兄弟；因为如果是的，那么你不会威胁我的父亲。你真可说是一头畜牲，我将如对待畜牲一般对待你。须知一个人眼见他的父亲被威胁或被虐待的时候，应当为了他而牺牲生命……这些事情做得够了！……我告诉你，世界上没有一件东西是你所有的；如果我再听到关于你的什么话，我将籍没你的财产，把不是你所挣来的房屋田地放火烧掉；你不是你自己理想中的人物。如果我到你面前来，我将给

[1] Giovan Simone 对他的父亲横施暴行。弥盖朗琪罗写信给他的父亲说："在你的信中我知道一切和 Simone 底行为。10 年以来，我不曾有过比这更坏的消息。……如果我能够，即在收到信的那天，我将跨上马，把一切都整顿好了。但我既然不能如此做，我便写信给他。但如果他不改性，如果他拿掉家里的一支牙签，如果他做任何你所厌恶的事情，请你告诉我：我将向教皇请假，我将回来。"（1509 年春）

你看些东西使你会痛哭流涕，使你明白你靠了什么才敢这么逞威风……如果你愿改过，你愿尊敬你的父亲，我将帮助你如对于别的兄弟一样，而且不久之后，我可以替你盘下一家商店。但你如不这样做，我将要清理你，使你明白你的本来面目，使你确确实实知道你在世上所有的东西……完了！言语有何欠缺的地方，我将由事实来补足。

弥盖朗琪罗于罗马。

还有两行。十二年以来，我为了全意大利过着悲惨的生活，我受着种种痛苦，我忍受种种耻辱，我的疲劳毁坏我的身体，我把生命经历着无数的危险，只为要帮扶我的家庭；——现在我才把我们的家业稍振，而你却把我多少年来受着多少痛苦建立起来的事业在一小时中毁掉！……像基督一般！这不算什么！因为我可以把你那样的人——不论是几千几万——分裂成块块，如果是必要的话。——因此，要乖些，不要把对你具有多少热情的人逼得无路可走！”[1]

以后是轮到 Gismondo 了：

“我在这里，过的是极度苦闷，极度疲劳的生活。任何朋友也没有，而且我也不愿有……极少时间我能舒舒服服地用餐。不要再和我说烦恼的事情了；因我再不能忍受分毫烦恼了。”[2]

末了是第三个兄弟，Buonarroto，在 Strozzi 底商店中服务的，问弥盖朗琪罗要了大宗款项之后，尽情挥霍，而且以“用得比收到的更多”来自豪：

“我极欲知道你的忘恩负义，”弥盖朗琪罗写信给他道，“我要知道你的钱是从何而来的；我要知道：你在 Santa Maria Nuova 银行里支用

[1] 这封信底日期有人说是 1509 年春，有人说是 1508 年 7 月。注意这时候 Giovan Simone 已是 30 岁的人了，弥盖朗琪罗只长他 4 岁。

[2] 1509 年 10 月 17 日致 Gismondo 书。

我的二百二十八金币与我寄回家里的另外好几百金币时，你是否明白在用我的钱，是否知道我历尽千辛万苦来支撑你们。我极欲知道你曾否想过这一切！——如果你还有相当的聪明来承认事实，你将决不会说：'我用了我自己的许多钱。'也决不会再到此地来和我纠缠而一些也不回想起我已往对于你们的行为。你应当说：'弥盖朗琪罗知道没有写信给我们，他是知道的；如果他现在没有信来，他定是被什么我们所不知道的事务耽搁着！我们且耐性罢。'当一匹马在尽力前奔的时候，不该再去蹴它，要它跑得不可能地那么快。然而你们从未认识我，而且现在也不认识我。神宽宥你们！是他赐我恩宠，曾使我能尽力帮助你们。但只有在我不复在世的时候，你们才会识得我。"[1]

这便是薄情与妒羡的环境，使弥盖朗琪罗在剥削这样他的家庭和不息地中伤他的敌人中间挣扎苦斗。而他，在这个时期内，完成了西施庭底英雄的作品。可是他化了何等可忍的代价！差一些他要放弃一切而从新逃跑。他自信快死了。[2]他也许愿意这样。

教皇因为他工作迟缓和固执着不给他看到作品而发怒起来。他们傲慢的性格如两朵阵雨时的乌云一般时时冲撞。"一天"，Gondivi 述说，"于勒二世问他何时可以画完，弥盖朗琪罗依着他的习惯答道：'当我能够的时候。'教皇怒极了，把他的杖打他，口里反覆地说：'当我能够的时侯！当我能够的时候！'

弥盖朗琪罗跑回家里准备行装要离开罗马了。于勒二世马上派了一个人去，送给他五百金币，竭力抚慰他，为教皇道歉。弥盖朗琪罗接受了道歉。"

但翌日，他们又重演一番。一天，教皇终于愤怒地和他说："你难

[1] 1513 年 7 月 30 日致 Buonarroto 书。

[2] 1512 年 8 月信。

道要我把你从台架上倒下地来么？”弥盖朗琪罗只得退步；他把台架撤去了，揭出作品，那是一五一二年底诸圣节日。

那盛大而黯淡的礼节，这祭亡魂的仪式，与这件骇人的作品底开幕礼，正是十分适合；因为作品充满着生杀一切的神底精灵——这挟着疾风雷雨般的气势横扫天空的神，带来了一切生命底力。[1]

二　力底崩裂

从这件巨人底作品中解放出来，弥盖朗琪罗变得光荣了，支离破灭了。成年累月地仰着头画西施庭底天顶，“他把他的目光弄坏了，以至好久之后，读一封信或看一件东西时他必得把它们放在头顶上才能看清楚”。[2]

他把自己的病态作为取笑的资料：

“……

我的胡子向着天，

我的头颅弯向着肩，

胸部像头枭。

画笔上滴下的颜色

在我脸上形成富丽的图案。

腰缩向腹部底位置，

臀部变做秤星，维持我全身重量底均衡。

我再也看不清楚了，

---

[1] 关于弥盖朗琪罗底作品在另书解释了，此处不赘。

[2] 伐萨利记载。

走路也徒然摸索几步。

我的皮肉，在前身拉长了，

在后背缩短了，

仿佛是一张叙利亚底弓。

……”[1]

我们不当为这玩笑的口气蒙蔽。弥盖朗琪罗为了变得那样丑而深感痛苦。像他那样的人，比任何人都更爱慕肉体美的人，丑是一桩耻辱。[2]在他的一部分恋歌中，我们看出他的愧恧之情。[3]他的悲苦之所以尤其深刻，是因为他一生被爱情煎熬着；而似乎他从未获得回报。于是他自己反省，在诗歌中发泄他的温情与痛苦。

自童年起他就作诗，这是他热烈的需求。他的素描，信札，散页上面满涂着他的反覆推敲的思想底痕迹。不幸，在一五一八年时，他把他的青年时代底诗稿焚去大半；有些在他生前便毁掉了。可是他留下的少数诗歌已足唤引人们对于他的热情的概念。[4]

最早的诗似乎是于一五〇四年左右在翡冷翠写的：[5]

“我生活得多么幸福，爱啊，只要我能胜利地抵拒你的疯癫！而今是可怜！我涕泪沾襟，我感到了你的力……”[6]

[1] 诗集卷九。这首以诙谑情调写的诗是1510年7月作。

[2] Henry Thode在他的Michelangelo und das Ende der Renaissance（1902,Berlin）中提出这一点，把弥氏的性格看到很准确。

[3] “……既然吾主把人死后的肉体交给灵魂去受永久的平和或苦难，我祈求他把我的肉体——虽然它是丑的，不论在天上地下——留在你的旁边；因为一颗爱的心至少和一个美的脸庞有同等价值。”……（诗集卷一百零九，第十二首）“上天似乎正因为我在美丽的眼中变得这么丑而发怒。”（诗集卷一百零九第九十三首）

[4] 弥盖朗琪罗全部诗集底第一次付印是在1623年，由他的侄孙在翡冷翠发刊的。这一部版本错讹极多。1863年，Cesare Guasti在翡冷翠发刊第一部差不多是正确的版本。但唯一完全的科学的版本，当推Dr. Karl Frey于1897年在柏林刊行的一部。本书所申引依据的，亦以此本为准。

[5] 在同一页纸上画有人与马的交战图。

[6] 诗集卷二。

一五〇四与一五一一年底，或即是写给同一个女子的两首情诗，含有多么悲痛的表白：

“谁强迫我投向着你……噫！噫！噫！……紧紧相连着么？可是我仍是自由的！……”[1]

“我怎么会不复属于我自己呢？喔神！喔神！喔神！……谁把我与我自己分离？……谁能比我更深入我自己？喔神！喔神！喔神！……”[2]

一五〇七年十二月自蒲洛涅发的一封信底背后，写着下列一首十四行诗，其中肉欲底表白，令人回想起鲍梯却梨底形象：

“鲜艳的花冠戴在她的金发之上，它是何等幸福！谁能够，和鲜花轻抚她的前额一般，第一个亲吻她？终日紧束着她的胸部长袍真是幸运。金丝一般的细发永不厌倦地掠着她的双颊与蝤颈。金丝织成的带子温柔地压着她的乳房，它的幸运更是可贵。腰带似乎说：‘我愿永远束着她……’啊！……那么我的手臂又将怎样呢！”[3]

在一首含有自白性质的亲密的长诗中[4]——在此很难完全引述的——弥盖朗琪罗在特别放纵的辞藻中诉说他的爱情底悲苦：

“一日不见你，我到处不得安宁。见了你时，仿佛是久饥的人逢到食物一般……当你向我微笑，或在街上对我行礼……我像火药一般燃烧起来……你和我说话，我脸红，我的声音也失态，我的欲念突然熄灭了。……”[5]

接着是哀呼痛苦的声音：

[1] 诗集卷五。

[2] 诗集卷六。

[3] 诗集卷七。

[4] 据 Frey 氏意见，此诗是 1531—1532 年之作，但我认为是早年之作。

[5] 诗集卷三十六。

“啊！无穷的痛苦，当想起我多么爱恋的人绝不爱我时，我的心碎了！怎么生活呢？……”[1]

下面几行，是他写在梅迭西斯家庙中的圣母像画稿旁边的：

“太阳底光芒耀射着世界，而我却独自在阴暗中煎熬。人皆欢乐，而我，倒在地下，浸在痛苦中，呻吟，嚎哭。”[2]

弥盖朗琪罗底强有力的雕塑与绘画中间，爱的表现是缺如的；在其中他只诉说他的最英雄的思想。似乎把他心底弱点混入作品中间是一桩羞耻。他只把它付托给诗歌。是在这方面应当寻觅藏在犷野的外表之下的温柔与怯弱的心：

“我爱：我为何生了出来？”[3]

西施庭工程告成了，于勒二世死了，[4]弥盖朗琪罗回到翡冷翠，回到他念念不忘的计划上去：于勒二世底坟墓。他签订了十七年中完工的契约。[5]三年之中，他差不多完全致力于这件工作。[6]在这个相当平静的时期——悲哀而清明的成熟时期，西施庭时代底狂热镇静了，好似波涛汹涌的大海重归平复一般，——弥盖朗琪罗产生了最完美的作品，他

[1] 诗集卷十三。另一首著名的情诗，由作曲家 Bartolommeo Tromboncino 于 1518 年前谱成音乐的，亦是同时期之作：“我的宝贝，如果我不能求你的援助，如果我没有了你，我如何能有生活的勇气？呻吟着，哭泣着，叹息着，我可怜的心跟踪着你，夫人，并且向你表显我不久将要临到的死，和我所受的苦难。但离别永不能使我忘掉我对你的忠诚，我让我的心和你在一起：我的心已不复是我的了。”（诗集卷十一）

[2] 诗集卷二十二。

[3] 诗集卷一百零九，第三十五首。试把这些爱情与痛苦几乎是同义字的情诗，和肉感的，充满着青春之气的拉斐尔底十四行诗（写在《圣体争辩》图稿反面的）作一比较。

[4] 于勒二世死于 1513 年 2 月 21 日，正当西施庭天顶画落成后 3 个月半。

[5] 契约签订于 1513 年 3 月 6 日。——这新计划较原来的计划更可惊，共计巨像 32 座。

[6] 在这时期内，弥盖朗琪罗似乎只接受一件工作——米纳佛基督像。

的热情与意志底均衡实现得最完全的作品：《摩西像》[1]与现藏卢佛宫的《奴隶像》。[2]

可是这不过是一刹那而已：生命底狂潮几乎立刻重复掀起；他重新堕入黑夜。

新任教皇雷翁十世，竭力要把弥盖朗琪罗从宣扬前任教皇的事业上转换过来，为他自己的宗教歌颂胜利。这对于他只是骄傲底问题，无所谓同情与好感；因为他的伊壁鸠派的精神不会瞭解弥盖朗琪罗底忧郁的天才[3]：他全部的恩宠都加诸拉斐尔一人身上。但完成西施庭的人物却是意大利底光荣；雷翁十世要役使他。

他向弥盖朗琪罗提议建造翡冷翠底梅迭西斯家庙。弥盖朗琪罗因为要和拉斐尔争胜——拉斐尔利用他离开罗马的时期把自己造成了艺术上的君王底地位，[4]——不由自主地听让这新的锁链系住自己了。实在，他要担任这一件工作而不放弃以前的计划是不可能的，他永远在这矛盾中挣扎着。他努力令自己相信他可以同时进行于勒二世底陵墓与圣洛朗查教堂——即梅迭西斯家庙。他打算把大部分工作交给一个助手去做，自己只塑几个主要的像。但由着他的习惯，他慢慢地放弃这计划，他不

---

[1]《摩西像》是在预定计划内树在于勒二世陵墓第一层上的6座巨像之一。直到1545年，弥盖朗琪罗还在做这件作品。

[2]《奴隶像》共有2座，弥盖朗琪罗1513年之作，1546年时他赠与Roberto Strozzi，那是一个翡冷翠底共和党人，那时正逃亡在法国，《奴隶像》即由他转赠给法西王法郎梭阿一世，今存卢佛美术馆。

[3] 他对于弥盖朗琪罗非没有温情的表示；但弥盖朗琪罗使他害怕。他觉得和他一起非常局促。Sébastien del Piombo在写给弥氏的信中说："教皇当讲起你时，仿佛在讲他的一个兄弟；他差不多眼里满含着泪水。他和我说你们是一起教养长大的（弥氏幼年在梅迭西斯学校中的事情已见前文叙述），而他不承认认识你爱你，但你要知道你使一切的人害怕，甚至教皇也如此。"（1520年10月27日）在雷翁十世底宫廷中，人们时常把弥盖朗琪罗作为取笑的资料。他写给拉斐尔底保护人Bibbiena大主教的一封信，措辞失当，使他的敌人们引为大乐。Sébastien和弥氏说："在宫中，人家只在谈论你的信；它使大家发笑。"（1520年7月3日书）

[4] 勃拉芒德死于1514年。拉斐尔受命为重建圣比哀尔寺的总监。

肯和别人分享荣誉。更甚于此的是，他还担忧教皇会收回成命呢；他求雷翁十世把他系住在这新的锁链上。[1]

当然他不能继续于勒二世底纪念建筑了。但最可悲的是连圣洛朗查教堂也不能建立起来。拒绝和任何人合作犹以为未足，由着他的可怕的脾气，要一切由他自己动手的愿欲，他不留在翡冷翠做他的工作，反而跑到加拉尔地方去监督斫石工作。他遇着种种困难。梅迭西斯族人要用最近被翡冷翠收买的比德拉桑太石厂底出品。因为弥盖朗琪罗主张用加拉尔底白石，故他被教皇诬指为得贿；[2]为要服从教皇底意志，弥盖朗琪罗又受加拉尔人底责难，他们和航海工人联络起来；以至他找不到一条船肯替他在日纳与比士[3]中间运输白石。[4]他逼得在连亘的山中和荒确难行的平原上造起路来。当地的人又不肯拿出钱来帮助筑路费。工人一些也不会工作，这石厂是新的，工人亦是新的。弥盖朗琪罗呻吟着：

“我在要开掘山道把艺术带到此地的时候，简直在干和令死者复活同样为难的工作。”[5]

---

[1] “我要把这个教堂底屋面，造成为全意大利底建筑与雕塑取法的镜子。教皇与大主教（于勒·特·梅迭西斯，即未来的教皇克莱芒七世）必须从速决定到底要不要我做，是或否。如果他们要我做，那么应当签订一张合同……Messer Domenico，关于他们的主意，请你给我一个切实的答复，这将是我的欢乐中最大的欢乐。”（1517 年 7 月致 Domenico Buoninsegni 书）1518 年 1 月 19 日，教皇与他签了约，弥盖朗琪罗应允在 8 年中交出作品。

[2] 1518 年 2 月 2 日，大主教于勒·特·梅迭西斯致书弥盖朗琪罗，有云：“我们疑惑你莫非为了私人的利益袒护加拉尔石厂而不愿采用比德拉桑太底白石……我们告诉你，不必任何解释，圣下的旨意要完全采用比德拉桑太底石块，任何其他的都不要……如果你不这么做，将是故意违反圣下与我们底意愿，我们将极有理由地对你表示严重的愤怒……因此，把这种固执从你头脑里驱逐出去罢。”

[3] 编者注：即比萨。

[4] “我一直跑到日纳地方去寻觅船只……加拉尔人买通了所有的船主人……我不得不往比士去。……”（见 1518 年 4 月 2 日弥盖朗琪罗致于尔白诺书）——“我在比士租的船永远没有来。我想人家又把我作弄了：这是我一切事情上的命运！喔，我离开加拉尔的那一天那一时刻真该诅咒啊！这是我的失败底原因……”（1518 年 4 月 18 日书）

[5] 1518 年 4 月 18 日书。——几个月之后：“山坡十分峭险，而工人们都是蠢极的；得忍耐着！应得要克服高山，教育人民……”（1518 年 9 月致斐里加耶书）

然而他挣扎着：

“我所应允的，我将冒着一切患难而实践；我将做一番全意大利从未做过的事业，如果神助我。”

多少的力，多少的热情，多少的天才枉费了！一五一八年九月杪，他在萨拉伐柴地方，因为劳作过度，烦虑太甚而病了。他知道在这苦工生活中健康衰退了，梦想枯竭了。他日夜为了热望终有一日可以开始工作而焦虑，又因为不能实现而悲痛。他受着他所不能令人满意的工作压榨。[1]

“我不耐烦得要死，因为我的恶运不能使我为所欲为……我痛苦得要死，我做了骗子般的勾当，虽然不是由于我自己的过失……”[2]

回到翡冷翠，在等待白石到的时期中，他万分自苦；但阿诺河干涸着，满载石块的船只不能进口。

终于石块来了：这一次，他开始了么？——不。他回到石厂去。他固执着在没有把所有的白石堆聚起来成一座山头——如以前于勒二世的陵墓那次一般——之前他不动工。他把开始的日期一直捱延着；也许他怕开始。他不是在应允的时候太夸口了么？在这巨大的建筑工程中，他不太冒险么？这绝非他的内行；他将到那里去学呢？此刻，他是进既不能，退亦不可了。

费了那么多的心思，还不能保障运输白石底安全。在运往翡冷翠的六支巨柱式的白石中，四支在路上裂断了，一支即在翡冷翠当地。他受了他的工人们底欺骗。

末了，教皇与梅迭西斯大主教眼见多少宝贵的光阴白白费掉在石厂与泥泞的路上，感着不耐烦起来。一五二〇年三月十日，教皇一道敕谕

[1] 指米纳佛基督像与于勒二世底陵墓。

[2] 1518 年 12 月 21 日致阿昂大主教书。——4 个仅仅动工的巨像，预备安放在于勒二世墓上的《奴隶像》似乎是这一期底作品。

把一五一八年命弥盖朗琪罗建造圣洛朗查教堂底契约取消了。弥盖朗琪罗只在派来代替他的许多工人到达比德拉桑太地方的时候才知道消息，他深深地受了一个惨酷的打击。

“我不和大主教计算我在此费掉的三年光阴，”他说，“我不和他计算我为了这圣洛朗查作品而破产。我不和他计算人家对我的侮辱：一下子委任我做，一下子又不要我做这件工作，我不懂为什么缘故！我不和他计算我所损失的开支的一切……而现在，这件事情可以结束如下：教皇雷翁把已经斫好石块的山头收回去，我手中是他给我的五百金币，还有是人家还我的自由！”[1]

但弥盖朗琪罗所应指摘的不是他的保护人们而是他自己，他很明白这个。最大的痛苦即是为此。他和自己争斗。自一五一五至一五二〇年中间，在他的力量底丰满时期，洋溢着天才的顶点，他做了些甚么？——黯然无色的米纳佛基督像，——一件没有弥盖朗琪罗底成分的弥盖朗琪罗底作品！——而且他还没有把它完成。[2]

自一五一五至一五二〇年中间，在这伟大的文艺复兴底最后几年中，在一切灾祸尚未摧毁意大利底美丽的青春之时，拉斐尔画了 Loges 室、火室以及各式各种的杰作，建造 Madame 别墅，主持圣比哀尔寺底建筑事宜，领导着古物发掘的工作，筹备庆祝节会，建立纪念物，统治艺术界，创办了一所极发达的学校；而后他在胜利的勋功伟业中逝世了。[3]

---

[1] 1520 年书信。

[2] 弥盖朗琪罗把完成这座基督像的工作交付给他蠢笨的学生于尔白诺，他把它弄坏了。（见 1521 年 9 月 6 日 Sébastien del Piombo 致弥盖朗琪罗书）罗马底雕塑家 Frizzi 胡乱把它修葺了。这一切忧患并没阻止弥盖朗琪罗在已往把他磨折不堪的工作上更加上新的工作。1519 年 10 月 20 日，他为翡冷翠学院签具公函致雷翁十世，要求把留在拉伐纳的但丁遗物运回翡冷翠，他自己提议：“为神圣的诗人建造一个纪念像。”

[3] 1520 年 4 月 6 日。

他的幻灭的悲苦，枉费时日底绝望，意志底破裂，在他后来的作品中完全反映着：如梅迭西斯底坟墓，与于勒二世纪念物上的新雕像。[1]

自由的弥盖朗琪罗，终生只在从一个羁绊转换到另一个羁绊，从一个主人换到另一个主人中，消磨过去。大主教于勒·特·梅迭西斯，不久成教皇克莱芒七世，自一五二〇至一五三四年间主宰着他。

人们对于克莱芒七世曾表示严厉的态度。当然，和所有的教皇一样，他要把艺术和艺术家作为夸扬他的宗族的工具。但弥盖朗琪罗不应该对他如何怨望。没有一个教皇会这样爱他。没有一个教皇曾对他的工作保有这么持久的热情。[2]没有一个教皇会比他更了解他的意志底薄弱，和他那样时时鼓励他振作，阻止他枉费精力。即在翡冷翠革命与弥盖朗琪罗反叛之后，克莱芒对他的态度也并没改变。[3]但要医治侵蚀这颗伟大的心的烦躁，狂乱，悲观，与致命般的哀愁，却并非是他权力范围以内的事。一个主人慈祥有何用处？他毕竟是主人啊！……

"我服侍教皇，"弥盖朗琪罗说，"但这是不得已的。"[4]

少许的荣名和一二件美丽的作品又算得甚么？这和他所梦想的境界距离得那么远！……而衰老来了。在他周围，一切阴沉下来。文艺复兴快要死灭了。罗马将被野蛮民族来侵略蹂躏。一个悲哀的神底阴影慢慢地压住了意大利底思想。弥盖朗琪罗感到悲剧的时间底将临；他被悲怆的苦痛闷塞着。

把弥盖朗琪罗从他焦头烂额的艰难中拯拔出来之后，克莱芒七世决

---

[1] 指《胜利像》。

[2] 1526年，弥盖朗琪罗必得每星期写信给他。

[3] Sébastien del Piombo 在致弥盖朗琪罗的信中写道："他崇拜你所做的一切；他把他所有的爱来爱你的作品。他讲起你时那么慈祥恺恻，一个父亲也不会对他的儿子有如此的好感。"（1531年4月29日）——"如果你愿到罗马来，你要做什么便可做什么，大公或王……你在这教皇治下有你的名分，你可以作主人，你可以随心所欲。"（1531年12月5日）

[4] 见弥盖朗琪罗致侄儿 Lionardo 书（1548年）。

意把他的天才导入另一条路上去，为他自己所可以就近监督的。他委托他主持梅迭西斯家庙与坟墓底建筑。[1] 他要他专心服务。他甚至劝他加入教派，[2] 致送他一笔教会俸金。弥盖朗琪罗拒绝了；但克莱芒七世仍是按月致送他薪给，比他所要求的多出三倍，又赠与他一所邻近圣洛朗的屋子。

一切似乎很顺利，教堂底工程也积极进行，忽然弥盖朗琪罗放弃了他的住所，拒绝克莱芒致送他的月俸。[3] 他又灰心了。于勒二世底承继人对他放弃已经承应的作品这件事不肯原谅；他们恐吓他要控告他，他们提出他的人格问题。诉讼底念头把弥盖朗琪罗吓倒了；他的良心承认他的敌人们有理，责备他自己爽约：他觉得在尚未偿还他所化去的于勒二世的钱之前，他决不能接受克莱芒七世底金钱。

"我不复工作了，我不再生活了。"他写着。[4] 他恳求教皇替他向于勒二世底承继人们疏通，帮助他偿还他们的钱：

"我将卖掉一切，我将尽我一切的力量来偿还他们。"

或者，他求教皇允许他完全去干于勒二世底纪念建筑：

"我要解脱这义务的企望比之求生的企望更切。"

一想起如果克莱芒七世崩逝，而他要被他的敌人控告时，他简直如一个孩子一般，他绝望地哭了：

"如果教皇让我处在这个地位，我将不复能生存在这世界上……我

[1] 工程在1521年3月便开始了，但到于勒·特·梅迭西斯大主教登极为教皇时起才积极进行。这是1523年11月19日的事，从此是教皇克莱芒七世（Clément VII）了。最初的计划包含4座坟墓：Laurant le Magnifique底，他的兄弟于里安底，他的儿子底和他的孙子底。1524年，克莱芒七世又决定加入雷翁十世底棺椁和他自己底。同时，弥氏被任主持圣洛朗图书馆底建筑事宜。

[2] 这里是指法朗梭阿教派。（见1524年正月2日Fattucci以教皇名义给弥盖朗琪罗书）

[3] 1524年3月。

[4] 1525年4月19日，弥盖朗琪罗致教皇管事Giovanni Spina书。

不知我写些甚么，我完全昏迷了……”[1]

克莱芒七世并不把这位艺术家底绝望如何认真，他坚持着不准他中止梅迭西斯家庙底工作。他的朋友们一些也不懂他这种烦虑，劝他不要闹笑话拒绝俸给。有的认为他是不假思索的胡闹，大大地警告他，嘱咐他将来不要再如此使性。[2] 有的写信给他：

“人家告诉我，说你拒绝了你的俸给，放弃了你的住处，停止了工作；我觉得这纯粹是疯癫的行为。我的朋友，你不啻和你自己为敌……你不要去管于勒二世底陵墓，接受俸给罢；因为他们是以好心给你的。”[3]

弥盖朗琪罗固执着。——教皇宫底司库和他戏弄，把他的话作准了：他撤销了他的俸给。可怜的人，失望了，几个月之后，他不得不重行请求他所拒绝的钱。最初他很胆怯地，含着羞耻：

“我亲爱的乔伐尼，既然笔杆较口舌更大胆，我把我近日来屡次要和你说而不敢说的话写信给你了：我还能获得月俸么？……如果我知道我决不能再受到俸给，我也不会改变我的态度；我仍将尽力为教皇工作；但我将算清我的帐。”[4]

以后，生活所迫，他再写信：

“仔细考虑一番之后，我看到教皇多么重视这件圣洛朗查底作品；既然是圣下自己答应给我的月俸，为的要我加紧工作；那么我不收受他无异是延宕工作了：因此，我的意见改变了；迄今为止我不请求这月俸，此刻为了一言难尽的理由我请求了。……你愿不愿把从答应我的那天算起把这笔月俸给我？……何时我能拿到？请你告诉我。”[5]

---

[1] 1525 年 10 月 24 日，弥氏致 Fattucci 书。

[2] 1524 年 3 月 22 日 Fattucci 致弥氏书。

[3] 1524 年 3 月 24 日 Lionardo Sellajo 致弥氏书。

[4] 1524 年弥氏致教皇管事 Giovanni Spina 书。

[5] 1525 年 8 月 29 日弥氏致前人书。

人家要给他一顿教训：只装作不听见。两个月之后，他还甚么都没拿到。他不得不再三声请。

他在烦恼中工作；他怨叹这些烦虑把他的想象力窒塞了：

“……烦恼使我受着极大的影响……人们不能用好几只手做一件工作，尤其是雕塑。人家说这是要刺激我；但我说这是坏刺激，会令人后退的。我一年多没有收到月俸，我和穷困挣扎：我在我的忧患中是十分孤独；而且我的忧患是那么多，比艺术使我操心得更厉害！我无法获得一个服侍我的人。”[1]

克莱芒七世有时为他的痛苦所感动了。他托人向他致意，表示他深切的同情。他担保“在他生存的时候将永远优遇他”。[2] 但梅迭西斯族人们底无可救治的轻佻性又来纠缠着弥盖朗琪罗，他们非惟不把他的重负减轻一些，反又令他担任其他的工作：其中有一个无聊的巨柱，顶上放一座钟楼。[3] 弥盖朗琪罗为这件作品又费了若干时间的心思。——此外他时时被他的工人、泥水匠、车夫们麻烦，因为他们受着一般八小时工作制的先驱的宣传家底诱惑。[4]

同时，他日常生活底烦恼有增无减。他的父亲年纪愈大，脾气愈坏；一天，他从翡冷翠底家中逃走了，说是他的儿子把他赶走的。弥盖朗琪罗写了一封美丽动人的信给他[5]：

“至爱的父亲，昨天回家没有看见你，我非常惊异；现在我知道你在怨我说我把你逐出的，我更惊异了。从我生下来到今日，我敢说从没有做任何足以使你不快的事——无论大小——的用意；我所受的一切痛

[1] 1525年10月24日弥氏致Fattucci书。

[2] 1525年12月23日Pier Paolo Marzi以克莱芒七世名义致弥氏书。

[3] 1525年10月至12月间书信。

[4] 1526年6月17日弥氏致Fattucci书。

[5] 此信有人认为是1521年左右的，有人认为是1516年左右的。

苦，我是为爱你而受的……我一向保护你。……没有几天之前，我还和你说，只要我活着，我将竭我全力为你效命；我此刻再和你说一次，再答应你一次。你这么快的忘掉了这一切，真使我惊骇。三十年来，你知道我永远对你很好，尽我所能，在思想上在行动上。你怎么能到处去说我赶走你呢？你不知道这是为我出了怎样的名声吗？此刻，我烦恼得尽够了，再也用不到增添；而这一切烦恼我是为你而受的！你报答我真好！……可是万物都听天由命罢：我愿使我自己确信我从未使你蒙受耻辱与损害；而我现在求你宽恕，就好似我真的做了对你不起的事一般。原宥我罢，好似原宥一个素来过着放浪生活作尽世上所有的恶事的儿子一样。我再求你一次，求你宽恕我这悲惨的人儿；只不要给我这逐出你的名声；因我的名誉对于我的重要是你所意想不到的：无论如何，我终是你的儿子！”

如此的热爱，如此的卑顺，只能使这老人底易怒性平息一忽。若干时以后，他说他的儿子偷了他的钱。弥盖朗琪罗被逼到极端了，写信给他[1]：

“我不复明白你要我怎样。如果我活着使你讨厌，你已找到了摆脱我的好方法，你不久可以拿到你认为我掌握着的财宝的钥匙。而这个你将做得很对；因为在翡冷翠大家知道你是一个巨富，我永远在偷你的钱，我应当被罚：你将大大地被人称颂！……你要说我什么就尽你说尽你喊罢，但不要再写信给我；因为你使我不能再工作下去。你逼得我向你索还二十五年来我所给你的一切。我不愿如此说；但我终于被逼得不得不说！……仔细留神……一个人只死一次的，他再不能回来补救他所作的错事。你是要等到死底前日才肯忏悔。神佑你！”

这是他在家族方面所得的援助。

[1] 1523 年 6 月书信。

“忍耐啊！”他在给一个朋友的信中叹息着说，“只求神不要把并不使他不快的事情使我不快。”[1]

在这些悲哀苦难中，工作不进步。当一五二七年全意大利发生大政变的时候，梅迭西斯家庙中的塑像一个也没有造好。[2]这样，这个一五二〇至一五二七年间的新时代只在他前一时代幻灭与疲劳上加上了新的幻灭与疲劳，对于弥盖朗琪罗十年以来，没有完成一件作品，实现一桩计划的欢乐。

三 绝望

对于一切事物和对于他自己的憎厌，把他卷入一五二七年在翡冷翠爆发的革命漩涡中。

弥盖朗琪罗在政治方面的思想，素来亦是同样的犹疑不决，他的一生，他的艺术老是受这种精神状态底磨难。他永远不能使他个人的情操和他所受的梅迭西斯底恩德相妥协。而且这个强项的天才在行动上一向是胆怯的；他不敢冒险和人世底权威者在政治的与宗教的立场上斗争。他的书信即显出他老是为了自己与为了家族在担忧，怕会干犯甚么，万一他对于任何专制的行为说出了甚么冒昧的批评，[3]他立刻加以否认。他时时刻刻写信给他的家族，嘱咐他们留神，一遇警变马上要逃：

“要像疫瘟盛行的时代那样，在最先逃的一群中逃……生命较财产更值价……安分守己，不要树立敌人，除了上帝以外不要相信任何人，并且对于无论何人不要说好也不要说坏，因为事情底结局是不可知的；

[1] 1526年6月17日弥氏致Fattucci书。

[2] 同一封信内，说一座像已开始了，还有其他棺龛旁边的4座象征的人像与圣母像亦已动工。

[3] 1512年9月书信中说及他批评梅迭西斯底联盟者，帝国军队劫掠伯拉多事件。

只顾经营你的事业……甚么事也不要参加。”[1]

他的弟兄和朋友都嘲笑他的不安，把他当作疯子看待。[2]

“你不要嘲笑我，”弥盖朗琪罗悲哀地答道，“一个人不应该嘲笑任何人。”[3]

实在，他永远的心惊胆战并无可笑之处。我们应该可怜他的病态的神经，它们老是使他成为恐怖底玩具；他虽然一直在和恐怖战斗，但他从不能征服它。危险临到时，他的第一个动作是逃避，但经过一番磨难之后，他反而更要强制他的肉体与精神去忍受危险。况他比别人更有理由可以恐惧，因为他更聪明，而他的悲观成分亦只使他对于意大利底厄运预料得更明白。——但要他那种天性怯弱的人去参与翡冷翠底革命运动，真需要一种绝望底激动，揭穿他的灵魂底底蕴的狂乱才会可能呢。

这颗灵魂虽然那么富于反省，深自藏纳，却是充满着热烈的共和思想。这种境地，他在热情激动或信托友人的时候，会在激烈的言辞中流露出来，——特别是他以后和朋友 Luigi del Riccio Antonio Petreo 和 Donato Giannotti 诸人的谈话，为 Giannotti 在他的《关于但丁神曲的对语》中所引述的。[4] 朋友们觉得奇怪，为何但丁把 Brutus 与 Cassius 放在地狱中最后的一层，而把 César 倒放在他们之上（意即受罪更重）。当友人问起弥盖朗琪罗时，他替刺杀暴君的武士辩护道[5]：

“如果你们仔细去读首段的诗篇，你们将看到但丁十分明白暴君底

[1] 1512 年 9 月弥氏致弟 Buonarroto 书。

[2] 1515 年 9 月弥氏致弟 Buonarroto 书：“我并非是一个疯子，像你们所相信的那般。……”

[3] 1512 年 9 月 10 日弥氏致弟 Buonarroto 书。

[4] 1545 年间事。弥盖朗琪罗底 Brutus 胸像便是为 Donato Giannotti 作的。1536 年，在那部《但丁神曲对语》前数年，亚历山大·特·梅迭西斯被洛朗齐诺刺死，洛朗齐诺被人当作 Brutus 般的加以称颂。

[5] 朋友们所讨论的主题是要知道但丁在地狱中过多少日子：是从星期五晚到星期六晚呢，抑是星期四晚至星期日早晨？他们去请教弥盖朗琪罗，他比任何人更了解但丁底作品。

性质，他也知道暴君所犯的罪恶是神人共殛的罪恶。他把暴君们归入‘凌虐同胞’的一类，罚入第七层地狱，沉入鼎沸的腥血之中。……既然但丁承认这点，那么说他不承认César是他母国底暴君而Brutus与Cassius是正当地诛戮自是不可能了；因为杀掉一个暴君不是杀了一个人而是杀了一头人面的野兽。一切暴君丧失了人所共有的同类之爱，他们已丧失了人性：故他们已非人类而是兽类了。他们的没有同类之爱是昭然若揭的：否则，他们决不至掠人所有以为己有，决不至蹂躏人民而为暴君。……因此，诛戮一暴君的人不是乱臣贼子亦是明显的事，既然他并不杀人，乃是杀了一头野兽。由是，杀掉César的Brutus与Cassius并不犯罪。第一，因为他们杀掉一个为一切罗马人所欲依照法律而杀掉的人。第二，因为他们并不杀了一个人，而是杀了一头野兽。"[1]

因此，罗马被西班牙王Charles-Quint攻陷[2]与梅迭西斯宗室被逐[3]的消息，传到翡冷翠，激醒了当地人民底国家意识与共和观念以至揭竿起义的时候，弥盖朗琪罗便是翡冷翠革命党底前锋之一。即是那个平时教他的家族避免政治为避免疫疠一般的人，兴奋狂热到甚么也不怕的程度。他便留在那革命与疫疠底中心区翡冷翠。他的兄弟Buonarroto染疫而亡，死在他的臂抱中。[4]一五二八年十月，他参加守城会议。一五二九年正月十日，他被任为防守工程的督造者。四月六日，他被任（任期一年）为翡冷翠卫戍总督。六月，他到比士，亚莱查，列何纳等处视察城堡。七八两月中，他被派到法拉尔地方去考察那著名的防御，并和防御工程专家，当地的大公讨论一切。

[1] 弥盖朗琪罗并辨明暴君与世袭君王或与立宪诸侯之不同："在此我不是指那些握有数百年权威的诸侯或是为民众底意志所拥戴的君王而言，他们的统治城邑，与民众底精神完全和洽……"

[2] 1527年5月6日。

[3] 1527年5月18日梅迭西斯宗室中的伊巴里德与亚历山大被逐。

[4] 1528年7月2日。

弥盖朗琪罗认为翡冷翠防御工程中最重要的 San Miniato 山岗；他决定在上面建筑炮垒。但——不知何故——他和翡冷翠长官 Capponi 发生冲突，以至后者要使弥盖朗琪罗离开翡冷翠。[1] 弥盖朗琪罗疑惑 Capponi 与梅迭西斯党人有意要把他撵走使他不能守城，他便住在 San Miniato 不动弹了。可是他的病态的猜疑更煽动了这被围之城中底流言，而这一次的流言却并非是没有根据的。站在嫌疑地位的 Capponi 被撤职了，由 Francesco Carducci 继任长官：同时又任命不稳的 Malatesta Baglioni 为翡冷翠守军统领（以后把翡冷翠城向教皇乞降的便是他）。弥盖朗琪罗预感到灾祸将临；把他的惶虑告诉了执政官，"而长官 Carducci 非但不感谢他，反而辱骂了他一顿；责备他永远猜疑，胆怯"。[2] Malatesta 呈请把弥盖朗琪罗解职：具有这种性格的他，为要摆脱一个危险的敌人起见，是甚么都不顾虑的；而且他那时是翡冷翠的大元帅，在当地自是声势赫赫的了。弥盖朗琪罗以为自己处在危险中了；他写道：

"可是我早已准备毫不畏惧地等待战争底结局。但九月二十一日星期二清晨，一个人到我炮垒里来附着耳朵告诉我，说我如果要逃生，那么我不能再留在翡冷翠。他和我一同到了我的家里，和我一起用餐，他替我张罗马匹，直到目送我出了翡冷翠城他才离开我。"[3]

Varchi 更补充这一段故事说："弥盖朗琪罗在三件衬衣中缝了一二千金币在内，而他逃出翡冷翠时并非没有困难，他和 Rinaldo Corsini 和他的学生 Antonio Mini 从防御最松的正义门中逃出。"

数日后，弥盖朗琪罗说：

"究竟是神在指使我抑是魔鬼在作弄我，我不明白。"

---

[1] 据弥盖朗琪罗底秘密的诉白，那人是 Busini。

[2] Condivi 又言："实在，他应该接受这好意的忠告，因为当梅迭西斯重入翡冷翠时，他被处死了。"

[3] 1529 年 9 月 25 日弥氏致 Battista della Palla 书。

他惯有的恐怖毕竟是虚妄的。可是他在路过 Castelnuovo 时，对前长官 Capponi 说了一番惊心动魄的话，把他的遭遇和预测叙述得那么骇人，以至这老人竟于数日之后惊悸致死。[1] 可见他那时正处在如何可怕的境界。

九月二十三日，弥盖朗琪罗到法拉尔地方。在狂乱中，他拒绝了当地大公底邀请，不愿住到他的宫堡中去，他继续逃。九月二十五日，他到佛尼市。当地底诸侯得悉之下，立刻派了两个使者去见他，招待他；但又是惭愧又是犷野，他拒绝了，远避在 Giudecca。他还自以为躲避得不够远。他要逃亡到法国去。他到佛尼市底当天，就写了一封急切的信，给代法王法朗梭阿一世在意大利代办艺术品的朋友 Battista della Palla：

"Battista，至亲爱的朋友，我离开了翡冷翠要到法国去；到了佛尼市，我询问路径：人家说必得要经过德国底境界，这于我是危险而艰难的路。你还有意到法国去么？……请你告诉我，请你告诉我你要我在何处等你，我们可以同走……我请求你，收到此信后给我一个答复，愈快愈好；因为我去法之念甚急，万一你已无意去，那末也请告知，以便我以任何代价单独前往……"[2]

驻佛尼市法国大使急急写信给法朗梭阿一世和蒙莫朗西元帅，促他们乘机把弥盖朗琪罗邀到法国宫庭中去留住他。法王立刻向弥盖朗琪罗致意，愿致送他一笔年俸一座房屋。但信札往还自然要费去若干时日，当法朗梭阿一世底复信到时，弥盖朗琪罗已经回到翡冷翠去了。

疯狂底热度退尽了，在 Guidecca 静寂的居留中，他尽有闲暇为他的恐怖暗自惭愧。他的逃亡，在翡冷翠喧传一时，九月三十日，翡冷翠执政官下令一切逃亡的人如于十月七日前不回来，将处以叛逆罪。在固

[1] 据 Segni 记载。

[2] 1529 年 9 月 25 日致 Battista della Palla 书。

定的那天，一切逃亡者果被宣布为叛逆，财产亦概行籍没。然而弥盖朗琪罗底名字还没有列入那张表；执政官给他一个最后的期限，驻法拉尔底翡冷翠大使 Galetto Giugni 通知翡冷翠共和邦，说弥盖朗琪罗得悉命令的时候太晚了，如果人家能够宽赦他，他准备回来。执政官答应原宥弥盖朗琪罗；他又托斫石匠 Bastiano di Francesco 把一张居留许可证带到佛尼市交给弥盖朗琪罗，同时转交给他十封朋友的信，都是要求他回去的。[1] 在这些信中，宽洪的 Battasta della Palla 尤其表示出爱国的热忱：

"你一切的朋友，不分派别地，毫无犹豫地，异口同声地渴望你回来，为保留你的生命，你的母国，你的朋友，你的财产与你的荣誉，为享受这一个你曾热烈地希望的新时代。"

他相信翡冷翠重新临到了黄金时代，他满以为光明的前途得胜了。——实际上，这可怜人在梅迭西斯宗族重新上台之后却是反动势力底第一批牺牲者中的一个。

他的一番说话把弥盖朗琪罗底意念决定了。幸他回来了，——很慢地；因为到 Lucques 地方去迎接他的 Battista della Palla 等了他好久，以至开始绝望了。[2] 十一月二十日，弥盖朗琪罗终于回到了翡冷翠。[3] 二十三日。他的判罪状由执政官撤销了；但予以三年不得出席大会议的处分。[4]

从此，弥盖朗琪罗勇敢地尽他的职守，直至终局。他重新去就 San Miniato 底原职，在那里敌人们已轰炸了一个月了；他把山岗重行筑固，发明新的武器，把棉花与被褥覆蔽着钟楼，这样，那著名的建筑物才得

[1] 1529 年 10 月 22 日。

[2] 他又致书弥盖朗琪罗，敦促他回去。

[3] 数日前，他的俸给被执政官下令取消了。

[4] 据弥氏致 Sébastien del Piombo 书中言，他亦判处缴纳 1500 金币底罚金充公。

免于难。[1] 人们所得到的他在围城中的最后的活动，是一五三〇年二月二十二日底消息，说他爬在大寺底圆顶上，窥测敌人底行动和视察穹窿底情状。

可是预料的灾祸毕竟临到了。一五三〇年八月二日，Malatesta Baglioni 反叛了。十二日，翡冷翠投降了，城市交给了教皇底使者 Baccio Valori。于是杀戮开始了。最初几天，甚么也阻不了战胜者底报复行为；弥盖朗琪罗底最好的友人们——Battasta della Palla——最先被杀。据说，弥盖朗琪罗藏在 San Niccolo-oltr'-Arno 钟楼里。他确有恐惧底理由：谣言说他曾欲毁掉梅迭西斯宫邸。但克莱芒七世一些没有丧失对于他的感情。据 Sébastien del Piombo 说，教皇知道了弥盖朗琪罗在围城时的情形后，表示非常不快；但他只耸耸肩说："弥盖朗琪罗不该如此；我从没伤害过他。"[2] 当最初的怒气消降的时候，克莱芒立刻写信到翡冷翠；他命人寻访弥盖朗琪罗，并言如他仍愿继续为梅迭西斯墓工作，他将受到他应受的待遇。[3]

弥盖朗琪罗从隐避中出来，重新为他所抗拒的人们底光荣而工作。可怜的人所做的事还不止此呢：他为 Baccio Valori 那个为教皇做坏事的工具，和杀掉弥氏底好友 Battista dell Palla 那凶手，雕塑《抽箭的阿

[1] 弥氏在致 François de Hollande 书中述道："当教皇克莱芒与西班牙军队联合围攻翡冷翠时，这般敌军被我安置在钟楼上的机器挡住了长久。一夜，我在墙底外部覆盖了羊毛袋；又一夜，我令人掘就陷坑，安埋火药，以炸死嘉斯蒂人；我把他们的断腿残臂一直轰到半空。……瞧啊！这是绘画底用途！它用作战争底器械与工具；它用来使轰炸与手铳得有适当的形式；它用来建造桥梁制作云梯；它尤其用来构成要塞，炮垒壕沟，陷坑与对坑底配置图……"（见 François de Hollande 著：《论罗马城中的绘画》第三编，1549 年。）

[2] 1531 年 4 月 29 日 Sébastien del Piombo 致弥氏书。

[3] Condivi 记载——1530 年 12 月 11 日起，教皇把弥盖朗琪罗底月俸恢复了。

波罗像》,[1]不久,他更进一步,竟至否认那些流戍者,曾经是他的朋友。[2]一个伟大的人物底可哀的弱点，逼得他卑怯地在物质的暴力前面低首，为的要使他的艺术梦得以保全。他的所以把他的暮年整个地献在为使徒比哀尔建造一座超人的纪念物上面实非无故：因他和比哀尔一样，曾多少次听到鸡鸣而痛哭。

被逼着说谎，不得不去谄媚一个 Valori，颂赞洛朗查和于尔朋大公，他的痛苦与羞愧同时迸发。他全身投入工作中，他把一切虚无底狂乱发泄在工作中。[3] 他全非在雕塑梅迭西斯宗室像，而是在雕塑他的绝望底像。当人家和他提及他的洛朗与于里安底肖像并不肖似时，他美妙地答道：“千年后谁能看出肖似不肖似？”一个，他雕作《行动》；另一个，雕作《思想》；台座上的许多像仿佛是两座主像底注释，——《日》与《夜》，《晨》与《暮》，——说出一切生之苦恼与憎厌。这些人类痛苦底不朽的象征在一五三一年完成了。[4]无上的讥讽啊！可没有一个人懂得。Giovanni Strozzi 看到这可惊的《夜》时，写了下列一首诗：

“夜，为你所看到妩媚地睡着的夜，却是由一个天使在这块岩石中雕成的；她睡着，故她生存着。如你不信，使她醒来罢，她将与你说话。

弥盖朗琪罗答道：

“睡眠是甜蜜的。成为顽石更是幸福，只要世上还有罪恶与耻辱的

[1] 1530 年秋。——此像现存翡冷翠国家美术馆。

[2] 1544 年。

[3] 即在他一生最惨淡的几年中，弥盖朗琪罗底粗野的天性对于一向压制着他的基督教底悲观主义突起反抗，他制作大胆的异教色彩极深厚的作品，如《被鹅狎戏着的丽达》(1529—1530 年间）本是为法拉尔大公画的，后来弥氏赠给了他的学生 Antoni Mini，他把它携到法国，据说是在 1643 年被 Sublet des Noyers 嫌其放浪而毁掉的。稍后，弥盖朗琪罗又为人绘《被爱神抚摩着的维纳斯》图稿。尚有 2 幅极猥亵的素描，大概亦是同时代的。

[4]《夜》大概是于 1530 年秋雕塑，于 1531 年春完成的;《晨》完成于 1531 年 9 月，《日》与《暮》又稍后。

时候。不见不闻，无知无觉，于我是最大的欢乐：因此，不要惊醒我，啊！讲得轻些罢！”[1]

在另一首诗中他又说："人们只能在天上睡眠，既然多少人底幸福只有一个人能体会到！”而屈服的翡冷翠来呼应他的呻吟了：[2]

“在你圣洁的思想中不要惶惑。相信把我从你那里剥夺了的人不会长久享受他的罪恶的，因为他中心惴惴，不能无惧。些须的欢乐，对于爱人们是一种丰满的享乐，会把他们的欲念熄灭，不若苦难会因了希望而使欲愿增长。”[3]

在此，我们应得想一想当罗马被掠与翡冷翠陷落时的心灵状态：理智底破产与崩溃。许多人底精神从此便堕入哀苦的深渊中，一蹶不振。

Sébastien del Piombo 变成一个享乐的怀疑主义者：

“我到了这个地步：宇宙可以崩裂，我可以不注意，我笑一切……我觉得已非罗马被掠前的我，我不复能回复我的本来了。”[4]

弥盖朗琪罗想自杀：

“如果可以自杀，那么，对于一个满怀信仰而过着奴隶般的悲惨生活的人，最应该给他这种权利了。”[5]

他的精神正在动乱。一五三一年六月他病了。克莱芒七世竭力抚慰他，可是徒然。他令他的秘书和 Sébastien del Piombo 转劝他不要劳

---

[1] 诗集卷一百零九，第十六，十七两首。——弗莱推定二诗是作于 1545 年。

[2] 弥盖朗琪罗在此假想着翡冷翠和翡冷翠底流亡者中间的对白。

[3] 诗集卷一百零九，第四十八首。

[4] 1531 年 2 月 14 日 Sébastien del Piombo 致弥氏书，这是罗马被掠后第一次写给他的信："神知道我真是多少快乐，当经过了多少灾患，多少困苦和危险之后，强有力的主宰以他的恻隐之心，使我们仍得苟延残喘：我一想起这，不禁要说这是一件灵迹了……此刻，我的同胞，既然出入于水火之中，经受到意想不到的事情，我们且来感谢神罢，而这虎口余生至少也要竭力使它在宁静中度过了罢。只要幸运是那么可恶那么痛苦，我们便不应该依赖它。”那时他们的信札要受检查，故他嘱咐弥盖朗琪罗假造一个签名式。

[5] 诗集卷三十八。

作过度，勉力节制，不时出去散步，不要把自己压制得如罪人一般。[1]一五三一年秋，人们担忧他的生命危险。他的一个友人写信给 Valori 道："弥盖朗琪罗衰弱瘦瘠了。我最近和 Bugiardini 与 Antonio Mini 谈过：我们一致认为如果人家不认真看护他，他将活不了多久。他工作太过，吃得太少太坏，睡的更少。一年以来，他老是为头痛与心病侵蚀着。"[2]——克莱芒七世认真地不安起来：一五三一年十一月二十一日，他下令禁止弥盖朗琪罗在于勒二世陵墓与梅迭西斯墓之外更做其他的工作，否则将驱逐出教，他以为如此方能调养他的身体，"使他活得更长久，以发扬罗马，他的宗族与他自己的光荣"。

他保护他，不使他受 Valori 和一般乞求艺术品的富丐们底纠缠，因为他们老是要求弥盖朗琪罗替他们做新的工作。他和他说："人家向你要求一张画时，你应当把你的笔系在脚下，在地上划四条痕迹说：'画完成了。'"[3]当于勒二世底承继人对于弥盖朗琪罗实施恫吓时，他又出面调解。[4]一五三二年，弥盖朗琪罗和他们签了第四张关于于勒陵墓的契约：弥盖朗琪罗承应重新作一个极小的陵墓，[5]于三年中完成，费用全归他个人负担，还须付出二千金币以偿还他以前收受于勒二世及其后人底钱。Sébastien del Piombo 写信给弥盖朗琪罗说："只要在作品中令人闻到你的一些气息就够。"[6]——悲哀的条件，既然他所签的约是证实他的大计划底破产，而他还须出这一笔钱！可是年复一年，弥盖朗琪罗

[1] 1531 年 6 月 20 日 Pier Paolo Marzi 致弥氏书，1531 年 6 月 16 日 Sébastien del Piombo 致弥氏书。

[2] 1531 年 9 月 29 日 Giovanni Battista di Paolo Mini 致 Valori 书。

[3] 1531 年 11 月 26 日 Benvenuto della Volpaja 致弥氏书。

[4] 1532 年 3 月 15 日 Sébastien 致弥氏书有言："如你没有教皇为你作后盾，他们会如毒蛇一般跳起来噬你了。"

[5] 在此，只有以后立在 San Pietro in Vincoli 寺前的 6 座像了，这 6 座像是开始了没有完成（《摩西像》，《胜利像》，两座《奴隶像》和《Boboli 石窟像》）。

[6] 1532 年 4 月 6 日 Sébastien del Piombo 致弥氏书。

在他每件绝望的作品中所证实的，确是他的生命底破产，整个“人生”底破产。

在于勒二世底陵墓计划破产之后，梅迭西斯墓底计划亦接着解体了，一五三四年九月二十五日，克莱芒七世驾崩。那时，弥盖朗琪罗由于极大的幸运，竟不在翡冷翠城内。长久以来，他在翡冷翠度着惶虑不安的生活；因为亚历山大·特·梅迭西斯大公恨他。不是因为他对于教皇的尊敬，[1]他早已遣人杀害他了。自从弥盖朗琪罗拒绝为翡冷翠建造一座威临全城的要塞之后，大公对他的怨恨更深了：——可是对于弥盖朗琪罗这么胆怯的人，这举动确是一桩勇敢的举动，表示他对于母国底的伟大的热爱；因为建造一座威临全城的要塞这件事，是证实翡冷翠对于梅迭西斯底屈服啊！——自那时起，弥盖朗琪罗已准备听受大公方面底任何处置，而在克莱芒七世薨后，他的生命亦只是靠偶然的福，那时他竟住在翡冷翠城外。[2]从此他不复再回到翡冷翠去了。他永远和他诀别了。——梅迭西斯底家庙算是完了，它永没完成。我们今日所谓的梅迭西斯墓，和弥盖朗琪罗所幻想的，只有若干细微的关系而已。它仅仅遗下壁上装饰底轮廓。不独弥盖朗琪罗没有完成预算中的雕像[3]和绘画[4]底半数；且当他的学生们以后要重行觅得他的思想底痕迹而加以补充的

[1] 屡次，克莱芒七世不得不在他的侄子，亚历山大·特·梅迭西斯前回护弥盖朗琪罗。Sébastien del Piombo 讲给弥氏听，说“教皇和他侄儿的说话充满了激烈的忿怒，可怖的狂乱，语气是那么严厉，难于引述”。(1533 年 8 月 16 日)

[2] Condivi 记载。

[3] 弥盖朗琪罗部分地雕了 7 座像 (Laurent d'Urban 与 Julien de Nemours 底两座坟墓，《圣母像》)。他预定的“江河 4 座像”没有开始；而 Laurent le Magnifique 与他的兄弟 Julien 底墓像，他放弃给别人做了。

[4] 1563 年 3 月 17 日，伐萨利问弥盖朗琪罗：“他当初想如何布置壁画。”

时候，他连自己也不能说出它们当初的情况了[1]：是这样地放弃了他一切的计划，他一切都遗忘了。

一五三四年九月二十三日弥盖朗琪罗重到罗马，在那里一直逗留到死。[2]他离开罗马已二十一年了。在这二十一年中，他做了于勒二世墓上底三座未完成的雕像，梅迭西斯墓上底七座未完成的雕像，洛朗查堂底未完成的穿堂，圣·玛丽·特拉·米纳佛寺底未完成的《基督像》，为 Baccio Valori 未完成的《阿波罗像》。他在他的艺术与故国中丧失了他的健康，他的精力和他的信心。他失掉了他最爱的一个兄弟。[3]他失掉了他极孝的父亲。[4]他写了两首纪念两人的诗，和他其余的一样亦是未完之作，可是充满了痛苦与死的憧憬底熟情：

"……上天把你从我们的苦难中拯救出去了。可怜我罢，我这如死一般生存着的人！……你是死在死中，你变为神明了；你不复惧怕生存与欲愿底变化：（我写到此怎能不艳羡呢？……）运命与时间原只能赐予我们不可靠的就欢乐与切实的忧患，但它们不敢跨入你们的国土。没有一些云翳会使你们的光明阴暗；以后的时间不再对你们有何强暴的行为了，'必需'与'偶然'不再役使你们了。黑夜不会熄灭你们的光华；白日不论它如何强烈也绝不会使光华增强……我亲爱的父亲，由于你的死，我学习了死……死，并不如人家所信的那般坏，因为这是人生底末日，亦是到另一世界去皈依神明的第一日，永恒的第一日。在那里，我希望，我相信我能靠了神底恩宠而重行见到你，如果我的理智把我冰冷的心从尘土底纠葛中解放出来，如果像一切德性般，我的理智能在天上增长父

[1] 人们甚至不知道把已塑的像放在何处，而空的壁龛中又当放入何像。受高斯莫一世之命去完成这件弥氏未完之作的 Vasani 与 Ammanati 写信问他，可是他竟想不起来了。1557 年 8 月弥盖朗琪罗写道："记忆与思想已跪在我的前面，在另一世界中等我去了。"

[2] 1546 年 3 月 27 日，弥盖朗琪罗享有罗马士绅阶级底名位。

[3] 指 1528 年在大疫中死亡的 Bouonarroto。

[4] 1534 年 6 月。

子间的至高的爱话。”[1]

人世间更无足以羁留他的东西了：艺术，雄心，温情，任何种的希冀都不能使他依恋了。他六十岁，他的生命似乎已经完了。他孤独着，他不复相信他的作品了；他对于“死”患着相思病，他热望终于能逃避“生存与欲念底变化”，“时间底暴行”和“必须与偶然的专制”。

“可怜！可怜！我被已经消逝的我的日子欺罔了……我等待太久了……时间飞逝而我老了。我不复能在死者身旁忏悔反省了……我哭泣也徒然……没有一件可与失掉的时间相比的了……

可怜！可怜！当我回顾我的已往时，我找不到一天是属于我的！虚妄的和希冀与欲念，——我此刻是认识了，——把我羁绊着，使我哭，爱，激动，叹息，——（因为没有一件致命的情感为我所不识得，）——远离了真理……

可怜！可怜！我去，而不知去何处；我害怕……如我没有错误的话，——（啊！请神使我错误了罢！）——我看到，主啊，我看到，认识善而竟作了恶的我，是犯了如何永恒的罪啊！而我只知希望……”[2]

[1] 诗集卷五十八。
[2] 诗集卷四十九。

下编
舍弃

一 爱情

在这颗残破的心中，当一切生机全被剥夺之后，一种新生命开始了，春天重又开出鲜艳的花朵，爱情底火焰燃烧得更鲜明。但这爱情几乎全没有自私与肉感的成分。这是对于加伐丽丽底美貌底神秘的崇拜。这是对于维多利亚·高龙那底虔敬的友谊，——两颗灵魂在神明的境域中的沟通。这是对于他的无父底侄儿们底慈爱，和对于孤苦茕独的人们底怜悯。

弥盖朗琪罗对于加伐丽丽（Tommaso dei Cavalieri）底爱情确是为一般普通的思想——不论是质直的或无耻的——所不能了解的。即在文艺复兴末期的意大利，它亦引起种种难堪的传说；讽刺家拉莱汀（L'Arétin 1492—1557）甚至把这件事作种种侮辱的讽喻。[1] 但是拉莱汀般底诽谤——（这是永远有的）——决不能加诸弥盖朗琪罗。“那些人把他们自己污浊的心地来造成一个他们的弥盖朗琪罗。”[2]

没有一颗灵魂比弥盖朗琪罗底更纯洁。没有一个人对于爱情底观念有那么虔敬。

[1] 弥盖朗琪罗底侄孙于1623年第一次刊行弥氏底诗集时，不敢把他致加伐丽丽的诗照原文刊入。他要令人相信这些诗是给一个女子的。即在近人底研究中，尚有人以为加伐丽丽是维多利亚·高龙那底假名。

[2] 1542年10月弥盖朗琪罗书（收信人不详）。

Condivi 曾说：

“我时常听见弥盖朗琪罗谈起爱情；在场的人都说他的言论全然是柏拉图式的。为我，我不知道柏拉图底主张；但在我和他那么长久那么亲密的交谊中，我在他口中只听到最可尊敬的言语，可以抑灭青年人底强烈的欲火的言语。”

可是这柏拉图式的理想并无文学意味也无冷酷的气象：弥盖朗琪罗对于一切美的事物，总是狂热地耽溺的，他之于柏拉图式的爱的理想亦是如此。他自己知道这点，故他有一天在谢绝他的友人 Giannotti 底邀请时说：

“当我看见一个具有若干才能或思想的人，或一个为人所不为言人所不言的人时，我不禁要热恋他，我可以全身付托给他，以至我不再是属于我的了。……你们大家都是那么富有天禀，如果我接受你们的邀请，我将失掉我的自由；你们中每个人都将分割我的一部分。即是跳舞与弹琴的人，如果他们擅长他们的艺术，我亦可听凭他们把我摆布！你们的作伴，不特不能使我休息，振作，镇静，反将使我的灵魂随风飘零；以至几天之后，我可以不知道死在哪个世界上。”[1]

思想言语声音底美既然如此诱惑他，肉体底美丽将更如何使他依恋呢！

“美貌底力量于我是怎样的刺激啊！

世间更无同等的欢乐了！”[2]

对于这个美妙的外形底大创造家，——同时又是有信仰的人——一个美的躯体是神明般的，是蒙着肉底外衣的神底显示。好似摩西之于“热烈的丛树”一般，（译者按《旧约》记摩西于热烈的丛树中见到神底显

---

[1] 见 Donato Giannotti 著 *Dialogi*（1545 年）。

[2] 诗集卷一百四十一。

灵）他只颤抖着走近它。他所崇拜的对象对于他真是一个偶像，如他自己所说的。他在她的足前匍匐膜拜；而一个伟人自愿的屈伏即是高贵的加伐丽丽也受不了，更何况美貌底偶像往往具有极庸俗的灵魂，如波琪沃（Febo di Poggio）呢！但弥盖朗琪罗甚么也看不见……他真正甚么也看不见么？——他是甚么也不愿看见；他要在他的心中把已经勾就轮廓的偶像雕塑完成。

他最早的理想的爱人，他最早的生动的美梦，是一五二二年时代底贝里尼（Gherardo Perini）。[1]一五三三年他又恋着波琪沃；一五四四年，恋着勃拉琪（Cecchino dei Bracci）。[2]因此，他对于加伐丽丽的友谊并非是专一的；但确是持久而达到狂热的境界的，不独这位朋友底美姿值得他那么颠倒，即是他的德性底高尚也值得他如此尊重。

伐萨利曾言："他爱加伐丽丽甚于一切别的朋友。这是一个生在罗马的中产者，年纪很轻，热爱艺术；弥盖朗琪罗为他作过一个肖像，——是弥氏一生唯一的画像；因为他痛恨描画生人，除非这人是美丽无比的时候。"

伐尔琪（Varcbi）又说："我在罗马遇到加伐丽丽先生时，他不独是具有无与伦比的美貌，而且举止谈吐亦是温文尔雅，思想出众，行动高尚，的确值得人家底爱慕，尤其是当人们认识他更透彻的时候。"[3]

[1] 贝里尼尤其被拉莱汀攻击的厉害。Frey 曾发表他的若干封 1522 年时代底颇为温柔的信："……当我读到你的信时，我觉得和你在一起：这是我唯一的愿望啊！"他自称为"你的如儿子一般的……"——弥盖朗琪罗底一首抒写离别与遗忘之苦的诗似乎是致献给他的："即在这里，我的爱使我的心与生命为之欢欣。这里，他的美眼应允助我，不久，目光却移到别处去了。这里，他和我关连着；这里他却和我分离了。这里，我无穷哀痛地哭，我看见他走了，不复顾我了。"

[2] 弥盖朗琪罗认识加伐丽丽年余之后才恋爱波琪沃；1533 年 12 月他写给他狂乱的信与诗，而这坏小子波琪沃却在复信中问他讨钱。——至于勃拉琪，他是 Luigi del Riccio 底朋友，弥盖朗琪罗认识了加伐丽丽十余年后才认识他的。他是翡冷翠底一个流戌者底儿子，1544 年时在罗马夭折了。弥盖朗琪罗为他写了 48 首悼诗，可说是弥盖朗琪罗诗集中最悲怆之作。

[3] 见 Benedetto Varchi 著 *Due Lezzioni*（1549 年）。

弥盖朗琪罗于一五三二年秋在罗马遇见他。他写给他的第一封信，充满了热情的诉白，加伐丽丽底复信亦是十分尊严：

“我收到你的来信，使我十分快慰，尤其因为它是出我意外的缘故；我说：出我意外，因为我不相信值得像你这样的人写信给我。至于你称赞我的话，和你对于我的工作表示极为钦佩的话，我可回答你：我的为人与工作，决不能令一个举世无双的天才如你一般的人——我说举世无双，因为我不信你之外更有第二个——对一个启蒙时代的青年说出那样的话。可是我亦不相信你对我说谎。我相信，是的，我确信你对于我的感情，确是像你那样一个艺术的化身者，对于一切献身艺术爱艺术的人们所必然感到的。我是这些人中底一个，而在爱艺术这一点上，我确是不让任何人。我回报你的盛情，我应允你；我从未如爱你一般的爱过别人，我从没有如希冀你的友谊一般希冀别人……我请你在我可以为你效劳的时候驱使我，我永远为你驰驱。

你的忠诚的 Thomao Cavalieri”[1]

加伐丽丽似乎永远保持着这感动的但是谨慎的语气。他直到弥盖朗琪罗临终的时候一直对他是忠诚的，他并且在场送终。弥盖朗琪罗也永远信任他；他是被认为唯一的影响弥盖朗琪罗的人，他亦利用了这信心与影响为弥氏底幸福与伟大服役。是他使弥盖朗琪罗决定完成圣比哀尔大寺穹窿底木雕模型。是他为我们保留下弥盖朗琪罗为穹窿构造所装的图样，是他努力把它实现。而且亦是他，在弥盖朗琪罗死后，依着他亡友底意志监督工程底实施。

但弥盖朗琪罗对他的友谊无异是爱情底疯狂。他写给他无数的激动

[1] 1533 年 6 月 1 日加伐丽丽致弥盖朗琪罗书。

的信。他是俯伏在泥尘里向偶像申诉。[1]他称他“一个有力的天才，……一件灵迹，……时代底光明”；他哀求他“不要轻蔑他，因为他不能和他相比，没有人可和他对等”。他把他的现在与未来一齐赠给他；他更说：

“这于我是一件无穷的痛苦：我不能把我的已往也赠与你以使我能服侍你更长久，因为未来是短促的：我太老了……[2]我相信没有东西可以毁坏我们的友谊，虽然我出言僭越；因为我远在你之下。[3]……我可以忘记你的名字如忘记我借以生存的食粮一般；是的，我比较更能忘记毫无乐趣地支持我肉体的食粮，而不能忘记支持我灵魂与肉体的你的名字，……它使我感到那样甘美甜蜜，以至我在想起你的时间内，我不感到痛苦，也不畏惧死。[4]——我的灵魂完全处在我把它给予的人底手中……[5]如我必得要停止思念他，我信我立刻会死。”[6]

他赠给加伐丽丽最精美的礼物：

“可惊的素描，以红黑铅笔画的头像，他在教他学习素描的用意中绘成的。其次，他送给他一座‘被宙斯底翅翼举起的 Ganymède'，一座‘Tityos'，和其他不少最完美的作品。”[7]

他也寄赠他十四行诗，有时是极美的，往往是暗晦的，其中的一部

[1] 加伐丽丽底第一封信，弥盖朗琪罗在当天即答复他（即 1533 年 6 月 1 日）这封信一共留下 3 份草稿。在其中 1 份草稿底补白中，弥盖朗琪罗写着：“在此的确可以用为一个人献给另一个人的事物底名词；但为了礼制，这封信里可不能用。”——在此显然是指“爱情”这名词了。

[2] 1533 年 6 月 1 日弥氏致加伐丽丽书。

[3] 1533 年 7 月 28 日弥氏致前人书底草稿。

[4] 1533 年 7 月 28 日弥氏致前人书。

[5] 弥氏致 Bartolommeo Angiolini 书。

[6] 弥氏致 Sébastien del Piombo 书。

[7] 伐萨利记载。

分，不久便在文学团体中有人背诵了，全个意大利都吟咏着。[1] 人家说下面一首是“十六世纪意大利最美的抒情诗”：[2]

“由你的慧眼，我看到为我的盲目不能看到的光明。你的足助我担荷重负，为我疲痿的足所不能支撑的。由你的精神，我感到往天上飞升。我的意志全包括在你的意志中。我的思想在你的心中形成，我的言语在你喘息中吐露。孤独的时候，我如月亮一般，只有在太阳照射它时才能见到。”[3]

另外一首更著名的十四行诗，是颂赞完美的友谊的最美的歌辞：

“如果两个爱人中间存在着贞洁的爱情，高超的虔敬，同等的运命，如果残酷的运命打击一个时也同时打击别个，如果一种精神一种意志统制着两颗心，如果两个肉体上的一颗灵魂成为永恒，把两个以同一翅翼挟带上天，如果爱神在一枝箭上同时射中了两个人底心，如果大家相爱，如果大家不自爱，如果两人希冀他们的快乐与幸福得有同样的终局，如果千万的爱情不能及到他们的爱情底百分之一，那么一个怨恨的动作会不会永违割裂了他们的关连？”[4]

这自己底遗忘，这把自己底全生命融入爱人底全生命的热情，并不永远清明宁静的。忧郁重又变成主宰；而被爱情控制着的灵魂，在呻吟着挣扎；

[1] Varchi 把两首公开了，以后他又在 *Due Lezzioni* 中刊出。——弥盖朗琪罗并不把他的爱情保守秘密，他告诉 Bartolommeo Angiolini，Sébastien del Piombo。这样的友谊一点也不令人惊奇。勃拉琪逝世时，Riccio 向着所有的朋友发出他的爱与绝望底呼声：“哟！我的朋友 Donato！我们的勃拉琪死了。全个罗马在哭他。弥盖朗琪罗为我计划他的纪念物。请你为我写一篇祭文，写一封安慰的信给我：我的悲苦使我失掉了理智。耐心啊！每小时内，整千的人死了。喔神！命运怎样的改换了它的面目啊！”（1544 年正月致 Donato Giannotti 书）

[2] Scheffler 言。

[3] 诗集卷一百零九，第十九首。

[4] 诗集卷四十四。

“我哭，我燃烧，我磨难自己，我的心痛苦死了……”[1]

他又和加伐丽丽说：“你把我一生底欢乐带走了。”[2]

对于这些过于热烈的诗，“温和的被爱的主”，[3] 加伐丽丽报以冷静的安定的感情。[4]这种友谊底夸张使他暗中难堪。弥盖朗琪罗求他宽恕：

“我亲爱的主，你不要为我的爱情愤怒，这爱情完全是奉献给你最好的德性的；因为一个人底精神应当爱慕别个人底精神。我所愿欲的，我在你美丽的姿容上所获得的，决非常人所能了解的。谁要懂得它应当先认识死。”[5]

当然，这爱美的热情只有诚实的分儿。可是这热烈的惶乱[6]而贞洁的爱情底对象，全不露出颠狂与不安的情态。

在这些心力交瘁的年月之后，——绝望地努力要否定他的生命底虚无而重创出他渴求的爱，——幸而有一个女人底淡泊的感情来抚慰他，她了解这孤独地迷失在世界上的老孩子，在这苦闷欲死的心魂中，她从新灌注入若干平和，信心，理智，和凄凉地接受生与死的准备。

一五三三与一五三四年间，[7] 弥盖朗琪罗对于加伐丽丽的友谊达到了顶点。一五三五年，他开始认识维多利亚・高龙那。

她生于一四九二年。她的父亲叫做法勃里查・高龙那，是巴里阿诺地方底诸侯，太里阿哥查亲王。她的母亲，阿严・斯・特・蒙德番尔

[1] 诗集卷五十二。

[2] 诗集卷一百零九第十八首。

[3] 诗集卷一百。

[4] 诗集卷一百零九第十八首。

[5] 诗集卷五十。

[6] 在一首十四行中，弥盖朗琪罗要把他的皮蒙在他的爱人身上。他要成为他的鞋子，把他的脚载着去踏雪。

[7] 尤其在1533年6月至10月，当弥盖朗琪罗回到翡冷翠，与加伐丽丽离开的时节。

脱洛，便是于皮诺亲王底女儿。她的门第是意大利最高贵的门第中之一，亦是受着文艺复兴精神底薰沐最深切的一族。十七岁时，她嫁给贝斯加拉侯爵，大将军法朗昔斯各·特·阿伐罗。她爱他；他却不爱她。她是不美的。[1] 人们在小型浮雕像上所看到的她的面貌是男性的，意志坚强的，严峻的：额角很高，鼻子很长很直，上唇较短，下唇微向前突，嘴巴紧闭。认识她而为她作传的 Filonico Alicarnasseo 虽然措辞婉约，但口气中也露出她是丑陋的："当她嫁给贝斯加拉侯爵的时候，她正努力在发展她的思想；因为她没有美貌，她修养文学，以获得这不朽的美，不像会消逝的其他的美一样。"——她是对于灵智的事物抱有热情的女子。在一首十四行中，她说："粗俗的感官，不能形成一种和谐以产生高贵心灵底纯洁的爱，他们决不能引起她的快乐与痛苦……鲜明的火焰，把我的心升化到那么崇高以至卑下的思想会使它难堪"。——实在她在任何方面也不配受那豪放而纵欲的贝斯加拉底爱的；然而，爱底盲目竟要她爱他，为他痛苦。

她的丈夫在他自己的家里就欺骗她，闹得全个拿波利都知道，她为此感到残酷的痛苦。可是，当他在一五二五年死去时，她亦并不觉得安慰。她遁入宗教，赋诗自遣。她度着修道院生活，先在罗马，继在拿波利，[2] 但她早先并没完全脱离社会的意思：她的寻求孤独只是要完全沉浸入她的爱底回忆中，为她在诗中歌咏的。她和意大利底一切大作家 Sadolet Bembo Castiglione 等都有来往，Castiglione 把他的著作 *Cortegiano* 付托给她，Arioste 在他的 *Orlando* 中称颂她。一五三〇年，她的十四行诗流传于整个意大利，在当时女作家中获得一个唯一的光荣的地位。隐在 Ischia 荒岛上，她在和谐的海中不绝地歌唱她的蜕变的爱情。

---

[1] 人家把许多肖像假定为弥盖朗琪罗替维多利亚作的，其实都没有根据。

[2] 那时代她的精神上的导师是凡龙纳地方底主教 Matteo Giberti，他是有意改革宗教的第一人。他的秘书便是 Francesco Berni。

但自一五三四年起，宗教把她完全征服了。基督旧教底改革问题，在避免教派分裂的范围内加以澄清的运动把她鼓动了。我们不知她曾否在拿波利认识 Juan de Valdès [1]；但她确被西阿纳（Bernardino Ochino）底宣道所激动 [2]；她是 Pietro Carnescchi [3]，Giberti，Sadolet，Reginald Pole 和改革派中最伟大的 Gaspare Contarini [4] 主教们底朋友；这 Contarini 主教曾想和新教徒们建立一种适当的妥协，曾经写出这些强有力的句子 [5]：

"基督底法律是自由底法律……凡以一个人底意志为准绳的政府不能称之为政府；因为它在原质上便倾向于恶而且受着无数情欲底播弄。不！一切主宰是理智底主宰。他的目的在以正当的途径引领一切服从他的人到达他们正当的目的；幸福。教皇底权威也是一种理智底权威。一个教皇应该知道他的权威是施用于自由人的。他不应该依了他的意念而指挥，或禁止，或豁免，但应该只依了理智底规律，神明的命令，爱底原则而行事。"

维多利亚，是联合着全意大利最精纯的意识的这一组理想主义者中

---

[1] Juan de Valdès 是西班牙王 Charles-Quint 底亲信秘书底儿子，自 1534 年起住在拿波利，为宗教改革运动底领袖。许多有名的贵妇都聚集在他周围。他死于 1541 年，据说在拿波利，他的信徒共有三千数人之众。

[2] Bernardino Ochino，有名的宣道者，加波生教派底副司教，1539 年成为 Valdès 底朋友，梵氏受他的影响很多。虽然被人控告，他在拿波利，罗马，佛尼市仍继续他的大胆的宣道，群众拥护他不使他受到教会的限止。1542 年，他正要被人以路德派党徒治罪时，自翡冷翠逃往法拉尔，又转往日内瓦，在日内瓦他改入了新教。他是维多利亚・高龙那底知友；在离去意大利时，他在一封亲密的信里把他的决心告诉了她。

[3] Pietro Carnescchi 是克芒七世底秘书官，亦是 Valdès 底朋友与信徒，1546 年，第一次被列入异教判罪人名单，1567 年在罗马被焚死。他和维多利亚・高龙那来往甚密。

[4] Gaspare Contarini 是佛尼市底世家子，初任佛尼市，荷兰，英国，西班牙及教皇等的大使。1535 年，教皇保尔三世任为大主教。1541 年被派出席北欧国际会议。他和新教徒们不洽，一方面又被旧教徒猜疑。失望归来，1542 年 8 月死于鲍洛逆。

[5] Henri Thode 所述。

的一员。她和 Renée de Ferrare 与 Marguerite de Navarre 们通信；以后变成新教徒的 Pier Paolo Vergerio 称她为“一道真理底光”。——但当残忍的 Caraffa[1] 所主持的反改革运动开始时，她堕入可怕的怀疑中去了。她是，如弥盖朗琪罗一样，一颗热烈而又怯弱的灵魂；她需要信仰，她不能抗拒教会底权威。“她持斋，绝食，苦修，以至她筋骨之外只包裹着一层皮。”[2]她的朋友，波尔（Pole）主教[3]教她抑制她的智慧底骄傲，因了神而忘掉她自己底存在：这样，她才稍稍重行觅得平和。她用了牺牲的精神做这一切……然而她还不止牺牲她自己！她还牺牲和她一起的朋友，她牺牲 Ochino，把他的文字送到罗马底裁判异教徒机关中去；如弥盖朗琪罗一般，这伟大的心灵为恐惧所震破了。她把她良心底责备掩藏在一种绝望的神秘主义中：

“你看到我处在愚昧底混沌中，迷失在错误底陷阵里，肉体永远劳动着要寻觅休息，灵魂永远骚乱着找求平和。神要我知道我是一个毫无价值的人，要我知道一切只在基督身上。”[4]

她要求死，如要求一种解放。

——一五四七年二月二十五日她死了。

在她受着 Valdès 与 Ochino 底神秘主义熏染最深的时代，她认识弥盖朗琪罗。这女子，悲哀的，烦闷的，永远需要有人作她的依傍，同时

[1] Giampietro Caraffa 是 Chieti 底主教，于 1524 年创造 Théatin 教派；1528 年，在佛尼市组织反宗教改革运动团体。他初时以大主教资格，继而在 1555 年起以教皇资格严厉执行新教徒底判罪事宜。

[2] 1566 年，Carnescchi 在异教徒裁判法庭供述语。

[3] Reginald Pole 自英国逃出，因为他与英王亨利八世冲突之故；1532 年他经过佛尼市，成为 Contarini 底契友，以后被教皇保尔三世任为大主教。为人和蔼柔婉。他终于屈服在反改革运动之下，把 Contarini 派底自由思想者重行引入旧教。自 1541 至 1544 年间，维多利亚·高龙那完全听从他的指导，——1554 年，他又重回英国，于 1558 年死。

[4] 1543 年 12 月 22 日维多利亚·高龙那致 Morone 主教书。

也永远需要一个比她更弱更不幸的人，使她可以在他身上发泄她心中洋溢着的母爱。她在弥盖朗琪罗前面掩藏着她的惶乱。外表很宁静，拘谨，她把自己所要求之于他人的平和，传递给弥盖朗琪罗。他们的友谊，始于一五三五年，到了一五三八年，渐趋亲密，可完全建筑在神底领域内。维多利亚四十六岁；他六十三岁。她住在罗马圣·西凡斯德罗修院中，在冰几屋山岗之下。弥盖朗琪罗住在加伐罗岗附近。每逢星期日，他们在加伐罗岗底圣·西凡斯德罗教堂中聚会。修士巴里蒂（Ambrogio Caterino Politi）诵读《圣保尔福音》，他们共同讨论着。葡萄牙画家François de Hollande，在他的四部绘画随录中，曾把这些情景留下真切的回忆。在他的记载中，严肃而又温柔的友谊描写得非常动人。

François de Hollande 第一次到圣·西凡斯德罗教堂中去时，他看见贝斯加拉侯爵夫人和几个朋友在那里谛听诵读圣书。弥盖朗琪罗并不在场。当圣书读毕之后，可爱的夫人微笑着向外国画家说道：

——François de Hollande 一定更爱听弥盖朗琪罗底谈话。

François 被这句话中伤了，答道：

——怎么，夫人，你以为我只有绘画方面底感觉吗？

——不要这样多心，法朗昔斯各先生，——多洛曼（Lattanzio Tolomei）说，——侯爵夫人底意思正是深信画家对于一切都感觉灵敏。我们意大利人多么敬重绘画！但她说这句话也许是要使你听弥盖朗琪罗谈话时格外觉得快乐。

François 道歉了。侯爵夫人和一个仆人说：

——到弥盖朗琪罗那边去，告诉他说我和多洛曼先生在宗教仪式完毕后留在这教堂里，非常凉快；如果他愿耗废若干时间，将使我们十分快慰……但，——她又说，因为她熟知弥盖朗琪罗底野性，——不要和他说西班牙人 François de Hollande 也在这里。

在等待仆人回来的时候，他们谈着用何种方法把弥盖朗琪罗于他不知不觉中引上绘画底谈话；因为如果他发觉了他们的用意，他会立刻拒绝继续谈话。

“那时静默了一会。有人叩门了。我们大家都恐怕大师不来，既然仆人回来得那么快。但弥盖朗琪罗那天正在望圣•西凡斯德罗的路上来，一面和他的学生于皮诺在谈哲学。我们的仆人在路上遇到了他把他引来了，这时候便是他站在门口。侯爵夫人站起来和他立谈了长久，以后才请他坐在她和多洛曼之间。”

François de Hollande 坐在他旁边；但弥盖朗琪罗一些也不注意他，——这使他大为不快，François 愤愤地说：

“真是，要不使人看见的最可靠的方法，便是直站在这个人底面前。”

弥盖朗琪罗惊讶起来，望着他，立刻向他道歉，用着谦恭的态度：

“——宽恕我，法朗昔斯各先生，我没有注意到你，因为我一直望着侯爵夫人。”

侯爵夫人，稍稍停了一下，用一种美妙的艺术，开始和他谈着种种事情；谈话非常婉转幽密，一些也不涉及绘画。竟可说一个人围攻一座防守严固的城，围攻的时候颇为艰难，同时又是用了巧妙的艺术手腕；弥盖朗琪罗仿似一个被围的人，孔武有力，提防得很周密，到处设了守垒，吊桥，陷坑。但是侯爵夫人终于把他战败了。实在，没有人能够抵抗她。

“——那么，——”她说，“——应得承认当我们用同样的武器，即策略去攻袭弥盖朗琪罗时，我们永远是失败的。多洛曼先生，假若要他开不得口，而让我们来说最后一句话，那么，我们应当和他谈讼案，教皇底勅令，或者……绘画。”

这巧妙的转纽把谈锋转到艺术底领土中去了。维多利亚用很虔诚的态度去激动弥盖朗琪罗，他居然自告奋勇地开始讨论虔敬问题了。

“——我不大敢向你作这么大的要求，——”侯爵夫人答道，“——虽然我知道你在一切方面都听从抑强扶弱的救主底教导……因此，认识你的人尊重弥盖朗琪罗底为人更甚于他的作品，不比那般不认识你的人称颂你的最弱的部分，即你双手作出的作品。但我亦称誉你屡次置身场外，避免我们的无聊的谈话，你并不专画那些向你请求的王公卿相达官贵人，而几乎把你的一生全献给一件伟大的作品。”

弥盖朗琪罗对于这些恭维的话，谦虚地逊谢，乘机表示他厌恶那些多言的人与有闲的人，——诸侯或教皇——自以为可把他们的地位压倒一个艺术家，不知尽他的一生还不及完成他的功业。

接着，谈话又转到艺术底最崇高的题材方面去了，侯爵夫人以含有宗教严肃性底态度讨论着。为她，和为弥盖朗琪罗一样，一件艺术品无异是信心底表现。

“——好的画，——”弥盖朗琪罗说，“——迫近神而和神结合……它只是神底完美底钞本，神底画笔底阴影，神底音乐，神底旋律……因此，一个画家成为伟大与巧妙的大师还是不够。我想他的生活应当是纯洁的，圣的，使神明底精神得以统制他的思想……”[1]

这样，他们在圣·西凡斯德罗教堂里，在庄严宁静的会话中消磨日子，有时候，朋友们更爱到花园里去，如 François de Hollande 所描写的：“坐在石凳上，旁边是喷泉，上面是桂树底荫蔽，墙上都是碧绿的蔓藤。”在那里他们凭眺罗马，全城展开在他们的脚下。[2]

可惜这些美妙的谈话并不能继续长久。贝斯加拉侯爵夫人所经受的宗教苦闷把这些谈话突然止了。一五四一年，她离开罗马，去幽闭在奥尔维多，继而是维丹勃地方底修院中去。

“但她时常离开维丹勃回到罗马来，只是为要访问弥盖朗琪罗。他

[1] 见《罗马城绘画录》第一卷。

[2] 见前书第三卷。——他们谈话底那天，教皇保尔三世底侄子 Octave Farnèse，娶 Alexandre de Médicis 底寡妇为妻。那次有盛大的仪仗，——12 驾古式车——在拿伏纳场上经过，全城的民众都去观光。弥盖朗琪罗和几个朋友躲在平和的圣·西凡斯德罗教堂中。

为她的神明的心地所感动了，她使他的精神获得安慰。他收到她的许多信，都充满着一种圣洁的温柔的爱情，完全像这样一个高贵的心魂所能写的。[1]

“依了她的意念，他做了一个裸体的基督像，离开了十字架，如果没有两个天使扶掖会倒下地去的样子。圣母坐在十字架下面哭泣着；张开手臂，举向着天。[2]——为了对于维多利亚的爱情，弥盖朗琪罗也画了一个十字架上底基督像，不是死的，但是活的，面向他的在天之父喊着：‘Eli！ Eli!’肉体并不显得瘫痪的样子。它痉挛着在最后的痛苦中挣扎。”

现藏法国卢佛宫与英国不列颠博物馆的两张《复活像》，也许亦是受着维多利亚影响的作品。——在卢佛的那张，力士式的基督奋激地推开墓穴底石板；他的双腿还在泥土中，仰着首，举着臂，他在热情底激动中迫向着天，这情景令人回想起《奴隶像》。回到神座旁边去！离开这世界，这为他不屑一顾的惶乱的人群！终于，终于，摆脱了这无味的人生！……——不列颠博物馆中的那张素描比较更宁静，基督已经出了坟墓：他的坚实的躯干在天空中翱翔；手臂交叉着，头往后仰着，眼睛紧闭如在出神，他如日光般的上升到光明中去。

这样地，维多利亚为弥盖朗琪罗在艺术上重行打开信仰底门户。更进一步，她鼓励起弥盖朗琪罗底天才，为对于加伐丽丽的爱情所激醒

[1] Condivi 记载。——实在说来，这些并不是我们所保留着的维多利亚底信，那些信当然是高贵的，但稍带冷淡。——应该要想到她的全部通信，我们只保留着 5 封：1 封是从沃维多发出的，1 封是从维丹勃发的，3 封是从罗马发的。(1539—1541 年间)

[2] 这幅画是弥盖朗琪罗以后所作的许多耶稣死像底第一幅像，也是感应这些作品底像。——1550—1555 年间的翡冷翠底死像，1563 年 Rondanini 死像。1555—1560 年间的 Palestrina 死像。

的。[1]她不独使弥盖朗琪罗在他对于宗教的暗晦的感觉中获得不少指示；她尤其给他一个榜样，在诗歌中唱出宗教的热情。维多利亚底《灵智的十四行诗》便是他们初期友谊中的作品。她一面写，一面寄给她的朋友。

他在这些诗中感到一种安慰，一种温柔，一种新生命。他给她唱和的一首十四行表示他对她的感激：

“幸福的精灵，以热烈的爱情，把我垂死的衰老的心保留着生命，而在你的财富与欢乐之中，在那么多的高贵的灵魂中，只抬举我一个，——以前你是那样地显现在我眼前，此刻你又这样地显现在我心底，为的要安慰我。……因此，受到了你慈悲的思念，你想起在忧患中挣扎的我，我为你写这几行来感谢你。如果说我给你的可怜的绘画已足为你赐与我的美丽与生动的创造底答报，那将是僭越与羞耻了。”[2]

一五四四年夏，维多利亚重新回到罗马，居住在圣安娜修院中，一直到死。弥盖朗琪罗去看她。她热情地想念他，她想使他的生活变得舒服些有趣味些，她暗地里送他若干小礼物。但这猜疑的老人，“不愿收受任何人底礼物”，[3]甚至他最爱的人们亦不能使他破例，他拒绝了她的馈赠。

她死了，他看着她死了。他说下面的几句，足以表明他们贞洁的爱

[1] 那时候，弥盖朗琪罗开始想发刊他的诗选。他的朋友 Luigi del Riccio 与 Donato Giannotti 给他这念头。至此为止，他一向不把他所写的东西当作重要。1545 年起，Giannotti 为他的诗集付梓；弥盖朗琪罗把他的诗加以选择；他的朋友们替他重钞。但 1546 年 Riccio 之死与 1547 年维多利亚之死使他又不关切这付印事，他似乎认为这是一种无聊的虚荣。因此，他的诗除了一小部分外，在他生时并没印行。当代底大作曲家把他的十四行诗谱成音乐。弥盖朗琪罗受着但丁底感应极深。他对于古拉丁诗人亦有深切的认识，但他的情操完全是柏拉图式底理想主义，这是他的朋友们所公认的。

[2] 1551 年 3 月 7 日，弥盖朗琪罗写给 Fattucci 的信中有言：“十余年前，她送给我一本羊皮小册，其中包含着 103 首十四行诗，她在维丹勃寄给我的 40 首还不在内。我把他们一起装订成册……我也保有她的许多信，为她自沃维多与维丹勃两地写给我的。”

[3] 伐萨利记载。——有一时，他和他最好的一个朋友 Luigi del Riccio 龃龉，因为他送了他礼物之故。弥氏写信给他说：“你的极端的好意，比你偷盗我更使我难堪。朋友之中应该要平等。如果一个给得多些，一个给得少些，那末两人便要争执起来了。”

情保守拘谨到如何程度：

“我看着她死，而我没有吻她的额与脸如我吻她的手一样，言念及此，真是哀痛欲绝！”[1]

维多利亚之死，——据 Condivi 说，——使他痴呆了很久；他仿佛失去了一切知觉。

“她为我实在是一件极大的财宝，”以后他悲哀地说。“死夺去了我的一个好友。”

他为她底死写了两首十四行诗。一首是完全感染柏拉图式思想的，表示他的狂乱的理想主义，仿如一个给闪电照耀着的黑夜。弥盖朗琪罗把维多利亚比做一个神明的雕塑家底锤子，从物质上斫炼出崇高的思想：

“我的粗笨的锤子，把坚硬的岩石有时斫成一个形象，有时斫成另一个形象，这是由手执握着，指挥着的，锤子从手那里受到动作，它被一种不相干的力驱使着。但神明的锤子，却是以它惟一的力量，在天国中创造它自己的美和别的一切底美。没有一柄别的锤子能够不用锤子而自行创造的；只有这一柄使其他的一切赋有生气。因为锤子举得高，故锤击的力量愈强。所以，如果神明的锤手能够助我，他定能引我的作品到达美满的结果。迄今为止，在地上，只有他一个。”[2]

别一首十四行是更温柔，宣示爱情对于死的胜利：

“当那个曾使我屡屡愁叹的她离弃了世界，离弃了她自己，在我眼中消灭了的时候，‘自然’觉得羞耻，而一切见过她的人哭泣。——但死啊，你今日且慢得意，以为你把太阳熄灭了！因为爱情是战胜了，爱情使她在地下，在天上，在圣者旁边再生了。可恶的死以为把她德性底回声掩蔽了，以为把她灵魂底美抑灭了。她的诗文的表示正是相反：它们把她

[1] Condivi 记载。

[2] 诗集卷一百零一。

照耀得更光明；死后，她竟征服了天国。”[1]

在这严肃而宁静的友谊中，[2] 弥盖朗琪罗完成了他最后的绘画与雕塑底大作：《最后之审判》，巴里纳教堂壁画，与——“于勒二世陵墓”。

当弥盖朗琪罗于一五三四年离开翡冷翠住在罗马的时候，他想，因了克莱芒七世之死摆脱了一切工作，他终于能安安静静完成于勒二世底陵墓了，以后，他良心上的重负卸掉之后，可以安静地终了他的残生。但他才到罗马，又给他的新主人把他牵系住了。

保尔三世召唤他，要他供奉他。……弥盖朗琪罗拒绝了，说他不能这样做；因为他以契约的关系，受着于尔朋大公底拘束，除非他把于勒二世底陵墓完成之后。于是教皇怒道：”三十年以来，我怀有这个愿望；而我现在成了教皇，反不能满足我的愿望么？我将撕掉那契约，无论如何，我要你侍奉我。”[3]

弥盖朗琪罗又想逃亡了。

“他想隐遁到日那附近的一所修院中去，那里的阿莱里亚主教是他的朋友，也是于勒二世底朋友。他或能在那边方便地做完他的作品。他亦想起避到于尔朋地方，那是一个安静的居处，亦是于勒二世底故乡；他想当地的人或能因怀念于勒之故而善视他。他已派了一个人去，到那里买一所房子。”[4]

---

[1] 诗集卷一百。

[2] 弥盖朗琪罗对于维多利亚·高龙那底友谊并不是唯一的热情。这友谊还不能满足他的心灵。人家不大愿意说出这一点，恐怕要把弥盖朗琪罗理想化了。弥盖朗琪罗真是多么需要被理想化啊！——在1535与1546年间，正在弥盖朗琪罗与维多利亚友谊密切的时候，他爱了一个“美丽的与残忍的”女人，——他称之为“我的敌对的太太”。——他热烈地爱她，在她前面变得怯弱了，他几乎为了她牺牲他的永恒的幸福。他为这场爱情所苦，她玩弄他。她和别的男子卖弄风情，刺激他的嫉妒。他终于恨她了。他祈求运命把她变得丑陋而为了他颠倒，使他不爱她，以致她也为之痛苦。

[3] 伐萨利记载。

[4] Condivi 记载。

但，正当决定的时候，意志又没有了；他顾虑他的行动底后果，他以永远的幻梦，永远破灭的幻梦来欺骗自己：他妥协了。他重新被人牵系着，继续担负着繁重的工作，直到终局。

一五三五年九月一日，保尔三世底一道敕令，任命他为圣比哀尔底建筑绘画雕塑总监。自四月起，弥盖朗琪罗已接受《最后之审判》底工作。[1] 自一五三六年四月至一五四一年十一月止，即在维多利亚逗留罗马的时期内，他完全经营着这件事业。即在这件工作底过程中，在一五三九年，老人从台架上坠下，腿部受了重伤，“又是痛楚又是愤怒，他不愿给任何医生诊治”。[2] 他瞧不起医生，当他知道他的家族冒昧为他延医的时候，他在信札中表示一种可笑的惶虑。

“幸而他坠下之后，他的朋友，翡冷翠底 Baccio Rontini 是一个极有头脑的医生，又是对于弥盖朗琪罗十分忠诚的，他哀怜他，有一天去叩他的屋门。没有人接应，他上楼，挨着房间去寻，一直寻到了弥盖朗琪罗睡着的那间。弥氏看见他来，大为失望。但 Baccio 再也不愿走了，直到把他医愈之后才离开他。”[3]

像从前于勒二世一样，保尔三世来看他作画，参加意见。他的司礼长赛斯那伴随着他，教皇征询他对于作品的意见。据伐萨利说，这是一个非常迂执的人，宣称在这样庄严的一个场所，表现那么多的猥亵的裸体是大不敬；这是，他说，配装饰浴室或旅店的绘画。弥盖朗琪罗愤慨之余，待赛斯那走后，凭了记忆把他的肖像画在图中；他把他放在地狱中，画成判官 Minos 底形像，在恶魔群中给毒蛇缠住了腿。赛斯那到教皇前面去诉说。保尔三世和他开玩笑地说：“如果弥盖朗琪罗把你放在炼狱

[1] 这幅巨大的壁画把西施庭教堂入口处的墙壁全部掩蔽了，在1533年时克莱芒七世已有这个思念。

[2] 伐萨利记载。

[3] 伐萨利记载。

中，我还可设法救你出来；但他把你放在地狱里，那是我无能为力了；在地狱里是毫无挽救的了。”

可是对于弥盖朗琪罗底绘画认为猥亵的不止赛斯那一人。意大利正在提倡贞洁运动；且那时距梵罗纳士[1]因为作了 Cène Chez Simon[2]一画而被人向异教法庭控告的时节也不远了。不少人士大声疾呼说是有妨风化。叫嚣最厉害的要算是拉莱汀了。这个淫书作家想给贞洁的弥盖朗琪罗以一顿整饬端方的教训。[3]他写给他一封无耻的信。他责备他“表现使一个娼家也要害羞的东西”，他又向异教法庭控告他大不敬的罪名；“因为，”他说，“破坏别人底信心较之自己底不信仰犯罪尤重。”他请求教皇毁灭这幅壁画。他在控诉状中说他是路德派的异教徒；[4]末了，更说他偷盗于勒二世底钱。这封信[5]把弥盖朗琪罗灵魂中最深刻的部分——他的虔敬，他的友谊，他的爱惜荣誉的情操——都污辱了，对于这一封信，弥盖朗琪罗读的时候不禁报以轻蔑的微笑，可也不禁愤懑地痛哭，他置之不答。无疑地他仿佛如想起某些敌人般的想：“他不值得去打击他们；因为对于他们的胜利是无足重轻的。”——而当拉莱汀与赛斯那两人对于《最后之审判》底见解渐渐占得地位时，他也毫不设法答复，也不设法阻止他们。他甚么也不说，当他的作品被视为“路德派

[1] 编者注：即委罗内塞。

[2] 1573 年 6 月间事。——梵罗纳士老老实实把《最后之审判》作为先例，辩护道：“我承认这是不好的；但我仍坚执我已经说我的话，为我，依照我的大师们给我的榜样是一件应尽的责任。”——“那么你的大师们做过什么？也许是同样的东西吧？”——“弥盖朗琪罗在罗马，教皇御用的教堂内，把吾主基督，他的母亲，圣约翰，圣比哀尔和天廷中的神明及一切人物都以裸体表现，看那圣母玛丽亚，不是在任何宗教所没有令人感应到的姿势中么？……”

[3] 这是一种报复的行为。拉莱汀曾屡次向他要索艺术品；甚至他腼颜为弥盖朗琪罗设计一张《最后之审判》底图稿。弥盖朗琪罗客客气气拒绝了这献计，而对于他要索礼物的请求装作不闻。因此，拉莱汀要显一些本领给弥盖朗琪罗看，让他知道瞧不起他的代价。

[4] 信中并侵及无辜的 Gherardo Perini 与 Tommaso de' Cavalieri 等。（弥氏好友，见前）

[5] 这封无耻的信，末了又加上一句含着恐吓的话，意思还是要挟他送他礼物。

的秽物”的时候。[1]他甚么也不说，当保尔四世要把他的壁画除下的时候。[2]他甚么也不说，当达尼哀·特·伏尔丹受了教皇之命来把他的英雄们穿上裤子的时候。[3]——人家询问他的意见。他怒气全无地回答，讥讽与怜悯的情绪交混着：“告诉教皇，说这是一件小事情，容易整顿的。只要圣下也愿意把世界整顿一下：整顿一幅画是不必费多大心力的。”——他知道他是在怎样一种热烈的信仰中完成这件作品的，在和维多利亚·高龙那底宗教谈话底感应，在这颗洁白无瑕的灵魂底掩护下。他会感到耻辱要去向那些污浊的猜度与下流的心灵辩白他在裸体人物上所寄托的英雄思想。

当西施庭底壁画完成时，[4]弥盖朗琪罗以为他终于能够完成于勒二世底纪念物了。但不知足的教皇还逼着七十岁的老人作巴里纳教堂底壁画。[5]他还能动手做预定的于勒二世墓上的几个雕像已是侥幸的事了。他和于勒二世底承继人，签订第五张亦是最后一张的契约。根据了这张契约，他交付出已经完工的雕像，[6]出资雇用两个雕塑家了结陵墓：这样，他永远卸掉了他的一切责任了。

他的苦难还没有完呢，于勒二世底后人不断地向他要求偿还他们以前他收受的钱。教皇令人告诉他不要去想这些事情，专心干那巴里纳教

[1] 1549年有一个翡冷翠人这么说。

[2] 1596年，克莱芒八世要把《最后之审判》涂掉。

[3] 1559年事。——达尼哀·特·伏尔丹把他的修改工作称做“穿裤子”。他是弥盖朗琪罗底一个朋友。另一个朋友，雕塑家阿玛拿谛，批斥这些裸体表现为猥亵。——因此，在件事情上，弥氏底信徒们也没有拥护他。

[4]《最后之审判》底开幕礼于1541年12月25日举行。意大利，法国，德国，弗朗特各处都有人来参加。

[5] 这些壁画包括《圣保尔谈话》《圣比哀尔殉难》等。弥氏开始于1542年，在1544与1546年上因两场病症中止了若干时，到1549—1550年间才勉强完成。伐萨利说：“这是他一生所作的最后的绘画，而且费了极大的精力；因为绘画，尤其是壁画，对于老人是不相宜的。”

[6] 最初是《摩西像》与两座《奴隶像》；但后来弥盖朗琪罗认为《奴隶像》不再适合于这个减缩的建筑，故又塑了《行动生活》与《冥想生活》以代替。

堂底壁画。他答道：

“但是，我们是用脑子不是用手作画的啊！不想到自身的人是不知荣辱的；所以只要我心上有何事故，我便作不出好东西……我一生被这陵墓连系着；我为了要在雷翁十世与克莱芒七世之前争得了结此事以至把我的青春葬送了；我的太认真的良心把我毁灭无余。我的命运要我如此！我看到不少的人每年进款达二三千金币之巨；而我，受尽了艰苦，终于是穷困。人家还要当我是窃贼！……在人前，——（我不说在神前，）——我自以为是一个诚实之士；我从未欺骗过他人……我不是一个窃贼，我是一个翡冷翠底士绅，出身高贵……当我必得要在那些混蛋前面自卫时，我变成疯了！……”[1]

为应付他的敌人起见，他把《行动的生活》与《冥想的生活》二像亲手完工了。虽然契约上并不要他这么做。

一五四五年正月，于勒二世底陵墓终于在 San Pietro in Vincoli 寺落成了。原定的美妙的计划在此存留了甚么？——《摩西像》原定只是一座陪衬的像，在此却成为中心的雕像。一个伟大计划底速写！

至少，这是完了。弥盖朗琪罗在他一生的恶梦中解放了出来。

二 信心

维多利亚死后，他想回到翡冷翠，把“他的疲劳的筋骨睡在他的老父旁边”。[2] 当他一生侍奉了几代的教皇之后，他要把他的残年奉献给神。也许他是受着女友底鼓励，要完成他最后的意愿。一五四七年一月

[1] 弥氏 1542 年 10 月书。（收信人不明）

[2] 1552 年 9 月 19 日弥盖朗琪罗致伐萨利书。

一日，维多利亚·高龙那逝世前一月，他奉到保尔三世底勅令，被任为圣比哀尔大寺底建筑师兼总监。他接受这委任并非毫无困难；且亦不是教皇底坚持才使他决心承允在七十余岁的高年去负担他一生从未负担过的重任。他认为这是神底使命，是他应尽的义务：

“许多人以为——而我亦相信——我是由神安放在这职位上的，”他写道，“不论我是如何衰老，我不愿放弃它；因为我是为了爱戴神而服务，我把一切希望都寄托在他身上。”[1]

对于这件神圣的事业，任何薪给他不愿收受。

在这桩事情上，他又遇到了不少敌人：第一是圣·迦罗[2]一派[3]，如伐萨利所说的，此外还有一切办事员，供奉人，工程承造人，被他揭发出许多营私舞弊的劣迹，而圣·迦罗对于这些却假作痴聋不加闻问。“弥盖朗琪罗，”伐萨利说，“把圣比哀尔从贼与强盗底手中解放了出来。”

反对他的人都联络起来。首领是无耻的建筑师拿尼·第·摆几沃·皮琪沃（Nanni di Baccio Bigio），为伐萨利认为盗窃弥盖朗琪罗而此刻又想排挤他的。人们散布流言，说弥盖朗琪罗对于建筑是全然不懂的，只是浪费金钱，弄坏前人底作品。圣比哀尔大寺底行政委员会也加入攻击建筑师，于一五五一年发起组织一个庄严的调查委员会，即由教皇主席；监察人员与工人都来控告弥盖朗琪罗，萨尔维阿蒂与赛维尼两个主教又袒护着那些控诉者。[4]弥盖朗琪罗简直不愿申辩：他拒绝和他们辩论。——他和赛维尼主教说：“我并没有把我所要做的计划通知你，或

[1] 1557年7月7日弥氏致他的侄儿李沃那陶书。

[2] 编者注：即桑迦罗。

[3] 这是Antonio da San Galo，1537年至1546年他死时为止，一直是圣比哀尔底总建筑师。他一向是弥盖朗琪罗底敌人，因为弥氏对他不留余地。为了教皇宫区内的城堡问题，他们两人曾处于极反对的地位，终于弥氏把圣·迦罗底计划取消了。后来在建造法尔奈士宫邸时，圣·迦罗已造到2层楼，1549年弥氏在补成时又把他原来的图样完全改过。

[4] 赛维尼主教即未来的教皇马赛二世（Marcel Ⅱ）。

其他任何人的义务。你的事情是监察经费底支出。其他的事情与你无干。”[1]——他的不改性的骄傲从来不答应把他的计划告诉任何人。他回答那些怨望的工人道:“你们的事情是泥水工，斫工，木工，做你们的事，执行我的命令。至于要知道我思想些甚么，你们永不会知道；因为这是有损我的尊严的。”[2]

他这种办法自然引起许多仇恨，而他如果没有教皇们底维护，[3]他将一刻也抵挡不住那些怨毒的攻击。因此，当于勒三世崩后，[4]赛维尼主教登极承继皇位的时候，他差不多要离开罗马了。但新任教皇马赛二世登位不久即崩；保尔四世承继了他。最高的保护从新确定之后，弥盖朗琪罗继续奋斗下去。他以为如果放弃了作品，他的名誉会破产，他的灵魂会堕落。他说：

“我是不由自主地被任作这件事情的。八年以来，在烦恼与疲劳中间，我徒然挣扎。此刻，建筑工程已有相当的进展，可以开始造穹窿的时候，若我离开罗马，定将使作品功亏一篑：这将是我的大耻辱，亦将是我灵魂底大罪孽。”[5]

他的敌人们丝毫不退让；而这种斗争，有时竟是悲剧的。一五六三年，在圣比哀尔工程中对于弥盖朗琪罗最忠诚的一个助手，迦太（Pier

---

[1] 据伐萨利记载。

[2] 据鲍太利（Bottari）记载。

[3] 1551年调查委员会末次会议中，弥盖朗琪罗转向着委员会主席于勒三世说：“圣父，你看，我挣得了甚么！如果我所受的烦恼无稗我的灵魂，我便白费了我的时间与痛苦。”——爱他的教皇，举手放在他的肩上，说道：“灵魂与肉体你都挣得了。不要害怕！”（据伐萨利记载）

[4] 教皇保尔三世死于1549年11月10日；和他一样爱弥盖朗琪罗的于勒三世在位的时间是1550年2月8日至1555年3月23日。1555年4月9日，赛维尼大主教被选为教皇，名号为马赛二世。他登极只有几天；1555年5月23日保尔四世承继了他的皇位。

[5] 1555年5月11日弥氏致他的侄儿李沃那陶书。1560年，受着他的朋友们底批评，他要求“人们答应卸掉他17年来以教皇之命而且义务地担任的重负”。——但他的辞职未被允准，教皇保尔四世下令重新授予他一切权宜。——那时他才决心答应加伐丽丽底要求，把穹窿底木型开始动工。至此为止，他一直把全部计划隐瞒着，不令任何人知道。

Luigi Gaeta）被抓去下狱，诬告他窃盗；他的工程总管赛沙尔（Cesare da Casteldurante）又被人刺死了。弥盖朗琪罗为报复起见，便任命迦太代替了赛沙尔底职位。行政委员会把迦太赶走，任命了弥盖朗琪罗底敌人拿尼·第·摆几沃·皮琪沃。弥盖朗琪罗大怒，不到圣比哀尔视事了。于是人家散放流言，说他辞职了；而委员会迅又委任拿尼去代替他，拿尼亦居然立刻做起主人来。他想以种种方法使这八十八岁的病危的老人灰心。可是他不识得他的敌人。弥盖朗琪罗立刻去见教皇；他威吓说如果不替他主张公道他将离开罗马。他坚持要作一个新的侦查，证明拿尼底无能与谎言，把他驱逐。[1] 这是一五六三年九月，他逝世前四个月底事情。——这样，直到他一生底最后阶段，他还须和嫉妒与怨恨争斗。

可是我们不必为他抱憾。他知道自卫；即在临死的时光，他还能够，如他往昔和他的兄弟所说的，独个子“把这些兽类裂成齑粉”。

在圣比哀尔那件大作之外，还有别的建筑工程占据了他的暮年，如：京都大寺（Capitole）[2]，Santa Maria degli Angeli 教堂 [3]，翡冷翠底圣洛朗查教堂 [4]，毕阿门，尤其是 San Giovanni dei Fiorentini 教堂，如其他作品一样是流产的。

翡冷翠人曾请求他在罗马建造一座本邦底教堂；即是高斯莫大公自己亦为此事写了一封很恭维的信给他；而弥盖朗琪罗受着爱乡情操底激励，也以青年般的热情去从事这件工作。[5] 他和他的同乡们说：“如果他们把他的图样实现，那么即是罗马人、希腊人也将黯然无色了。”——

[1] 弥盖朗琪罗逝死后翌日，拿尼马上去请求高斯莫大公，要他任命他继任弥氏底职位。

[2] 弥盖朗琪罗没有看见屋前盘梯底完成。京都大寺底建筑在 17 世纪时才完工的。

[3] 关于弥盖朗琪罗底教堂。今日毫无遗迹可寻。它们在 18 世纪都重建过了。

[4] 人们把教堂用白石建造，而并非如弥盖朗琪罗原定的用木材建造。

[5] 1559—1560 年间。

据伐萨利说，这是他以前没有说过以后亦从未说过的言语；因为他是极谦虚的。翡冷翠人接受了图样，丝毫不加改动。弥盖朗琪罗底一个友人，Tiberio Calcagni，在他的指导之下，作了一个教堂底木型：——“这是一件稀世之珍的艺术品，人们从未见过同样的教堂，无论在美，在富丽，在多变方面。人们开始建筑，化了五千金币。以后，钱没有了，便那么中止了，弥盖朗琪罗感着极度强烈的悲痛。”[1] 教堂永远没有造成，即是那木型也遗失了。

这是弥盖朗琪罗在艺术方面的最后的失望。他垂死之时怎么能有这种幻想。说刚刚开始的圣比哀尔寺会有一天实现，而他的作品中居然会有一件永垂千古？他自己，如果是可能的话，他就要把他们毁灭。他的最后一件雕塑，翡冷翠大寺底十字架像，表示他对于艺术已到了那么无关心的地步。他的所以继续雕塑，已不是为了艺术底信心，而是为了基督底信心，而是因为“他的力与精神不能不创造”[2]。但当他完成了他的作品时，他把它毁坏了。[3]“他将完全把它毁坏，假若他的仆人安多诺不请求赐给他的话。”[4]

这是弥盖朗琪罗在垂死之年对于艺术的淡漠的表示。

自维多利亚死后，再没有任何壮阔的热情烛照他的生命了。爱情已经远去：

“爱底火焰没有遗留在我的心头。最重的病（衰老）永远压倒最轻

[1] 伐萨利记载。

[2] 同前。1553 年，他开始这件作品，他的一切作品中最动人的；因为它是最亲切的；人们感到他在其中只谈到他自己，他痛苦着，把自己整个地沉入痛苦之中。此外，似乎那个扶持基督的老人，脸容痛苦的老人即是他自己的肖像。

[3] 1555 年事。

[4] Tiberio Calcagni 从安多诺那里转买了去，又请求弥盖朗琪罗把它加以修补。弥盖朗琪罗答应了，但他没有修好便死了。

微的：我把灵魂底翅翼折断了。”[1]

他丧失了他的兄弟和他的最好的朋友。Luigi del Riccio 死于一五四六年，Sébastien del Piombo 死于一五四七年；他的兄弟 Giovan Simone 死于一五四八年。他和他最小的兄弟 Gismondo 一向没有甚么来往，亦于一五五五年死了。他把他的家庭之爱和暴烈的情绪一齐发泄在他的侄子——孤儿——们身上，他的最爱的兄弟 Buonarroto 底孩子们身上。他们是一男一女，男的即李沃那陶，女的叫赛加。弥盖朗琪罗把赛加送入修道院，供给她衣食及一切费用，他亦去看她；而当她出嫁时，[2] 他给了她一部分财产作为奁资。[3]——他亲自关切李沃那陶底教育，他的父亲逝世时他只有九岁。冗长的通信，令人想起贝多芬与其侄儿底通信，表示他如何严肃地尽了他父辈底责任。[4] 这也并非没有时时发生的暴怒。李沃那陶常常试练他的伯父底耐性；而这耐性是极易消耗的。青年底恶劣的字迹已足使弥盖朗琪罗暴跳。他认为这是对他的失敬：

“收到你的信时，从没有在开读之前不使我愤怒的。我不知你在哪里学得的书法！毫无恭敬的情操！……我相信你如果要写信给世界上最大的一头驴子，你必将写得更小心些……我把你最近的来信丢在火里了，因为我无法阅读：所以我亦不能答复你。我已和你说过而且再和你说一遍，每次我收到你的信在没有能够诵读它的之前，我总是要发怒的。将来你永远不要写信给我了。如果你有什么事情告诉我，你去找一个会写字的人代你写罢；因为我的脑力需要去思虑别的事情，不能耗费精力来猜详你的涂鸦般的字迹。”[5]

[1] 诗集卷八十一（约于 1550 年左右）。他暮年时代底几首诗，似乎表现火焰并不如他自己所信般的完全熄灭，而他自称的“燃过的老木”有时仍有火焰显现。

[2] 她于 1538 年嫁给 Michele di Niccolo Guicciardinio。

[3] 是他在 Pozzolatico 地方底产业。

[4] 这通信始于 1540 年。

[5] 见 1536—1548 年间底书信。

天性是猜疑的，又加和兄弟们的纠葛使他更为多心，故他对于他的侄儿底阿谀与卑恭的情感并无甚么幻想：他觉得这种情感完全是小孩子底乖巧，因为他知道将来是他的遗产承继人。弥盖朗琪罗老实和他说了出来。有一次，弥盖朗琪罗病危，将要死去的时候，他知道李沃那陶到了罗马，做了几件不当做的事情；他怒极了，写信给他：

"李沃那陶！我病时，你跑到法朗昔斯各先生那里去探听我留下些甚么。你在翡冷翠所化的我的钱还不够么？你不能向你的家族说谎，你也不能不肖似你的父亲——他把我从翡冷翠家里赶走！须知我已做好了一个遗嘱，那遗嘱上已没有你的名分。去罢，和神一起去罢，不要再到我前面来，永远不要再写信给我！"[1]

这些愤怒并不使李沃那陶有何感触，因为在发怒的信后往常是继以温言善语的信和礼物。[2]一年之后，他重新赶到罗马，被赠与三千金币的诺言吸引着。弥盖朗琪罗为他这种急促的情态激怒了，写信给他道：

"你那么急匆匆地到罗马来。我不知道，如果当我在忧患中，没有面包的时候，你会不会同样迅速地赶到。……你说你来是为了爱我，是你的责任。——是啊，这是蛀虫之爱[3]！如果你真的爱我，你将写信给我说：'弥盖朗琪罗，留着三千金币，你自己用罢：因为你已给了那么多钱，很够了；你的生命对于我们比财产更宝贵……'但四十年来，你们靠着我活命；而我从没有获得你们一句好话……"[4]

李沃那陶底婚姻又是一件严重的问题。它占据了叔侄俩六年底时

---

[1] 1544年7月11日信。

[2] 1549年，弥盖朗琪罗在病中第一个通知他的侄儿，说已把他写入遗嘱。——遗嘱大体是这样写的："我把我所有的一切，遗留给Gismondo和你；要使我的弟弟Gismondo和你，我的侄儿，享有均等的权利，两个人中任何一个如不得另一个底同意，不得处分我的财产。"

[3] 原文是"L'amore del tarlo！"指他的侄儿只是觊觎遗产而爱他。

[4] 1546年2月6日书。他又附加着："不错，去年，因为我屡次责备你，你寄了一小桶德莱皮诺酒给我。啊！这已使你破费得够了！"

间。[1] 李沃那陶，温良地，只觑着遗产；他接受一切劝告，让他的叔父挑选，讨论，拒绝一切可能的机会：他似乎毫不在意。反之，弥盖朗琪罗却十分关切，仿佛是他自己要结婚一样。他把婚姻看作一件严重的事情，爱情倒是不关重要的条件；财产也不在计算之中：所认为重要的，是健康与清白。他发表他的严格的意见，毫无诗意的，极端的，肯定的：

"这是一件大事情：你要牢记在男人与女人中间必须有十岁底差别；注意你将选择的女子不独要温良，而且要健康……人家和我谈起好几个：有的我觉得合意，有的不。假若你考虑之后，在这几个中合意那个，你当来信通知我，我再表示我的意见……你尽有选择这一个或那一个的自由，只要她是出身高贵，家教很好；而且与其有奁产，宁可没有为妙，——这是为使你们可以安静地生活……[2] 一位翡冷翠人告诉我，说有人和你提起奚诺利家底女郎，你亦合意。我却不愿你娶一个女子，因为假如有钱能备奁资，他的父亲不会把她嫁给你的。我愿选那种为了中意你的人（而非中意你的资产）而把女儿嫁给你的人……你所得唯一地考虑的只是肉体与精神健康，血统与习气底品质，此外，还须知道她的父母是何种人物：因为这极关重要。……去找一个在必要时不怕洗涤碗盏，管理家务的妻子。……至于美貌，既然你并非翡冷翠最美的男子，那么你可不必着急，只要她不是残废的或丑得不堪的就好。……"[3]

搜寻了好久之后，似乎终于觅得了稀世之珍。但，到了最后一刻，又发现了足以藉为解约理由的缺点：

"我得悉她是近视眼：我认为这不是甚么小毛病。因此我还甚么也

[1] 自 1547 年至 1553 年。

[2] 另外他又写道："你不必追求金钱，只要好的德性与好的声名，……你需要一个和你留在一起的妻子，为你可以支使的，不讨厌的，不是每天去出席宴会的女人；因在那里人们可以诱惑她使她堕落。"（1549 年 2 月 1 日书）

[3] 1547 年至 1552 年间书信。

没有应允。既然你也毫未应允，那么我劝你还是作为罢论，如果你所得的消息是确切的话。”[1]

李沃那陶灰心了。他反而觉得他的叔叔坚持要他结婚为可怪了：

“这是真的，”弥盖朗琪罗答道，“我愿你结婚：我们的一家不应当就此中断。我很知道即使我们的一族断绝了，世界也不会受任何影响；但每种动物都要绵延种族。因此我愿你成家。”[2]

终于弥盖朗琪罗自己也厌倦了；他开始觉得老是由他去关切李沃那陶底婚姻，而他本人反似淡漠是可笑的事情。他宣称他不复顾问了：

“六十年来，我关切着你们的事情；现在，我老了，我应得想着我自己的了。”

这时候，他得悉他的侄儿和嘉桑特拉杜·丽杜菲订婚了。他很高兴，他祝贺他，答应送给他一千五百金币。李沃那陶结婚了。[3]弥盖朗琪罗写信去道贺新夫妇，许赠一条珠项链给嘉桑特拉。可是欢乐也不能阻止他不通知他的侄儿，说“虽然他不大明白这些事情，但他觉得李沃那陶似乎应在伴他的女人到他家里去之前，把金钱问题准确地弄好了：因为在这些问题中时常潜伏着决裂底种子”。信末他又附上这段不利的劝告：

“啊！……现在，努力生活罢：仔细想一想，因为寡妇底数目永远超过鳏夫底数目。”[4]

两个月之后，他寄给嘉桑特拉的，不复是许诺的珠项链，而是两只戒指，——一只是镶有金钢钻的，一只是镶有红宝玉的。嘉桑特拉深深地谢了他，同时寄给他八件内衣。弥盖朗琪罗写信去说：

---

[1] 1551 年 12 月 19 日书。

[2] 可是他又说：“但如果你自己觉得不十分健康，那么还是克制自己，不要在世界上多造出其他的不幸者为妙。”

[3] 1553 年 5 月 16 日。

[4] 1553 年 5 月 20 日书。

"它们真好，尤其是布料我非常惬意。但你们为此耗费金钱，使我很不快；因为我甚么也不缺少。为我深深致谢嘉桑特拉，告诉她说我可以寄给她我在这里可以找到的一切东西，不论是罗马底出品或其他。这一次，我只寄了一件小东西；下一次，我寄一些更好的，使她高兴的物件罢。"[1]

不久，孩子诞生了。第一个名字题做 Buonarroto[2]，这是依着弥氏底意思；——第二个名字题做弥盖朗琪罗[3]，但这个生下不久便夭亡了。而那个老叔，于一五五六年邀请年青夫妇到罗马去，他一直参与着家庭中底欢乐与忧苦，但从不答应他的家族去顾问他的事情，也不许他们关切他的健康。

在他和家庭的关系之外，弥盖朗琪罗亦不少著名的，高贵的朋友。[4]虽然他性情很粗野，但要把他认作一个如贝多芬般的粗犷的乡人却是完全错误的。他是意大利底一个贵族，学问淹博，阀阅世家。从他青

[1] 1553 年 8 月 5 日书。

[2] 生于 1554 年。

[3] 生于 1555 年。

[4] 我们应当把他的一生分作几个时期。在这长久的一生中，我们看到他孤独与荒漠的时期，但也有若干充满着友谊的时期。1515 年左右，在罗马，有一群翡冷翠人，自由的，生气蓬勃的人：——Domenico Buoinsegni，Lionardo sellajo，Giovanni Spetiale，Bartolommeo Verazzano，Giovanni Gellesi，Canigiani 等，——这是他第一期底朋友。以后，在克莱芒七世治下，Françesco Berni 与 Fra Sebastiano del Piombo 一群有思想的人物。Del Piombo 是一个忠诚的但亦是危险的朋友，是他把一切关于弥盖朗琪罗的流言报告给他听，亦是他罗织成他对于拉斐尔派的仇恨——更后，在维多利亚·高龙那底时代，尤其是 Luigi del Riccio 底一般人，他是翡冷翠底一个商人，在银钱的事情上时常作他的顾问，是他最亲密的一个朋友。在他那里，弥氏遇见 Donato Giannotti，音乐家 Archadelt 与美丽的 Cecchino。他们都一样爱好吟咏，爱好音乐，爱尝异味。也是为了 Riccio 因 Cecchino 死后的悲伤，弥氏写 48 首悼诗；而 Riccio 收到每一首悼诗时，寄给弥氏许多鲇鱼，香菌，甜瓜，雉鸠等。——在他死后（1546 年），弥盖朗琪罗差不多没有朋友，只有信徒了：Vasari，Condivi，Daniel de Volterre，Bronzino，Leone Leoni，Benvenuto Cellini 等。他感应他们一种热烈的求知欲；他向表示对他们的动人的情感。

年时在圣玛各花园中和洛朗·梅迭西斯等厮混在一起的时节起，他和意大利可以算作最高贵的诸侯，亲王，主教[1]，文人[2]，艺术家[3]都有交往。他和诗人法朗昔斯各·裴尔尼（Francesco Berni）在思想上齐名；[4]他和伐尔几（Benedetto Varchi）通信；和 Luigi del Riccio 与 Donato Giannotti 们唱和。人们搜罗他关于艺术的谈话和深刻的见解，还有没有人能和他相比的关于但丁的认识。一个罗马贵妇[5]于文字中说，在他愿意的时候，“他是一个温文尔雅，婉转动人的君子，在欧洲罕见的人品”。在 Giannotti 与 François de Hollande 底笔记中，可以看出他的周到的礼貌与交际的习惯。在他若干致亲王们的信中[6]，更可证明他很易做成一个纯粹的宫臣。社会从未逃避他：却是他常常躲避社会；要度一种胜利的生活完全在他自己。他之于意大利，无异是整个民族天才底化身。在他生涯底终局，已是文艺复兴期遗下的最后的巨星，他是文艺复兴底代表，整个世纪底光荣都是属于他的。不独是艺术家们认他是一个超自然

[1] 由于他在教皇宫内底职位，和他的宗教思想底伟大，弥氏和教会中的高级人物有特别的交谊。

[2] 他亦认识当时有名的史家兼爱国主义者 Machiavel。

[3] 在艺术界中，他的朋友当然是最少了。但他暮年却有不少信徒崇奉他，环绕着他。——对于大半的艺术家他都没有好感。他和文西，班吕更，法朗西亚，西虐勒利，拉斐尔，勃拉芒德，圣·迦罗们皆有深切的怨恨。1517 年 6 月 30 日 Jacopo Sansovino 写信给他说：“你从没有说过任何人底好话。”——但 1524 年时，弥氏却为他尽了很大的力；他也为别人帮了不少忙；但他的天才太热烈了，他不能在他的理想之外，更爱别一个理想；而且他亦太真诚了，他不能对于他全然不爱的东西假装爱。——但当 1545 年蒂相（提香，Titien）来罗马访他时，他却十分客气。——然而虽然那时底艺术界非常令人艳羡，他宁愿和文人与实际行动者交往。

[4] 他们两人唱和甚多，充满着友情与戏谑的诗，裴尔尼极称颂弥盖朗琪罗，称之为“柏拉图第二”；他和别的诗人们说：“静着罢，你们这般和谐的工具！你们说的是文辞，唯有他是言之有物。”

[5] Dona Argentina Malaspina，1516 年间事。

[6] 尤其是 1546 年 4 月 26 日他给法朗梭阿一世的那封信。

的人，[1]即是王公大臣亦在他的威望之前低首。法朗梭阿一世与加德丽纳·特·梅迭西斯向他致敬。[2]高斯莫·特·梅迭西斯要任命他为贵族院议员；[3]而当他到罗马的时候，[4]又以贵族的礼款待他，请他坐在他旁边，和他亲密地谈话。高斯莫底儿子，法朗昔斯各·特·梅迭西斯，帽子握在手中，“向这一个旷世的伟人表示无限的敬意”[5]。人家对于“他的崇高的道德”和对他的天才一般尊敬。[6]他的老年所受的光荣和歌德与嚣俄[7]相仿。但他是另一种人物。他既没有歌德般成为妇孺皆知的渴望，亦没有嚣俄般对于已成法统底尊重。他蔑视光荣，蔑视社会；他的侍奉教皇，只是“被迫的”。而且他还公然说即是教皇，在谈话时，有时也使他厌恶，“虽然他们命令他，他不高兴时也不大会去”[8]。

“当一个人这样地由天性与教育变得憎恨礼仪，蔑视矫伪时，更无适合他的生活方式了。如果他不向你要求任何事物，不追求你的集团，为何要去追求他的呢？为何要把这些无聊的事情去和他的远离世界底性格纠缠不清呢？不想满足自己的天才而只求取悦于俗物的人，决不是一个高卓之士。”[9]

---

[1] Condivi 在他的弥盖朗琪罗传中，开始便说：“自从神赐我恩宠，不独认我配拜见弥盖朗琪罗，唯一的雕塑家与画家，——这是我所不敢大胆希冀的，——而且许我恭聆他的谈吐，领受他的真情与信心的时候起，——为表示我对于这件恩德底感激起见，我试着把他生命中值得颂赞的材料收集起来，使别人对于这样一个伟大的人物有所景仰，作为榜样。”

[2] 1546 年，法朗梭阿一世写信给他；1559 年，加德丽纳·特·梅迭西斯写信给他。她信中说：“和全世界的人一起知道他在这个世纪中比任何人都卓越。”所以要请他雕一个亨利二世骑在马上的像，或至少作一幅素描。

[3] 1552 年间事。弥盖朗琪罗置之不答：——使高斯莫大公大为不悦。

[4] 1560 年 11 月间事。

[5] 1561 年 10 月。

[6] 伐萨利记载。

[7] 编者注：即雨果。

[8] 见 François de Hollande 著：《罗马绘画语录》。

[9] 见 François de Hollande 著：《罗马绘画语录》。

因此他和社会只有必不可免的交接，或是灵智的关系。他不使人家参透他的亲切生活；那些教皇，权贵，文人，艺术家，在他的生活中占据极小的地位。但和他们之中的一小部分却具有真实的好感，只是他的友谊难得持久。他爱他的朋友，对他们很宽宏；但他的强项，他的傲慢，他的猜忌时常把他最忠诚的朋友变做最凶狠的仇敌。他有一天写了这一封美丽而悲痛的信：

“可怜的负心人在天性上是这样的：如果你在他患难中救助他，他说你给予他的他早已先行给予你了。假若你给他工作表示你对他的关心，他说你不得不委托他做这件工作，因为你自己不会做。他所受到的恩德，他说是施恩的人不得不如此。而如果他所受到的恩惠是那么明显为他无法否认时，他将一直等到那个施恩者做了一件显然的错事；那时，负心人找到了借口可以说他坏话，而且把他一切感恩的义务卸掉了。——人家对他老是如此；可是没有一个艺术家来要求我而我不给他若干好处的，并且出于我的真心。以后，他们把我古怪的脾气或是癫狂作为藉口，说我是疯了，是错了；于是他们诬蔑我，毁谤我：——这是一切善人所得的酬报。”[1]

在他自己家里，他有相当忠诚的助手，但大半是庸碌的。人家猜疑他故意选择庸碌的，为只要他们成为柔顺的工具，而不是合作的艺术家，——这并也是合理的。但据 Condivi 说：“许多人说他不愿教练他的助手们，这是不确的，相反，他正极愿教导他们。不幸他的助手不是低能的便是无恒的，后者在经过了几个月底训练之后，往往夜郎自大，以为是大师了。”

无疑的，他所要求于助手们底第一种品性是绝对的服从。对于一

[1] 1524 年正月 26 日致 Piero Gondi 书。

桀骜不驯的人，他是毫不顾惜的；对于那些谦恭忠实的信徒，他却表示十二分的宽容与大量。懒惰的于朋诺，“不愿工作的”[1]，——而且他的不愿工作正有充分的理由；因为，当他工作的时候，往往是笨拙得把作品弄坏，以至无可挽救的地步，如米纳佛寺底基督像，——在一场疾病中，曾受弥盖朗琪罗底仁慈的照佛看护，[2] 他称弥盖朗琪罗为：“亲爱的如最好的父亲。”——Piero di Giannoto 被“他如爱儿子一般的爱”。——Silvio di Giovanni Cepparello 从他那里出去转到 André Doria 那里去服务时，悲哀地要求他重新收留他。——Antonio Mini 底动人底历史，可算是弥盖朗琪罗对待助手们宽容大度底一个例子。据伐萨利说，Mini 在他的学徒中是有坚强的意志但不大聪明的一个。他爱着翡冷翠一个穷寡妇底女儿。弥盖朗琪罗依了他的家长之意要他离开翡冷翠。Antonio 愿到法国去。[3] 弥盖朗琪罗送了他大批的作品：“一切素描，一切图稿，《丽达》画[4]。”他带了这些财富，动身了。[5] 但打击弥盖朗琪罗底恶运对于他的卑微的朋友打击得更厉害。他到巴黎去，想把《丽达》画送呈法王。法朗梭阿一世不在京中；Antonio 把《丽达》寄存在他的一个朋友，意大利人 Giuliano Buonaccorsi 那里，他回到里昂住下了。数月之后，他回到巴黎。《丽达》不见了，Buonaccorsi 把它卖给法朗梭阿一世，钱给他拿去了。Antonio 又是气愤又是惶急，经济底来源断绝了，流落在这巨大的首都中，于一五三三年终忧愤死了。

但在一切助手中，弥盖朗琪罗最爱而且由了他的爱成为不朽的却是

[1] 伐萨利描写弥盖朗琪罗底助手：“Pietro Urbano de Pistoie 是聪明的，但从不肯用功。Antonio Mini 很努力，但不聪明。Ascanio della Ripa Transone 也肯用功，但他从无成就。”

[2] 弥盖朗琪罗对他最轻微的痛楚也要担心。有一次他看见他手指割破了，他监视他要他去作宗教的忏悔。

[3] 1529 年翡冷翠陷落之后，弥盖朗琪罗曾想和 Antonio Mini 一同往法国去。

[4]《丽达》画是他在翡冷翠被围时替法拉尔大公作的，但他没有给他，因为法拉尔底大使对他失敬。

[5] 1531 年。

Francesco d' Amadore，诨名于皮诺。他是从一五三〇年起入弥盖朗琪罗底工作室服务的，在他指导之下，他作于勒二世底陵墓。弥盖朗琪罗关心他的前程。

“他和他说：‘如我死了，你怎么办？’”

“于皮诺答道：‘我将服侍另外一个。’”

“‘——喔可怜虫！’弥盖朗琪罗说，‘我要挽救你的灾难。’”

“于是他一下子给了他二千金币：这种馈赠即是教皇与帝皇也没有如此慷慨。”[1]

然而倒是于皮诺比他先死。[2]他死后翌日，弥盖朗琪罗写信给他的侄儿：

“于皮诺死了，昨日下午四时。他使我那么悲伤，那么惶乱，如果我和他同死了，倒反舒适；这是因为我深切地爱他之故；而他确也值得我爱；这是一个尊严的，光明的，忠实的人。他的死令我感得仿佛我已不复生存了，我也不能从新觅得我的宁静。”

他的痛苦真是那么深切，以至三个月之后在写给伐萨利信中还是非常难堪：

“乔琪沃先生，我亲爱的朋友，我心绪恶劣不能作书，但为答复你的来信，我胡乱写几句罢。你知道于皮诺是死了，——这为我是残酷的痛苦，可也是神赐给我的极大的恩宠。这是说他活着的时候，他鼓励我亦生存着，死了，他教我懂得死，并非不快地而是乐意地愿死。他在我身旁二十六年，我永远觉得他是可靠的，忠实的。我为他挣了些财产；而现在我想把他作为老年底依傍，他却去了；除了在天国中重见他之外我更无别的希望，在那里神既赐了他甘美的死底幸福，一定亦使他留在

[1] 伐萨利记载。

[2] 1555 年 12 月 3 日，在弥盖朗琪罗最后一个兄弟 Gismondo 死后没有几天。

他身旁。对于他，比着死更苦恼的却是留我生存在这骗人的世界上，在这无穷的烦恼中。我的最精纯的部分和他一起去了，只留着无尽的灾难。”[1]

在极度的悲痛中，他请他的侄儿到罗马来看他。李沃那陶与嘉桑特拉，担忧着，来了，看见他非常衰弱。于皮诺托孤给他的责任使他鼓励起新的精力，于皮诺儿子中底一个是他的义子，题着他的名字。[2]

他还有别的奇特的朋友。因了强硬的天性对于社会底约束底反抗，他爱和一般头脑简单不拘形式的人厮混。——一个加拉莱地方底斫石匠，Topolino，“自以为是出众的雕塑家，每次开往罗马去的运石的船上，必寄有他作的几个小小的人像，使弥盖朗琪罗为之捧腹大笑的”[3]；——一个伐达尔诺地方底画家，Menighella，不时到弥盖朗琪罗那里去要求他画一个圣洛克像或圣安东纳像，随后他着了颜色卖给乡人。而弥盖朗琪罗，为帝王们所难于获得他的作品，却尽肯依着 Menighella 底指示，作那些素描；——一个理发匠，亦有绘画底嗜好，弥盖朗琪罗，为他作了一幅圣法朗棱阿底图稿；——一个罗马工人，为于勒二世底陵墓工作的，自以为在不知不觉中成为一个大雕塑家，因为柔顺地依从了弥盖朗琪罗底指导，他居然在白石中雕出一座美丽的巨像，把他自己也呆住了；——一个滑稽的镂金匠，Piloto，外号 Lasca；——一个懒惰的奇怪的画家 Indaco，“他爱谈天的程度正和他厌恶作画的程度相等”，他常说：“永远工作，不寻娱乐，是不配做基督徒的；”[4]——尤其是那个可笑而无

[1] 1556 年 2 月 23 日。

[2] 他写信给于皮诺底寡妇，高纳丽阿，充满着热情，答应她把小弥盖朗琪罗收受去由他教养，“要向他表示甚至比对他的侄儿更亲切的爱，把于皮诺要他学的一切都教授他”。（1557 年 3 月 28 日书）——高纳丽阿于 1559 年再嫁了，弥盖朗琪罗永远不原谅她。

[3] 见伐萨利记载。

[4] 见伐萨利记载。

邪的于里阿诺（Giuliano Bugiardini），弥盖朗琪罗对他有特别的好感。

于里阿诺有一种天然的温良之德，一种质朴的生活方式，无恶念亦无欲念，这使弥盖朗琪罗非常惬意。他唯一的缺点即太爱他自己的作品。但弥盖朗琪罗往往认为这足以使他幸福；因为弥氏明白他自己不能完全有何满足是极苦恼的……有一次，沃太维诺·特·梅迭西斯要求于里阿诺为他绘一幅弥盖朗琪罗底肖像。于氏着手工作了；他教弥盖朗琪罗一句不响地坐了两小时之后，他喊道："弥盖朗琪罗，来瞧，起来罢：面上底主要部分，我已抓住了。"弥盖朗琪罗站起；一见肖像便笑问于里阿诺道："你在搞什么鬼？你把我的一只眼睛陷入太阳穴里去了：瞧瞧仔细罢。"于里阿诺听了这几句话，弄得莫名其妙了。他把肖像与人轮流看了好几遍；大胆地答道："我不觉得这样；但你仍旧去坐着罢，如果是这样，我将修改。"弥盖朗琪罗知道他坠入何种情景，微笑着坐在于里阿诺底对面，于里阿诺对他，对着肖像再三的看，于是站起来说："你的眼睛正如我所画的那样，是自然显得如此。"——"那么，"弥盖朗琪罗笑道，"这是自然底过失。继续下去罢。"[1]

这种宽容，为弥盖朗琪罗对待别人所没有的习惯，却能施之于那些渺小的，微贱的人。这亦是他对于这些自信为大艺术家底可怜虫底怜悯，也许那些疯子们底情景引起他对于自己的疯狂底回想。在此，的确有一种悲哀的滑稽的幽默。[2]

[1] 见伐萨利记载。

[2] 如一切阴沉的心魂一般，弥盖朗琪罗有时颇有滑稽的情趣；他写过不少诙谐的诗，但他的滑稽总是严肃的，近于悲剧的。如对于他老年底速写等等。（见诗集卷八十一）

三　孤独

这样地，他只和那些卑微的朋友们生活着：——他的助手和他的疯痴的朋友，——还有是更微贱的伴侣：他的家畜，他的母鸡与他的猫。[1]

实在，他是孤独的，而且他愈来愈孤独了。“我永远是孤独的，”他于一五四八年写信给他的侄儿说，“我不和任何人谈话。”他不独渐渐地和社会分离，且对于人类底利害，需求，快乐，思想也都淡漠了。

把他和当代的人群连系着的最后的热情，——共和思想——亦冷熄了。当他在一五四四与一五四六年两次大病中受着他的朋友 Riccio 在 Strozzi 家中看护的时候，他算是发泄了最后一道阵雨底闪光，弥盖朗琪罗病愈时，请求亡命在里昂的 Robert Strozzi 向法王要求履行他的诺言：他说假若法朗梭阿一世愿恢复翡冷翠底自由，他将以自己的钱为他在翡冷翠诸侯府场上建造一座古铜的骑马像。[2]——一五四六年，为表示他感激 Strozzi 底东道之谊，他把两座《奴隶像》赠与了他，他又把它们转献给法朗梭阿一世。

但这只是一种政治热底爆发——最后的爆发。在他一五四五年和 Giannotti 的谈话中，好几处他表白类乎托尔斯泰底斗争无用论与不抵抗主义底思想：

“敢杀掉某一个人是一种极大的僭妄，因为我们不能确知死是否能产生若干善，而生是否能阻止若干善。因此我不能容忍那些人，说如果不是从恶——即杀戮——开始决不能有善底效果。时代变了，新的事故在产生，欲念亦转换了，人类疲倦了……而末了，永远会有出乎预料的事情。”

---

[1] 1553 年 Angiolini 在他离家时写信给他道：“公鸡与母鸡很高兴；——但那些猫因为不看见你而非常忧愁，虽然他们并不缺少粮食。”

[2] 1544 年 7 月 21 日 Riccio 致 Ruberto di Filippo Strozzi 书。

同一个弥盖朗琪罗，当初是激烈地攻击专制君主的，此刻也反对那些理想着以一种行为去改变世界的革命家了，他很明白他曾经是革命家之一；他悲苦地责备的即是他自己。如哈姆雷德一样，他此刻怀疑一切，怀疑他的思想，他的怨恨，他所信的一切。他向行动告别了。他写道：

"一个人答复人家说：'我不是一个政治家，我是一个诚实之士，一个以好意观照一切的人。'他是说的真话。只要我在罗马底工作能给我和政治同样轻微的顾虑便好！"[1]

实际上，他不复怨恨了。他不能恨。因为已经太晚：

"不幸的我，为了等待太久而疲倦了，不幸的我，达到我的愿望已是太晚了！而现在，你不知道么？一颗宽宏的，高傲的，善良的心，懂得宽恕，而向一切侮辱他的人以德报怨！"[2]

他住在Macel de'Corvi，在德拉扬古市场底高处。他在此有一座房子，一所小花园。他和一个男仆[3]，一个女佣，许多家畜占据着这住宅。他和他的仆役们并不感到舒服。因为据伐萨利说："他们老是大意的，不洁的。"他时常更调仆役，悲苦地怨叹。[4]他和仆人们底纠葛，与贝多芬底差不多。一五六〇年他赶走了一个女佣之后喊道："宁愿她永没来过此地！"

他的卧室幽暗如一座坟墓。[5]"蜘蛛在内做它们种种工作，尽量纺

[1] 1547年致他的侄儿李沃那陶书。

[2] 诗集卷一百零九，第六十四首。在此，弥氏假想一个诗人和一个翡冷翠底流戍者底谈话——很可能是在1536年亚历山大·特·梅迭西斯被洛朗齐诺刺死后写的。

[3] 在他的仆役之中，有过一个法国人叫做李查的。

[4] 1550年8月16日，他写信给李沃那陶说："我要一个善良的清洁的女仆；但很因难：她们全是脏的，不守妇道的。我的生活很穷困，但我雇用仆役的价钱出得很贵。"

[5] 诗集卷八十一。

绩。”[1]——在楼梯底中段，他画着背负着一口棺材的“死”像。[2]

他和穷人一般生活，吃得极少，[3]“夜间不能成寐，他起来执着巨剪工作。他自己做了一顶纸帽，中间可以插上蜡烛，使他在工作时双手可以完全自由，不必费心光亮的问题。”[4]

他愈老，愈变得孤独。当罗马一切睡着的时候，他隐避在夜晚的工作中：这于他已是一种必需。静寂于他是一件好处，黑夜是一位朋友：

“噢夜，噢温和的时间，虽然是黝暗，一切努力在此都能达到平和，称颂你的人仍能见到而且懂得；赞美你的人确有完美的判别力。你斩断一切疲乏的思念，为潮润的阴影与甘美的休息所深切地透入的；从尘世，你时常把我拥到天上，为我希冀去的地方。噢死底影子，由了它，灵魂与心底敌害——灾难——都被挡住了，悲伤的人底至高无上的救药啊，你使我们病的肉体重新获得健康，你揩干我们的泪水，你卸掉我们的疲劳，你把好人洗掉他们的仇恨与厌恶。”[5]

有一夜，伐萨利去访问这独个子在荒凉的屋里，面对着他的悲怆的《耶稣死难像》的老人：

“伐萨利叩门，弥盖朗琪罗站起身来，执着烛台去接应。伐萨利要

---

[1] 诗集卷八十一。

[2] 棺材上写着下面一首诗：“我告诉你们，告诉给世界以灵魂肉体与精神的你们：在这具黑暗的箱中你们可以抓握一切。”

[3] 伐萨利记载：“他吃得很少。年青时，他只吃一些面包和酒，为要把全部时间都放在工作上。老年，自从他作《最后之审判》那时起，他习惯喝一些酒，但只是在晚上，在一天底工作完了的时候，而且极有节制地。虽然他富有，他如穷人一般过活。从没有（或极少）一个朋友和他同食；他亦不愿收受别人底礼物；因为这样他自以为永远受了赠与人底恩德要报答。他的俭约的生活使他变得极为警醒，需要极少的睡眠。”

[4] 伐萨利留意到他不用蜡而用羊油芯作烛台，故送了他40斤蜡。仆人拿去了，但弥盖朗琪罗不肯收纳。仆人说：“主人，我拿得手臂要断下来了，我不愿拿回去了。如果你不要，我将把它们一齐插在门前泥穴里尽行燃起。”于是弥盖朗琪罗说：“那么放在这里罢；因为我不愿你在我门前做那傻事。”（伐萨利记载）

[5] 诗集卷七十八。

观赏雕像；但弥盖朗琪罗故意把蜡烛坠在地下熄灭了，使他无法看见。而当于皮诺去找另一支蜡烛时，他转向伐萨利，说道：'我是如此衰老，死时常在曳我的裤脚，要我和它同去。一天，我的躯体会崩坠，如这支火炬一般，也像它一样，我的生命底光明会熄灭。'"

死底意念包围着他，一天一天地更阴沉起来。他和伐萨利说：

"没有一个思念不在我的心中引起死底感触。"[1]

死，于他似乎是生命中唯一的幸福：

"当我的过去在我眼前重现的时候——这是我时时刻刻遇到的，——喔虚伪的世界，我才辨认出人类底谬妄与过错。相信你的谄谀，相信你的虚幻的幸福的人，便是在替他的灵魂准备痛苦与悲哀。经验过的人，很明白你时常许诺你所没有，你永远没有的平和与福利。因此最不幸的人是在尘世羁留最久的人；生命愈短，愈容易回归天国……"[2]

"由长久的岁月才引到我生命底终点，喔世界，我认识你的欢乐很晚了。你许诺你所没有的平和，你许诺在诞生之前早已死灭的休息……我是由经验知道的，以经验来说话：死紧随着生的人才是唯一为天国所优宠的幸运者。"[3]

他的侄儿李沃那陶庆祝他的孩子底诞生，弥盖朗琪罗严厉地责备他：

"这种铺张使我不悦。当全世界在哭泣的时候是不应当嬉笑的。为了一个人底诞生而举行庆祝是缺乏知觉的人底行为。应当保留你的欢乐，在一个充分地生活了的人死去的时候发泄。"[4]

翌年，他的侄儿底第二个孩子生下不久便夭殇了，他写信去向他道贺。

---

[1] 1555年6月22日书。

[2] 诗集卷一百零九，第三十二首。

[3] 诗集卷一百零九，第三十四首。

[4] 1554年4月致伐萨利书，上面写着："1554年4月我不知何日。"

大自然，为他的热情与灵智的天才所一向轻忽的，[1] 在他晚年成为他的一个安慰者了。一五五六年九月，当罗马被西班牙阿勃大公底军队威胁时他逃出京城，道经斯波莱德，在那里住了五星期。他在橡树与橄榄树林中，沉醉在秋日底高爽清朗的气色中。十月杪他被召回罗马，离开时表示非常抱憾。——他写信给伐萨利道："大半的我已留在那里；因为唯有在林中方能觅得真正的平和。"

回到罗马，这八十二岁的老人作了一首歌咏田园，颂赞自然生活的美丽的诗，在其中他并指责城市底谎骗：这是他最后的诗，而它充满了青春底朝气。

但在自然中，如在艺术与爱情中一样，他寻求的是神，他一天一天更迫近他。他永远是有信仰的。虽然他丝毫不受教士，僧侣，男女信徒们底欺骗，且有时还挖苦他们，[2] 但他似乎在信仰中从未有过怀疑。在他的父亲与兄弟们患病或临终时，他第一件思虑老是要他们受圣餐。[3] 他对于祈祷的信心是无穷的："他相信祈祷甚于一切药石"[4]；他把他所遭受的一切幸运和他没有临到的一切灾祸尽归之于祈祷底功效。在孤独中，他曾有神秘的崇拜底狂热。"偶然"为我们保留着其中的一件事迹：

[1] 虽然他在乡间度过不少岁月，但他一向忽视自然。风景在他的作品中占有极少的地位；它只有若干简略的指示，如在西施庭底壁画中。在这方面，弥氏和同时代的人——拉斐尔，蒂相，班吕勤，法朗西阿，文西——完全异趣。他瞧不起弗拉芒艺人底风景画，那时正是非常时髦的。

[2] 1548 年，李沃那陶想加入 Lorette 底朝山队伍，弥盖朗琪罗阻止他，劝他还是把这笔钱做了施舍的好。"因为，把钱送给教士们，上帝知道他们怎么使用！"（1548 年 4 月 7 日）Sébastien del Piombo 在 San Pietro in Montorio 寺中要画一个僧侣像，弥盖朗琪罗认为这个僧侣要把一切都弄坏了："僧侣们已失掉了那么广大的世界；故他们失掉这么一个小教堂亦不足为奇。"在弥盖朗琪罗要为他的侄儿完姻时，一个女信徒去见他，对他宣道，劝他为李沃那陶娶一个虔敬的女子。弥氏在信中写道："我回答她，说她还是去织布或纺纱的好，不要在人前鼓弄簧舌，把圣洁的事情当做买卖做。"（1549 年 7 月 19 日）

[3] 1516 年 11 月 23 日为了父亲底病致 Buonarroto 书，与 1548 年正月为了兄弟 Giovan Simone 之死致李沃那陶书都提及此事。

[4] 1549 年 4 月 25 日致李沃那陶书。

同时代底记载描写他如西施庭中的英雄般底热狂的脸相，独个子，深夜，在罗马底他的花园中祈祷，痛苦的眼睛瞩视着布满星云的天空。[1]

有人说他的信仰对于圣母与使徒底礼拜是淡漠的，这是不确的。他在最后二十年中全心对付着建造使徒圣比哀尔大寺底事情，而他的最后之作（因为他的死而没有完成的）又是一座圣比哀尔像，要说他是一个新教徒不啻是开玩笑的说法了。我们也不能忘记他屡次要去朝山进香：一五四五年他想去朝拜 Saint-Jacques de Compostelle，一五五六年他要朝拜 Lorette。——但也得说和一切伟大的基督徒一样，他的生和死，永远和基督在一起。一五一二年他在致父亲书中说：“我和基督一同过着清贫的生活”；临终时，他请求人们使他念及基督底苦难。自从他和维多利亚结交之后，——尤其当她死后，——这信仰愈为坚固强烈。从此，他把艺术几乎完全奉献于颂赞基督底热情与光荣，[2] 同时，他的诗也沉浸入一种神秘主义底情调中。他否认了艺术，投入十字架上殉道者底臂抱中去：

“我的生命，在波涛险恶的海上，由一叶残破的小舟渡到了彼岸，在那里大家都将对于虔敬的与冒渎的作品下一个判断。由是，我把艺术当作偶像，当作君主般的热烈的幻想，今日我承认它含有多少错误，而我显然看到一切的人都在为着他的苦难而欲求。爱情的思想，虚妄的快乐的思想，当我此刻已迫近两者之死的时光，它们究竟是甚么呢？爱，我是肯定了，其他只是一种威胁。既非绘画，亦非雕塑能抚慰我的灵魂。它已转向着神明的爱，爱却在十字架上张开着臂抱等待我们！”[3]

但在这颗老耄的心中，由信仰与痛苦所激发的最精纯的花朵，尤

[1] Fra Benedetto 记载此事甚详。
[2] 后期底雕塑，如《十字架》，如《殉难》，如《死像》等都是。
[3] 诗集卷一百四十七。

其是神明般的恻隐之心。这个为仇敌称为贪婪的人，[1]一生从没停止过施惠于不幸的穷人，不论是认识的或不认识的。他不独对他的老仆与他父亲底仆人，——对一个名叫 Mona Margherita 的老仆，为他在兄弟死后所收留，而她的死使他非常悲伤，“仿佛死掉了他自己的姊妹那样”，[2]——对一个为西施庭教堂造台架的木匠，他帮助他的女儿嫁费[3]……——表露他的动人的真挚之情；而且他时时在布施穷人，尤其是怕羞的穷人。他爱令他的侄子与侄女参与他的施舍，使他们为之感动，他亦令他们代他去做，但不把他说出来：因为他要他的慈惠保守秘密。[4]“他爱实地去行善，而非貌为行善。”[5]——由于一种极细腻的情感，他尤其念及贫苦的女郎：他设法暗中赠与她们少数的奁资，使她们能够结婚或进入修院。他写信给他的侄儿说：

“设法去认识一个有何急需的人，有女儿要出嫁或送入修院的。（我说的是那些没有钱而无颜向人启齿的人。）把我寄给你的钱给他，但要秘密地；而且你不要被人欺骗……”[6]

[1] 这些流言是拉莱汀与彭地纳利散布的。这种谎话底来源有时因为弥盖朗琪罗在金钱的事情上很认真的缘故。其实，他是非常随便的；他并不记账；他不知道他的全部财产究有若干，而他一大把一大把地把钱施舍。他的家族一直用着他的钱。他对于朋友们，仆役们往往赠送如唯有帝王所能赏赐一般的珍贵的礼物。他的作品，大半是赠送的而非卖掉的；他为圣比哀尔底工作是完全尽义务的。再没有人比他更严厉地指斥爱财的癖好了。他写信给他的兄弟说：“贪财是一件大罪恶。”伐萨利为弥氏辩护，把他一生赠与朋友或信徒的作品一齐背出来，说：“我不懂人们如何能把这个每件各值几千金币的作品随意赠送的人当作一个贪婪的人。”

[2] 1533 年致兄弟 Giovan Simone 信，——1540 年 11 月致李沃那陶信。

[3] 伐萨利记载。

[4] 1547 年致李沃那陶书：“我觉得你太不注意施舍了。”1547 年 8 月：“你写信来说给了这个女人四个金币，为了爱上帝的缘故：这使我很快乐。”1549 年 3 月 29 日：“注意，你所给的人，应当是真有急需的人，且不要为了友谊而要为了爱上帝之故。不要说出钱底来源。”

[5] Condivi 记载。

[6] 1547 年 8 月致李沃那陶书。

此外，他又写：

“告诉我，你还认识有别的高贵的人而经济拮据的么？尤其是家中有年长底女儿的人家。我很高兴为他们尽力，为着我的灵魂得救。”[1]

[1] 同前。（1550 年 12 月 20 日）

尾声

死

“多么想望而来得多么迟缓的死——”[1]终于来了。

他的僧侣般的生活虽然支持了他坚实的身体，可没有蠲免病魔底侵蚀。自一五四四与一五四六年底两场恶性发热后，他的健康从未恢复；膀胱结石[2]，痛风症[3]，以及各种的疾苦把他磨蚀完了。在他暮年底一首悲惨的滑稽诗中，他描写他的残废的身体：

“我孤独着悲惨地生活着，好似包裹在树皮中的核心……我的声音仿佛是幽闭在臭皮囊中的胡蜂……我的牙齿动摇了，有如乐器上底键盘……我的脸不啻是吓退鸟类的丑面具……我的耳朵不息地嗡嗡作响：一只耳朵中，蜘蛛在结网；另一只中，蟋蟀终夜的叫个不停……我的感冒使我不能睡眠……予我光荣的艺术引我到这种结局。可怜的老朽，如果死不快快来救我，我将绝灭了……疲劳把我支离了，分解了，唯一的栖宿便是死……”[4]

---

[1] “因为，对于不幸的人，死是懒惰的……“(诗集卷七十三第三十首)

[2] 1549 年 3 月，人家劝他饮维丹勃泉水，他觉得好些。——但在 1559 年 7 月他还感着结石底痛苦。

[3] 1555 年 7 月。

[4] 诗集卷八十一。

一五五五年六月，他写信给伐萨利说道：

“亲爱的乔琪沃先生，在我的字迹上你可以认出我已到了第二十四小时了……”[1]

一五六〇年春，伐萨利去看他，见他极端疲弱。他几乎不出门，晚上几乎不睡觉；一切令人感到他不久人世。愈衰老，他愈温柔，很易哭泣。

“我去看弥盖朗琪罗，”伐萨利写道，“他不想到我会去，因此在见我时仿佛如一个父亲找到了他失掉的儿子般的欢喜。他把手臂围着我的颈项，再三的亲吻我，快活得哭起来。”[2]

可是他毫未丧失他清明的神志与精力。即在这次会晤中，他和伐萨利长谈，关于艺术问题，关于指点伐萨利底工作，随后他骑马陪他到圣比哀尔。[3]

一五六一年八月，他患着感冒。他赤足工作了三小时，于是他突然倒地，全身拘挛着。他的仆人 Antonio 发见他昏晕了。加伐丽丽，彭第尼，加尔加尼立刻跑来。那时，弥盖朗琪罗已轻醒转。几天之后，他又开始乘马出外，继续作阿比阿门底图稿。

古怪的老人，无论如何也不答应别人照拂他。他的朋友们费尽心思才得悉他又患着一场感冒，只有大意的仆人们伴着他。

他的承继人李沃那陶，从前为了到罗马来受过他一顿严厉的训责，此刻即是为他叔父底健康问题也不敢贸然奔来了。一五六三年七月，他托但尼哀·特·伏尔丹问弥盖朗琪罗，愿不愿他来看他；而且，为了预料到弥氏要猜疑他的来有何作用，故又附带声明，说他的商业颇有起色，他很富有，甚么也不需求。狡黠的老人令人回答他说，既然如此，他很

[1] 1555 年 6 月 22 日致伐萨利书。1549 年他在写给伐尔几信中已说：“我不独是老了，我已把自己计算在死人中间。”

[2] 1560 年 4 月 8 日伐萨利致高斯莫·特·梅迭西斯书。

[3] 那时他是 85 岁。

高兴，他将把他存留的少数款子分赠穷人。

一个月之后，李沃那陶对于那种答复感着不满，重复托人告诉他，说他很担心他的健康和他的仆役。这一次，弥盖朗琪罗回了他一封怒气勃勃的信，表显这八十八岁——离开他底死只有六个月——底老人还有那么强项的生命力：

“由你的来信，我看出你听信了那些不能偷盗我，亦不能将我随意摆布的坏蛋底谎言。这是些无赖之徒，而你居然傻得会相信他们。请他们走路罢：这些人只会给你烦恼，只知道妒羡别人，而自己度着浪人般的生活。你信中说你为我的仆役担忧；而我，我告诉你关于仆役，他们都很忠实地服侍我，尊敬我。至于你信中隐隐说起的偷盗问题，那么我和你说，在我家里的人都能使我放怀，我可完全信任他们。所以，你只须关切你自己；我在必要时是懂得自卫的，我不是一个孩子。善自珍摄罢！”[1]

关切遗产的人不止李沃那陶一个呢。整个意大利是弥盖朗琪罗底遗产承继人，——尤其是多斯加大公与教皇，他们操心着不令关于圣洛朗与圣比哀尔底建筑图稿及素描有何遗失。一五六三年六月，听从了伐萨利底劝告，高斯莫大公责令他的驻罗马大使 Averardo Serristori 秘密地禀奏教皇，为了弥盖朗琪罗日渐衰老之故，要暗中监护他的起居与一切在他家里出入的人。在突然逝世的情景中，应当立刻把他所有的财产登记入册；素描，版稿，文件，金钱，等等，并当监视着使人不致乘死后底紊乱中偷盗什么东西。当然，这些是完全不令弥盖朗琪罗本人知道的。[2]

这些预防并非是无益的。时间已到临到。

[1] 1563年8月21日致李沃那陶书。

[2] 伐萨利记载。

弥盖朗琪罗底最后一信是一五六三年十二月二十八日底那封。一年以来，他差不多自己不动笔了；他读出来，他只签名；但尼哀·特·伏尔丹为他主持着信件往还底事情。

他老是工作。一五六四年二月十二日，他站了一整天，做《耶稣死难像》[1]。十四日，他发热。加尔加尼得悉了，立刻跑来，但在他家里找不到他。虽然下雨，他到近郊散步去了。他回来时，加尔加尼说他在这种天气中出外是不应该的。

——“你要我怎样？”——弥盖朗琪罗答道。——“我病了，无论那里我不得休息。”

他的言语底不确切，他的目光，他的脸色，使加尔加尼大为不安。他马上写信给李沃那陶说：“终局虽未必即在目前，但亦不远了。”[2]

同日，弥盖朗琪罗请但尼哀·特·伏尔丹来留在他旁边。但尼哀请了医生来；二月十五日，他依着弥盖朗琪罗底吩咐，写信给李沃那陶，说他可以来看他，“但要十分小心，因为道路不靖”[3]。但尼哀附加着下列数行：

“八点过一些，我离开他，那他神志清明，颇为安静，但被麻痹所苦。他为此感到不适，以至在今日下午三时至四时间他想乘马出外，好似他每逢晴天必须履行的习惯。但天气底寒冷与他头脑及腿底疲弱把他阻止了：他回来坐在炉架旁边的安乐椅中，这是他比卧床更欢喜的坐处。”

他身边还有忠实的加伐丽丽。

[1] 这座像未曾完工。

[2] 1564年2月14日加尔加尼致李沃那陶书。

[3] 1564年3月17日，但尼哀·特·伏尔丹致伐萨利书。

直到他逝世底大前日，他才答应卧在床上，他在朋友与仆人环绕之中读出他的遗嘱，神志非常清楚。他把“他的灵魂赠与上帝，他的肉体遗给尘土”。他要求“至少死后要回到”他的亲爱的翡冷翠。——接着，他：

“从骇怕的暴风雨中转入甘美平和的静寂。”[1]

这是二月中底一个星期五，下午五时。[2] 正是日落时分……“他生命底末日，和平的天国底首日！……”[3]

终于他休息了。他达到了他愿望的目标：他从时间中超脱了。

“幸福的灵魂，对于他，时间不复流逝了！”[4]

---

[1] 诗集卷一百五十二。

[2] 1564年2月18日，星期五。——送终他的，有加伐丽丽，但尼哀·特·伏尔丹，李沃尼，两个医生，仆人安东尼沃。李沃那陶在3天之后才到罗马。

[3] 诗集卷一百零九，第四十一首。

[4] 诗集卷五十九。

这便是神圣的痛苦的生涯

在这悲剧的历史底终了，我感到为一项思虑所苦。我自问，在想给予一般痛苦的人以若干支撑他们的痛苦的同伴时，我会不会只把这些人底痛苦加给那些人。因此，我是否应当，如多少别人所做的那样，只显露英雄底英雄成分，而把他们的悲苦的深渊蒙上一层帷幕？

——然而不！这是真理啊！我并不许诺我的朋友们以谎骗换得的幸福，以一切代价去挣得的幸福。我许诺他们的是真理，——不管它须以幸福去换来，——是雕成永恒的灵魂的壮美的真理。它的气息是苦涩的，可是纯洁的：把我们贫血的心在其中薰沐一会罢。

伟大的心魂有如崇山峻岭，风雨吹荡它，云翳包围它；但人们在那里呼吸时，比别处更自由更有力。纯洁的大气可以洗涤心灵底秽浊；而当云翳破散的时候，他威临着人类了。

是这样地这座崇高的山峰，矗立在文艺复兴期底意大利，从远处我们望见他的峻崄的侧影，在无垠的青天中消失。

我不说普通的人类都能在高峰上生存。但一年一度他们应上去顶礼。在那里，他们可以变换一下肺中底呼吸，与脉管中的血流。在那里，他们将感到更迫近永恒。以后，他们再回到人生底广原，心中充满了日常战斗底勇气。

罗曼·罗兰

书影

譯者弁言

本書之前，有貝多芬傳；本書之後，有托爾斯泰傳：合起來便是羅曼羅蘭底不朽的「巨人三傳」。迻譯本書的意念是和迻譯貝多芬傳的意念一致的，在此不必多說。在一部不朽的原作之前，冠上不倫的序文是件褻瀆的行爲。因此，我只申說下列幾點：

一、本書是依據原本第十一版全譯的。但附錄底彌氏詩選因其爲意大利文原文（譯者無能）且在本文中已引用甚多，故擅爲删去。

一、附錄之後尚有詳細參考書目（英、德、美、意四國書目），因非目下國內讀書界需要，故亦從略。

一、原文註解除删去最不重要的十餘則外，餘皆全譯，所以示西人治學之嚴，爲我人作一榜樣耳。

一九三四年一月五日。

在翡冷翠底國家美術館中，有一座爲彌蓋朗琪羅稱爲「勝利者」的白石雕像。這是一個裸露的青年，生成美麗的軀體，低低的額上垂覆着鬈曲的頭髮。昂昂地站着，他的膝蓋踞曲在一個髭鬚滿面的囚人背上，囚人蜷伏着，頭伸向前面，如一匹牛。可是勝利者並不注視他。即在他的拳頭將要擊下去的一刹那，他停住了，滿是沉鬱之感的嘴巴，和猶豫的目光轉向別處去了。手臂折轉去向着肩頭：身子望後仰着；他不再要勝利，勝利使他厭惡。他已征服了，但亦被征服了。

這幅英雄的惶惑之象，這個折了翅翼的勝利之神，在彌蓋朗琪羅全部作品中是永留在工作室中的唯一的作品，以後，但尼哀·特·伏爾丹想把牠安置在彌氏墓上。——牠即是彌蓋朗琪羅自己，即是他全生涯底象徵。

* * * *

痛苦是無窮的，牠具有種種形式。有時，牠是由於物質底淩虐，如災難，疾病，命運底褊枉，人類底惡意。有時，牠卽蘊藏在人底內心。在這種情境中的痛苦，是同樣的可憫，同樣的無可挽救；因爲人不能自己選擇他的人生，人旣不要求生，也不要求成爲他所成爲的樣子。

彌蓋朗琪羅底痛苦，卽是這後一種。他有力強，他生來便是爲戰鬭爲征服的人；而且他居然征服了。——可是，他不要勝利。他所要的並不在此。——眞是哈姆雷德式的悲劇呀！賦有英雄的天才而沒有實現的意志；賦有專斷的熱情而並無奮激的願望：這是多麼悲痛的矛盾！

人們可不要以爲我們在許多別的偉大之外，在此更發見一樁偉大！我們永遠不會說是因爲一個人太偉大了，世界於他纔顯得不够。精神底煩悶並非偉大底一種標識。卽在一般偉大的人物，缺少生靈與萬物之間，生命與生命律令之間底和諧，並不算是偉大：卻是一樁弱點。——爲何要隱蔽這弱點呢？最弱的人難道是最不值得人家愛戀嗎？——他正是更值得愛戀，因爲他對於愛的需求更爲迫切。我絕不會造成不可幾及的英雄範型。我恨那懦怯的理想主義，牠只教人不去注視人生底苦難和心靈底弱點。我們當和太容易被夢想與甘言所欺騙的民衆說：英雄的謊言只是懦怯的表現。世界上只有一種英雄主義：便是注視世界底眞面目——並且愛世界。

* * * *

我在此所要敍述的悲劇，是一種與生俱來的痛苦，從生命底核心中發出的，牠毫無間歇地侵蝕生命，直到把生命完全毀滅爲止。這是巨大的人類中最顯著的代表之一，一千九百餘年來我們的西方充塞着他的痛苦與信仰底呼聲，——這代表便是基督徒。

將來有一天，在多少世紀底終極，——（如果我們塵世的事蹟還能保存於人類記憶中的話）——會有一天那些生存的人們，對於這個消逝的種族，會倚憑在他們墮落的深淵旁邊，好似但丁俯在 Malebolge 之旁那樣，充滿着驚嘆、厭惡與憐憫。

但對於這種又驚又佩又惡又憐的感覺，誰還能比我們感得更眞切呢？因爲我們自幼便滲透這些悲痛的情操，便看到最親愛的人們相關，我們一向識得這基督教悲觀主義底苦澀而又醉人的味道，我們曾在懷疑躊躇的辰光，費了多少力量纔止住自己不致和多少旁人一樣墮入虛無的幻象中去。

神呀！永恆的生呀！這是一般在此世無法生存的人們底蔭庇！信仰，往往只是對於人生對於前途的不信仰，只是對於自己的不信仰，只是缺乏勇氣與歡樂！……啊！信仰！你的苦痛的勝利，是由多少的失敗造成的呢！

基督徒們，爲了這，我纔愛你們，爲你們抱憾。我爲你們怨嘆，我也嘆賞你們的悲愁。你們使世界變得淒慘，把牠裝點得更美。當你的痛苦消滅的時候，世界將更加枯索了。在這滿着卑怯之徒的時代，——在苦痛前面發抖，大聲疾呼地要求他們的幸福，而這幸福往往便是別人底災難，——我們應當敢於正視痛苦，尊敬痛苦！歡樂固然值得頌讚，痛苦亦何嘗不值得頌讚！這兩位是姊妹，而且都是聖者。她們鍛鍊人類，開展偉大的心魂。她們是力，是生，是神。凡是不能兼愛歡樂與痛苦的人，便是既不愛歡樂亦不愛痛苦。凡能體味她們的，方懂得人生底價值和離開人生時底甜蜜。

羅曼·羅蘭

彌蓋朗琪羅傳

彌蓋朗琪羅

這是一個翡冷翠城中的中產者，——

——那裏，滿是陰沈的宮殿矗立着崇高的塔尖如長矛一般，柔和而又枯索的山崗細膩地映在天際，崗上搖曳着杉樹底圓蓋形的峯巔和閃閃作銀色波動如水浪似的橄欖林；

——那裏，一切都講究極端的典雅，洛朗·特·梅迭西斯底譏諷的臉相，瑪幾阿凡底闊大的嘴巴，鮑梯卻黎畫上的黃髮貧血的維納斯，都會合在一起；

——那裏，充滿着熱狂，驕傲，神經質的氣息，易於耽溺在一切盲目的信仰中，受着一切宗教的和社會的狂潮聳動，在那裏，個個人是自由的，個個人是專制的，在那裏，生活是那麼舒適，可是那裏的人生無異是地獄；

——那裏，居民是聰慧的，頑固的，熱情的，易怒的，口舌如鋼一般尖利，心情是那麽多疑，互相試探，互相嫉忌，互相吞噬；

——那裏，容留不下萊渥那特·文西般的自由思想者，那裏，鮑梯卻梨祇能如一個蘇格蘭底清教徒般在幻想的神祕主義中終其天年，那裏，薩伏那洛爾（Savonarole）受了一般壞人的利用，舉火焚燒藝術品，使他的信徒們在火旁舞蹈——三年之後，這火又死灰復燃地燒死了他自己。

* * * *

在這個時代底這個城市中，他是他們的狂熱底對象。

自然，他對於他的同胞們沒有絲毫溫婉之情，他的豪邁宏偉的天才蔑視他們小組的藝術，矯飾的精神，平凡的寫實主義，他們的感傷情調與病態的精微玄妙。他對待他們的態度很嚴酷；但他愛他們。他對於他的國家，並無達·文西般的微笑的淡漠，遠離了翡冷翠，便要為懷鄉病所苦。（一）

他一生想盡方法要住在翡冷翠，在戰爭底悲慘的時期中他留在翡冷翠；他要『至少死後能回到翡冷翠，既然生時是不可能。』(二)

因爲他是翡冷翠底舊家，故他對於自己的血統與種族非常自傲。(三)甚至比對於他的天才更加自傲。他不答應人家當他藝術家看待：

『我不是雕塑家彌蓋朗琪羅……我是彌蓋朗琪羅·鮑那洛蒂(Michelagniolo Buonarotti)……』(四)

他精神上便是一個貴族，而且具有一切階級底偏見。他甚至說：『修鍊藝術的，當是貴族而非平民。』(五)

他對於家族抱有宗教般的古代的，幾乎是野蠻的觀念。他爲牠犧牲一切，而且要別人和他一樣犧牲。他將，如他所說的『爲了牠而賣掉自己，如奴隸一般。』(六)在這方面，爲了些微的事情他會激動感情。他輕蔑他的兄弟們，的確他們也應該受他輕蔑。他輕蔑他的姪子，——他的承繼人。但對於他的姪子和兄弟們，他仍尊敬他們代表世系的身分。這種言語在他的信札中屢見不鮮：

『我們的世系……維持我們的世系……不要令我們的血統中斷……』

凡是這強悍的種族底一切迷信，一切盲從他都全備。這些彷彿是一個泥團（有如上帝揑造人類的泥團），彌蓋朗琪羅即是在這個泥團中形成的。但在這個泥團中卻湧躍出澄清一切的成分：天才。

註：（一）『我不時墮入深切的悲苦中，好似那些遠離家庭的人一樣。』（見羅馬，一四九七年八月十九日書）

（二）『死之於我，顯得那麼可愛；因爲牠可以使我獲得生前所不能得到的幸福：即回到我的故鄉。』

（三）Buonarroti Simoni 裔出 Settignano，在翡冷翠地方志上自十二世紀起即已有過記載。彌蓋朗琪羅當然知道這一點。『我們是中產階級，是最高貴的世裔。』（一五四六年十二月致他的姪子 Lionardo 書）——他不贊成他的姪子要變得更高貴的思念：『這決非是自尊的表示。大家知道我們是翡冷翠最老最高貴的世家。』（一五四九年二月）——他試着要重振他的門第，教他的家族恢復他的舊姓 Simoni，在翡冷翠創立一族莊；但他老是被他兄弟們底平庸所沮喪。他想起他的弟兄中有一個（Gismondo）還推車度日，如鄉下人一般地生活着，他不禁要臉紅。——一五二〇年，Alessandro de Canossa 伯爵寫信給他，說在伯爵底家譜上查出他們原是親戚的證據。這消息是假的，彌蓋朗琪羅卻很相信，他竟至要購買 Canossa 底宮邸。據說那是他的祖先底發祥地。他的傳記作者 Condivi 依了他的指點把法王亨利二世底姊姊，和瑪蒂特大伯爵夫人都例入他的家譜之內。

一五一五年，教皇雷翁十世到翡冷翠的時候，彌蓋朗琪羅底兄弟 Buonaroto 受到教皇底封綬。

（四）他又說：『我從來不是一個畫家也不是彫塑家，——作藝術商業的人。我永遠保留着我世家底光榮。』（一五四八年五月二日致 Lionardo 書。）

（五）他的傳記作者 Condivi 所述語。

（六）一四九七年八月十九日致他的父親書。——他在一五〇八年三月十三日三十三歲時纔從父親那裏獲得成丁獨立權。

不相信天才，不知天才爲何物的人，請看一看彌蓋朗琪羅罷！從沒有人這樣地爲天才所拘囚的了。這天才底氣質似乎和他的氣質完全不同：這是一個征服者投入他的懷中而把他制服了。他的意志簡直是一無所能；甚至可說他的精神與他的心也是一無所能。這是一種狂亂的爆發，一種駭人的生命，爲他太弱的肉體與靈魂所不能勝任的。

他在繼續不斷的興奮中過生活。他的過分的力量使他感到痛苦，這痛苦逼迫他行動，不息地行動，一小時也不得休息。

他寫道：『我爲了工作而筋疲力盡，從沒有一個人像我這樣地工作過，我除了夜以繼日的工作之外，甚麽都不想。』

這種病態的需要活動不特使他的業務天天積聚起來，不特使他接受他所不能實行的工作，而且也使他墮入偏執的僻性中去。他要雕琢整個的山頭。當他要建造甚麽紀念物時，他會費掉幾年的光陰到石廠中去挑選石塊，建築搬運石塊的大路；他要成爲一切：工程師，手工人，斲石工人；他要獨個子幹完一切；建造宮邸，教堂，由他一個人來。這是一種判罰苦役底生活。他甚至不願分出時間去飲食睡眠。在他的信札內，隨處看得到同樣可憐的語句：

『我幾乎沒有用餐的時間……我沒有時間喫東西……十二年以來，我的肉體被疲倦所毀壞了，我缺乏一切必需品……我沒有一個銅子，我是裸體了，我感受無數的痛苦……我在悲慘與痛苦中討生活……我和患難爭鬭……』(一)

這患難其實是虛幻的。彌蓋朗琪羅是富有的；他拚命使自己富有，十分富有。(二) 但富有對於他有何用處？他如一個窮人一樣生活，被勞作束縛着好似一匹馬被磨輪底軸子繫住一般。沒有人會懂得他如此自苦的原因。沒有人能懂得他爲何不能自主地使自己受苦，也沒有人能懂得他的自苦對於他實是一種需要。卽是脾氣和他極相似的父親也埋怨他：

『你的弟弟告訴我，你生活得十分節省，甚至節省到悲慘的程度：節省是好的；但悲慘是壞的：這是使神和人都爲之不悅的惡行；牠會妨害你的靈魂與肉體。只要你還年青，這還可以；但當你漸漸衰老的時光，這悲慘的壞生活所能產生的疾病與殘廢，全都會顯現。應當避免悲慘，中庸地生活，當心不要缺乏必須的營養，留意自己不要勞作過度……』(三)

但甚麼勸告也不起影響。他從不肯把自己的生活安排得更合人性些。他祇以極少的麵包與酒來支持他的生命。他只睡幾小時。當他在蒲洛納(Bologne)進行于勒二世底銅像時，他和他的三個助手睡在一張牀上，因爲他祇有一張牀而又不願添置。(四)他睡時衣服也不脫，皮靴也不卸。有一次，腿腫起來了，他不得不割破靴子；在脫下靴子的時候，腿皮也隨着剝下來了。

這種駭人的衞生，果如他的父親所預料，使他老是患病。在他的信札中，人們可以看出他生過十四或十五次大病。(五)他好幾次發熱，幾乎要死去，他眼睛有病，牙齒有病，頭痛，心病。(六)他常爲神經痛所苦尤其當他睡眠的時候；睡眠對於他竟是一種苦楚。他很早便老了。四十二歲，他已感到衰老。（七）四十八歲時，他說他工作一天必得要休息四天。（八）他又固執着不肯請任何醫生診治。

他的精神所受到這苦役生活底影響，比他的肉體更甚。悲觀主義侵蝕他。這於他是一種遺傳病。青年時，他費盡心機去安慰他的父親因爲他有時爲狂亂的苦痛糾纏着。（九）可是彌蓋朗琪羅底病比他所照顧的人感染更深。這沒有休止的活動，累人的疲勞，使他多疑的精神陷入種種迷亂狀態。他猜疑他的敵人，他猜疑他的朋友。（十）他猜疑他的家族，他的兄弟，他的嗣子；他猜疑他們不耐煩地等待他的死。

一切使他不安；（十一）他的家族也嘲笑這永遠的不安。（十二）他如自己所說的一般，在『一種悲哀的或竟是癲狂的狀態』中過生活。（十三）痛苦久了，他竟嗜好有痛苦，他在其中覓得一種悲苦的樂趣：

『愈使我受苦的我愈歡喜。』（十四）

對於他，一切都成爲痛苦底題目，——甚至愛，（十五）——甚至善。（十六）

『我的歡樂是悲哀。』（十七）

沒有一個人比他更不接近歡樂而更傾向於痛苦的了。他在無垠的宇宙中所見到的所感到的只有牠。世界上全部的悲觀主義都包含在這絕望的呼聲，這極端褊枉的語句中.

『千萬的歡樂不值一單獨的苦惱……』（十八）

註：（一）見一五〇七，一五〇九，一五一二，一五一三，一五二五，一五四七諸年信札。

（二）他死後，人家在他羅馬寓所發現他的藏金有七至八、〇〇〇金幣約合今日四或五〇〇、〇〇〇法郎（合華幣八萬或十萬元）。史家伐薩利(Vasari)說他兩次給他的姪兒七、〇〇〇小金元給他的侍役 Urbino 二、〇〇〇小金元。他在翡冷翠亦有大批存款。一五三四年時，他在翡冷翠及附近各地置有房產六處，田產七處。他酷愛田。一五〇五，一五〇六，一五一二，一五一五，一五一七，一五一八，一五一九，一五二〇各年他購置不少田地。這是他鄉下人底遺傳性。然而他的儲蓄與置產並非爲了他自己，而是爲別人化去，他自己卻甚麼都不捨得享用。

（三）這封信後面又加上若干指導衞生的話，足見當時的野蠻程度：『第一，保護你的頭，使牠保有相當的溫暖，但不要洗：你應當把牠揩拭但不要洗。』（一五〇〇年十二月十九日信）

（四）見一五〇六年信。

彌蓋朗琪羅　九

（五）一五一七年九月，在他從事於聖·洛朗查底墳墓雕塑與米納佛基督像的時候，他病得幾乎死去。一五一八年九月，在 Seravezza 石廠中，他以疲勞過度與煩悶而病了。一五二〇年拉斐爾逝世的時候，他又病倒了。一五二一年年終，一個友人 Lionardo Sellajo 祝賀他：『居然從一場很少人能逃過的痛症中痊愈了。』一五三一年六月，翡冷翠城陷落後，他失眠，飲食不進，頭和心都病了；這情景一直延長到年終；他的朋友們以爲他是沒有希望的了。一五三九年，他從西施庭教堂底高架上墮下，跌破了腿。一五四四年六月，他患了一場極重的熱病。一五四五年十二月至一五四六年正月，他舊病復發，使他的身體極度衰弱。一五四九年三月，他爲石淋症磨難極苦。一五五五年七月，他患風痛。一五五九年七月，他又患石淋與其他種種疾病：他衰弱得厲害。一五六一年八月，他『暈到了，四肢拘攣着。』

（六）見他的詩集卷八十二。

（七）一五一七年七月致 Domenico Buoninsegni 書。

（八）一五二三年七月致 Bart. Angiolini 書。

（九）在他致父親的信中，時時說：『你不要自苦……』（一五〇九年春）——『你在這種悲痛的情操中生活眞使我非常難過；我祈求你不要再去想這個了。』（一五〇九年正月二十七日）——『你不要驚惶，不要愁苦。』（一五〇九年九月十五日）

他的父親 Buonarroti 和他一樣時時要發神經病。一五二一年，他突然從他自己家裏逃出來，大聲疾呼地說他的兒子把他趕出了。

(十)『在完滿的友誼中往往藏着毀損名譽與生命的陰謀。』(見他致他的朋友 Luigi del Riccio——把他從一五四六年那場重病中救出來的朋友——的十四行詩)參看一五六一年十一月十五日他的忠實的朋友 Tommaso de' Cavalieri 爲他褊枉地猜忌之後給他的聲辯信：——『我敢確言我從沒得罪過你但你太輕信那般你最不應該相信的人……』

(十一)『我在繼續的不信任中過生活……不要相信任何人，張開了眼睛睡覺……』

(十二)一五一五年九月與十月致他的兄弟 Buonarroto 信中有言：『……不要嘲笑我所寫的一切……一個人不應當嘲笑任何人在這個時代，爲了他的肉體與靈魂而在恐懼與不安中過活是並無害處的……在一切時代，不安是好的……』

(十三)在他的信中，他常自稱爲『憂愁的與瘋狂的人，』——『老悖』，——『瘋子與惡人』。——但他爲這瘋狂辯白，說這只對於他個人有影響。

(十四)詩集卷一百五十二。

(十五)十四行詩卷一百九十第四十八首：

『些少的幸福對於戀愛中人是一種豐滿的享樂但牠會使欲念絕滅，不若災患會使希望長大。』

(十六)『一切事物使我悲哀他寫道……即是善，因爲牠存在的時間太短了，故給予我心靈的苦楚不減於惡。』

(十七)詩集卷八十一。

(十八)詩集卷七十四。

彌蓋朗琪羅　　一一

「他的猛烈的力量，Condivi 說，把他和人羣幾乎完全隔離了。」

他是孤獨的。——他恨人；他亦被人恨。他愛人他不被人愛。人們對他又是欽佩，又是畏懼。晚年，他令人發生一種宗教般的尊敬。他威臨着他的時代。那時，他稍微鎮靜了些。他從高處看人，人們從低處看他。他從沒有休息，也從沒有最微賤的生靈所能享受的溫柔——卽在一生能有一分鐘的時間在別人底愛撫中睡眠。婦人底愛情於他是無緣的。在這荒漠的天空，祇有 Vittoria Colonna 底冷靜而純潔的友誼，如明星一般照耀了一剎那。周圍盡是黑夜，他的思想如流星一般在黑暗中劇烈旋轉，他的意念與幻夢在其中迴盪。貝多芬卻從沒有這種情境。因爲這黑夜卽在彌蓋朗琪羅自己的心中。貝多芬底憂鬱是人類底過失；他天性是快樂的，他希望快樂。彌蓋朗琪羅卻是內心憂鬱，這憂鬱令人害怕，一切的人本能地逃避他。他在周圍造成一片空虛。

這還算不得什麽。最壞的並非是成爲孤獨，卻是對自己亦孤獨了，和自己也不能生活，不能爲自己底主宰，而且否認自己，與自己鬬爭，毀壞自己。他的心魂永遠在欺妄他的天才。人們時常說起他有一種『反對自己的』宿命，使他不能實現他任何偉大的計劃。這宿命便是他自己。他的不幸底關鍵，足以解釋他一生底悲劇——而爲人們所最少看到或不敢去看的關鍵，——只是缺乏意志和賦性懦怯。

在藝術上，政治上，在他一切行動和一切思想上，他都是優柔寡斷的。在兩件作品，兩項計劃，兩個部分中間他不能選擇。關於于勒二世(Jules II)底紀念建築，聖·洛朗查底屋面，梅迭西斯底墳墓等等的歷史都足證明他這種猶豫。他開始，開始，卻不能有何結果。他要，他又不要。他纔選定，他已開始懷疑。在他生命終了的時光，他甚麼也沒有完成：他厭棄一切。人家說他的工作是強迫的；人家把朝三暮四，計劃無定之責，加在他的委託人身上。其實如果他決定拒絕的話，他的主使人正無法強迫他呢。可是他不敢拒絕。

他是弱者。他在種種方面都是弱者，爲了德性和爲了膽怯。他是心地怯弱的。他爲了種種思慮而苦悶，在一個性格堅強的人，這一切思慮全都可以丟開的。因爲他把責任心誇大之故，便自以爲不得不去幹那最平庸的工作，爲任何匠人可以比他做得更好的工作。(一)他既不能履行他的義務，也不能把牠忘掉。(二)

他爲了謹愼與恐懼而變得怯弱。爲于勒二世所稱爲『可怕的人』同樣可被伐薩利稱做『謹愼者，』——『使任何人甚至使教皇也害怕的』(三)人會害怕一切。他在親王權貴面前是怯弱的，——可是他又最瞧不起在親王權貴面前顯得怯弱的人，他把他們叫做『親王們底荷重的驢子。』(四)——他要躱避教皇；他卻留着，他服從教皇。(五)他容忍他的主人們底蠻橫無理的信，他恭敬地答復他們。(六)有時，他反抗起來，他驕傲地說話；——但他永遠讓步。直到死，他努力掙扎，可沒有力量奮鬪。教皇克萊芒七世(Clément VII)——和一般的意見相反——在所有的教皇中是對他最慈和的人，他認識他的弱點；他也憐憫他。(七)

他的全部的尊嚴會在愛情前面喪失。他在壞蛋前面顯得十分卑怯。他把一個可愛的但是平庸的人，如 Tommaso de' Cavalieri 當做一個了不得的天才。(八)

至少，愛情使他這些弱點顯得動人。當他爲了恐懼之故而顯得怯弱時，這怯弱祇是——人們不敢說是可恥的——病苦得可憐的表現。他突然陷入神志錯亂的恐怖中。於是他逃了，他被恐怖逼得在意大利各處奔竄。一四九四年，爲了某種幻象，嚇得逃出翡冷翠。一五二九年，翡冷翠被圍，負有守城之責的，他又逃亡了。他一直逃到佛尼市。幾乎要逃到法國去。以後他對於這件事情覺得可恥，他重行回到被圍的城裏，盡他的責任，直到圍城終了。但當翡冷翠陷落，嚴行流戍放逐，雷厲風行之時，他又是多麼怯弱而發抖！他甚至去恭維法官 Valori，那個把他的朋友高貴的 Battista della Palla 處死的法官。可憐啊！他甚至棄絕他的友人，翡冷翠底流戍者。（九）

他怕。他對於他的恐怖感到極度的羞恥。他瞧不起自己。他憎厭自己以致病倒了。他要死。人家也以為他快死了。（十）

但他不能死。他內心有一種癲狂的求生的力量，這力量每天會蘇醒，求生，為的要繼續受苦。——他如果能不活動呢？但他不能如此。他不能不有所行動。他行動。他應得要行動。——他自己行動麼？——他是被動！他是捲入他的癲癇的熱情與矛盾中，好似但丁底獄囚一般。

他應得要受苦啊！

『使我苦惱罷！苦惱！在我過去，沒有一天是屬於我的！』（十一）

他向神發出這絕望的呼號：

『喲神！神喲！誰還能比我自己更透入我自己？』（十二）

如果他渴望死，那是因爲他認爲死是這可怕的奴隸生活底終極之故。他講起已死的人時眞是多麽豔羡！

『你們不必再恐懼生命底嬗變和欲念底轉換……後來的時間不再對你們有何強暴的行爲了；必需與偶然不再驅使你們……言念及此，能不令我豔羡？』（十三）

『死！不再存在！不再是自己！逃出萬物底桎梏！逃出自己的幻想！』

『啊！使我，使我不再回復我自己！』（十四）

註：（一）他雕塑聖・洛朗查底墓像時，在 Seravezza 石廠中過了幾年。

（二）他一五一四年承受下來的彌納爾寺中的基督像，到一五一八年還未動工。『我痛苦死了……我做了如竊賊一般的行爲……』一五〇一年，他和西也納 Piccolomini 寺簽訂契約，訂明三年以後交出作品。可是六年後，一五六一年，他還爲了沒有履行契約而苦惱。

（三）Sebastiano del Piombo 信中語（一五二〇年十月二十七日）。

（四）和伐蕯利談話時所言。

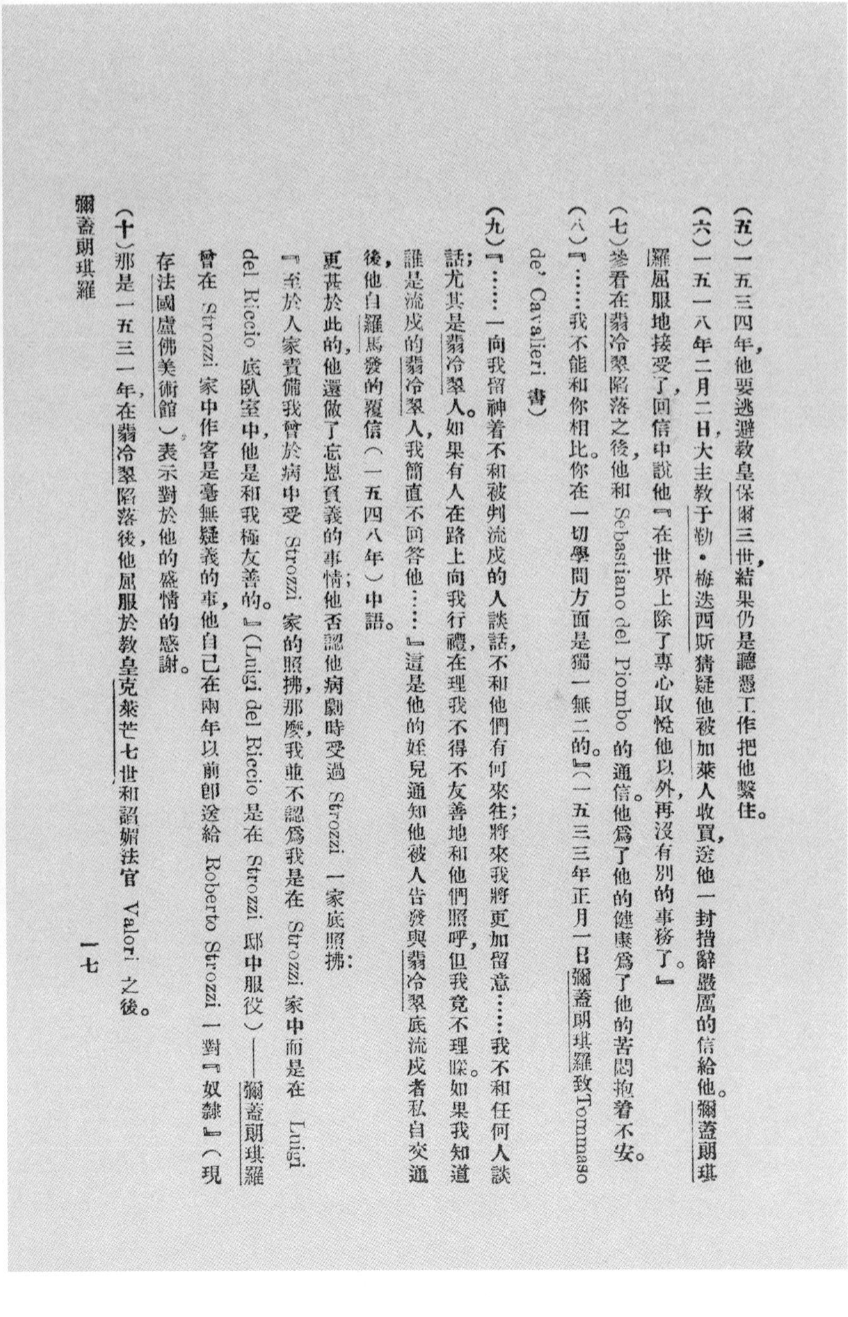

(五)一五三四年，他要逃避教皇保爾三世，結果仍是聽憑工作把他繫住。

(六)一五一八年二月二日，大主教于勒·梅迭西斯猜疑他被加萊人收買，送他一封措辭嚴厲的信給他。彌蓋朗琪羅屈服地接受了，回信中說他『在世界上除了專心取悅他以外，再沒有別的事務了。』

(七)參看在翡冷翠陷落之後，他和 Sebastiano del Piombo 的通信。他爲了他的健康爲了他的苦悶抱着不安。

(八)『……我不能和你相比。你在一切學問方面是獨一無二的。』(一五三三年正月一日彌蓋朗琪羅致Tommaso de' Cavalieri 書)

(九)『……一向我留神着不和被判流戍的人談話，不和他們有何來往；將來我將更加留意……我不和任何人談話；尤其是翡冷翠人。如果有人在路上向我行禮，在理我不得不友善地和他們照呼，但我竟不理睬。如果我知道誰是流戍的翡冷翠人，我簡直不回答他……』這是他的姪兒通知他被人告發與翡冷翠底流戍者私自交通後，他自羅馬發的覆信（一五四八年）中語。

更甚於此的，他還做了忘恩負義的事情；他否認他病劇時受過 Strozzi 一家底照拂：

『至於人家責備我曾於病中受 Strozzi 家的照拂，那麼，我並不認爲我是在 Strozzi 家中而是在 Luigi del Riccio 底臥室中，他是和我極友善的。』(Luigi del Riccio 是在 Strozzi 邸中服役)——彌蓋朗琪羅曾在 Strozzi 家中作客是毫無疑義的事，他自己在兩年以前卽送給 Roberto Strozzi 一對『奴隸』（現存法國盧佛美術館）表示對於他的盛情的感謝。

(十)那是一五三一年，在翡冷翠陷落後，他屈服於教皇克萊芒七世和諂媚法官 Valori 之後。

彌蓋朗琪羅　一七

(十一)詩集卷四十九(一五三二年)。

(十二)詩集卷六(一五〇四——一五一一年間)。

(十三)詩集卷五十八(一五三四年紀念他父親之死的作品)。

(十四)詩集卷一百三十九。

他的煩躁的目光還在京都博物館中注視我們，在痛苦的臉上，我更聽到這悲愴的呼聲。(一)

他是中等的身材，肩頭很寬，骨骼與肌肉突出很厲害。因爲勞作過度，身體變了形，走路時，頭望上仰着，背傴僂着，腹部突向前面。這便是畫家 François de Hollande 底肖像中的形相：那是站立着的側影，穿着黑衣服；肩上披着一件羅馬式大氅；頭上纏着布巾，布巾之上覆着一頂軟帽。(二)

頭顱是圓的，額角是方的，滿着皺痕，顯得十分寬大。黑色的頭髮亂蓬蓬地虬結着。眼睛很小，又悲哀，又強烈，光彩時時在變化，或是黃的或是藍的。鼻子很寬很直，中間隆起，曾被 Torrigiani 底拳頭擊破。(三)從鼻孔到口角有很深的皺痕，嘴巴生得很細膩，下唇稍稍前突。鬢毛稀薄，牧神般的髭鬚簇擁着兩片顴骨前突的面頰。

全部臉相上籠罩着悲哀與猶豫的神情，這確是詩人 Tasse 時代底面目，表現着不安的，被懷疑所侵蝕的痕跡。悽慘的目光引起人們底同情。

註：(一)以下的描寫根據彌蓋朗琪羅底各個不同的肖像。Francesco La Cava 晚近發見『最後之審判中』有他自己的畫像。四百年來多少人在他面前走過而沒有看見他。但一經見到，便永遠忘不了。

(二)一五六四年，人們把他的遺骸自羅馬運回到翡冷翠去的時候，曾經重開他的棺龕，那時頭上便戴着這種軟帽。

(三)這是一四九〇——一四九二年間的事。

同情，我們不要和他斤斤較量了罷。他一生所希望而沒有獲到的這愛情，我們給了他罷。他嘗到一個人可能受到的一切苦難。他目擊他的故鄉淪陷。他目擊意大利淪於野蠻民族之手。他目擊自由之消滅。他眼見他所愛的人一個一個地逝世。他眼見藝術上的光明，一顆一顆地熄滅。

在這黑夜將臨的時光，他孤獨地留在最後。在死的門前，當他回首瞻望的時候，他不能說他已做了他所應做與能做的事以自安慰。他的一生於他顯得是白費的。一生沒有歡樂也是徒然。他也徒然把他的一生爲藝術底偶像犧牲了。(一)

沒有一天快樂，沒有一天享受到眞正的人生，九十年間的巨大的勞作，竟不能實現他夢想的計劃於萬一。他認爲最重要的作品沒有一件是完成的。運命嘲弄他，使這位雕塑家（二）有始有終地完成的事業，只是他所不願意的繪畫。在那些使他驕傲使他苦惱的大工程中，有些——（如『比士之戰』底圖稿，于勒二世底銅像）——在他生時便毀掉了，有些——（于勒二世底墳墓，梅迭西斯底家廟）——是可憐地流產了，現在我們所看到的只是他的思想底速寫而已。

雕塑家 Ghiberti 在他的註解中講述一樁故事，說德國 Anjon 公爵底一個鏤銀匠，具有可和『希臘古雕塑家相匹敵』的手腕，暮年時眼見他灌注全生命的一件作品毀掉了。——『於是他看到他的一切疲勞都是枉費；他跪着喊道：「喲吾主，天地底主宰，不要再使我迷失，不要讓我再去跟從除你以外的人；可憐我罷！」立刻他把所有的財產分給了窮人，退隱到深山中去死了……』

如這個可憐的德國鏤銀家一樣，彌蓋朗琪羅到了暮年，悲苦地看着他的一生，他的努力都是枉費，他的作品未完的未完，毀掉的毀掉。

於是，他告退了。文藝復興睥睨一切的光芒，宇宙底自由的至高至上的心魂，和他一起遁入『這神明的愛情中，他在十字架上張開着臂抱迎接我們。』

『頌讚歡樂』底豐滿的呼聲，沒有嘶喊出來。於他直到最後的一呼吸，永遠是『痛苦底頌讚』，『解放一切的死底頌讚』。他整個地戰敗了。

註：(一)『……熱情的幻夢使我們藝術當作一個偶像與一個王國……』(詩集卷一百四十七)

(二)他自稱爲「彫塑家」而非「畫家」。一五〇八年三月十日他寫道：『今日，我彫塑家彌蓋朗琪羅，開始西施庭教堂底繪畫。』——『這全不是我的事業，一年以後他又寫道，……我毫無益處地費掉我的時間。』(一五〇九年正月二十七日)關於這個見解他從沒變更。

這便是世界底戰勝者之一。我們，享受他的天才底結晶品時，和享受我們祖先底功蹟一般，再也想不起他所流的鮮血。

我願把這血滲在大家眼前，我願舉起英雄們底紅旗在我們的頭上飄揚。

上編　戰鬬

一　力

一四七五年三月六日，他生於嘉藏打地方底嘉潑萊斯(Caprese)。荒确的鄉土，『飄逸的空氣』(一)，岩石，桐樹，遠處是阿北尼山。不遠的地方，便是聖法朗梭阿・大西士在阿爾佛尼阿山頭看見基督顯靈的所在。

父親(二)是嘉潑萊斯與丘西地方的法官。這是一個暴烈的，煩躁的『怕上帝』的人。母親(三)在彌蓋朗琪羅六歲(四)時便死了。他們共是弟兄五人：Lionardo，Michelagniolo，Buonarroto，Giovain Simone，Sigismondo(五)。

他幼時寄養在一個石匠底妻子家裏。以後他把做雕塑家底志願好玩地說是由於這幼年的乳。人家把他送入學校：他祇用功素描。『爲了這，他被他的父親與伯叔瞧不起而且有時打得很凶，他們都恨藝術家這職業，似乎在他們的家庭中出一個藝術家是可羞的。』（六）因此他自幼便認識人生底殘暴與精神底孤獨。

可是他的固執戰勝了父親底固執。十三歲時，他進入 Domenico Ghirlandajo 底畫室——那是當代翡冷翠畫家中最大最健全的一個。他初時底成績非常優異，據說甚至令他的老師也嫉忌起來。（七）一年之後他們分手了。

他已開始憎厭繪畫。他企慕一種更英雄的藝術。他轉入雕塑學校。那個學校是洛朗·特·梅迭西斯所主辦的，設在聖瑪克花園內。（八）那親王很賞識他：他教他住在宮邸中，允許他和他的兒子們同席；童年的彌蓋朗琪羅一下子便處於意大利文藝復興運動底中心，處身於古籍之中，沐浴着柏拉圖研究的風氣。他們的思想，把他感染了，他沈湎於懷古的生活中，心中也存了崇古的信念：他變成一個希臘雕塑家。在『非常鍾愛他』的 Politien 底指導之下，他彫了『Centaures 與 Lapithes 底爭鬬』。（九）

這座驕傲的浮雕，這件完全給力與美統制着的作品，反映出他成熟時期底武士式的心魂與粗獷堅強的手法。

他和 Lorenzo di Credi，Bugiardini，Granacci，Torrigiani del Torrigiani 等到嘉彌納寺中去臨摹瑪撒西屋(Masaccio)底壁畫。他不能容忍他的同伴們底嘲笑。一天，他和虛榮的 Torrigiani 衝突起來。Torrigiani 一拳把他的臉擊破了，後來他以此自豪：『我緊握着拳頭，他講給 Benvenuto Cellini 聽，我那麼厲害地打在他的鼻子上，我感到他的骨頭粉碎了，這樣我給了他一個終生的紀念。』(十)

註：(一)彌蓋朗琪羅歡喜說他的天才是由於他的故鄉底『飄逸的空氣』所賜。

(二)他的名字叫做 Lodovico di Lionardo Buonarroti Simoni——他們一家眞正的姓字是 Simonio。

(三)Francesca di Neri di Miniato del Sera。

(四)父親在一四八五年續娶 Lucrezia Ubaldini，她死於一四九七年。

(五)Lionardo 生於一四七三年，Buonarroto 生於一四七七年，Giovan Simone 生於一四七九年，Segismondo 生於一四八一年，Lionardo 做了教士，因此彌蓋朗琪羅成爲長子了。

（六）據 Condivi 紀載。

（七）實在，一個那樣大的藝術家會對他的學生嫉忌是很難令人置信的。我不信這是彌蓋朗琪羅離開奇朗大育底原因。他到暮年還保存着對於他的第一個老師的尊敬。

（八）這個學校由陶拏丹羅底學生 Beltordo 所主持。

（九）此像現存翡冷翠。『微笑的牧神面具』一作，亦是同時代的，牠引起洛朗·特·梅迭西斯對於彌蓋朗琪羅的友誼。『梯旁的聖母』亦是那時所作的浮雕。

（十）一四九一年事。

然而異教色彩並未抑滅彌蓋朗琪羅底基督教信仰。兩個敵對的世界爭奪彌蓋朗琪羅底靈魂。

一四九〇年，教士薩伏那洛爾，依據了陶米尼派底神祕經典「Apocalypse」開始說教。他三十七歲，彌蓋朗琪羅十五歲。他看到這短小羸弱的說教者充滿着熱烈的火焰，被神底精神燃燒着，在講壇上對教皇作猛烈的攻擊，向全意大利宣揚神底威權。翡冷翠人心動搖。大家在街上亂竄，哭着喊着如瘋子一般。最富的市民如 Ruccellai，Salviati，Albizzi，Strozzi 輩都要求加入教派。

博學之士，哲學家也承認他有理。（一）彌蓋朗琪羅底哥哥，李奧那陶便入了陶米尼派修道。（二）彌蓋朗琪羅也沒有免掉這驚惶底傳染。薩伏那洛爾自稱爲預言者，他說法蘭西王查理八世將是神底代表，這時候，彌蓋朗琪羅不禁害怕起來。

他的一個朋友，詩人兼音樂家嘉爾第哀(Cardiere)有一夜看見洛朗・特・梅迭西斯底黑影（三）在他面前顯現，穿着襤褸的衣衫身體半裸着；死者命他預告他的兒子比哀爾，說他將要被逐出他的國土，永遠不得回轉。嘉爾第哀把這幕幻象告訴了彌蓋朗琪羅，彌氏勸他去告訴親王；但嘉爾第哀畏懼比哀爾，絕對不敢。一個早上，他又來找彌蓋朗琪羅，驚悸萬分地告訴他說，死者又出現了：他甚至穿了特別的衣裝，嘉爾第哀睡在牀上，靜默地注視着，死人底幽靈便來把他批頰，責罰他沒有聽從他。彌蓋朗琪羅大大地埋怨他，逼他立刻步行到梅迭西斯別墅。半路上，嘉爾第哀遇到了比哀爾：他就講給他聽。比哀爾大笑，喊馬弁把他打開。親王底祕書 Bibbiena 和他說：『你是一個瘋子。你想洛朗愛哪一個呢？愛他的兒子呢還是愛你？』嘉爾第哀遭了侮辱與嘲笑，回到翡冷翠，把他倒霉的情形告知彌蓋朗琪羅，並把翡冷翠定要逢到大災難的話說服了彌蓋朗琪羅，兩天之

後，彌蓋朗琪羅逃走了。(四)

這是彌蓋朗琪羅第一次為迷信而大發神經病，他一生，這類事情不知發生了多少次，雖然他自己也覺得可羞，但他竟無法克制。

註：(一)那時的學者 Pic de Mirandole 和 Politien 等都表示屈服於薩伏那洛爾底教義。不久之後，他們都死了（一四九四）。Politien 遺言死後要葬在陶米尼派底聖・瑪克寺中——即薩伏那洛爾底寺院。——Pic de Mirandole 死時特地穿着陶米尼派教士底衣裝。

(二)一四九一年事。

(三)洛朗・特・梅迭西斯死於一四九二年四月八日；他的兒子比哀爾承襲了他的爵位。彌蓋朗琪羅離開了爵邸，回到父親那裏，若干時內沒有事做。以後，比哀爾又教他去任事，委託他選購浮雕與凹雕的細石。於是他雕成巨大的白石像「力士」，最初放在 Strozzi 宮中，一五二九年被法蘭西王法朗梭阿一世購藏於楓丹白露（Fontainebleau），但在十七世紀時便不見了。放在 San Spirito 修院的十字架木雕亦是此時之作，為這件作品，彌蓋朗琪羅用屍身研究解剖學，研究得那麼用功，以至病倒了（一四九四）。

(四)據 Condivi 底記載：彌蓋朗琪羅於一四九四年十月逃亡。一個月之後，比哀爾・特・梅迭西斯因為羣衆反叛也逃跑了；平民政府便在翡冷翠建立，薩伏那洛爾力予贊助，預言翡冷翠將使全世界都變成共和國。但這共和國將承認一個國王，便是耶穌，基督。

他一直逃到佛尼市。

他一逃出翡冷翠，他的騷亂靜了下來。——回到蒲洛涅（Bologne），過了冬天，（一）他把預言者和預言全都忘掉了。世界底美麗從新使他奮激。他讀班德拉葛（Pétrarque），鮑加斯（Boccace）和但丁底作品。

一四九五年春，他從新路過翡冷翠，正當舉行着狂歡節底宗教禮儀，各黨派劇烈地爭執的時候。但他此刻對於周圍的熱情變得那麽淡漠，且爲表示不再相信薩伏那洛爾派底絕對論起見，他雕成著名的「睡着的愛神」像，在當時被認是古代風的作品。在翡冷翠只住了幾個月；他到羅馬去。直到薩伏那洛爾死爲止，他是藝術家中最傾向於異教精神的一個。他雕「醉的酒神」「垂死的 Adonis」和巨大的「愛神像」的那一年，薩伏那洛爾正在焚燬他認爲『虛妄和邪道』的書籍、飾物和藝術品。（二）他的哥哥李渥那陶爲了他信仰預言之故被告發了。一切的危險集中於薩

上編　戰鬪　一九　　二九

伏那洛爾底頭上：彌蓋朗琪羅卻並不回到翡冷翠去營救他。薩伏那洛爾被焚死了：(三)彌蓋朗琪羅一聲也不響。在他的信中，找不出這些事變底任何痕跡。

彌蓋朗琪羅一聲也不響；但他雕成了「耶穌死像」(四)

永生了一般的年青，死了的基督躺在聖母底膝上，似乎睡熟了。他們的線條饒有希臘風的嚴肅。但其中已混雜着一種不可言狀的哀愁情調；這些美麗的軀體已沈浸在淒涼的雰圍中。悲哀已佔據了彌蓋朗琪羅底心魂。

註：(一)在那裏他住在高貴的 Giovanni Francesco Aldovrandi 家裏作客。在和蒲洛涅警察當局發生數次的糾葛中，都得到他的不少幫助。這時候他雕了幾座宗教神像，但全無宗教意味，祇是驕傲的力底表現而已。

(二)彌蓋朗琪羅於一四九六年六月到羅馬。「醉的酒神」，「垂死的 Adonis 」與「愛神像」都是一四九七年底作品。

(三)時在一四九八年五月二十三日。

(四)據彌蓋朗琪羅與 Condivi 的談話，可見他所雕的聖母所以那麼年青，所以和陶拏丹羅・鮑梯卻梨輩底聖母絕然不同，是另有一種騎士式的神祕主義為背景的。

使他變得陰沈的，還不單是當時的憂患和罪惡底境象。一種專暴的力進入他的內心再也不放鬆他了。他爲天才底狂亂所扼制，至死不使他呼一口氣，並無甚麼勝利底幻夢，他卻賭咒要戰勝，爲了他的光榮和爲他家屬底光榮。他的家庭底全部負擔壓在他一個人肩上。他們向他要錢。他沒有錢，但他那麼驕傲，從不肯拒絕他們：他可以把自己賣掉，只是爲要供應家庭向他要求的金錢。他的健康已經受了影響。營養不佳，時時受寒，居處潮溼，工作過度等等開始把他磨蝕。他患着頭痛，一面的脅腹發腫。(一)他的父親責備他的生活方式：他卻不以爲是他自己的過錯。

『我所受的一切痛苦，我是爲的你們受的，彌蓋朗琪羅以後在寫給父親的信中說。(二)

『……我一切的憂慮，我祇因爲愛護你們而有的。』(三)

註：(一)見他父親給他的信——一五〇〇年十二月十九日。

(二)見他給父親的信——一五〇九年春。

(三)見他給父親的信——一五二一年。

一五〇一年春，他回到翡冷翠。

四十年前，翡冷翠大寺維持會曾委託 Agostino di Duccio 雕一個先知者像，那作品動工了沒有多少便中止了。一向沒有人敢上手的這塊巨大的白石這次交託給彌蓋朗琪羅了；(一) 碩大無朋的大衞像(David)，便是緣源於此。

相傳：翡冷翠底行政長官 Pier Soderini（即是決定交託彌氏雕塑的人）去看這座像時，爲表示他的高見計，加以若干批評：他認爲鼻子太厚了。彌蓋朗琪羅拿了剪刀和一些石粉爬上臺架，輕輕地把剪刀動了幾下，手中慢慢地散下若干粉屑；但他一些也沒有改動鼻子，還是照牠老樣。於是他轉身向着長官問道：

『現在請看。』

——現在，Soderini 說，牠使我更歡喜了些。你把牠改得有生氣了。』

『於是，彌蓋朗琪羅走下臺架，暗暗地好笑。』(二)

在這件作品中，我們似乎便可看到幽默的輕蔑。這是在休止期間的一種騷動的力。牠充滿着輕蔑與悲哀。在美術館底陰沈的牆下，牠會感到悶塞。牠需要大自然中的空氣，如彌蓋朗琪羅所說

的一般，牠應當『直接受到陽光。』（三）

一五〇四年正月二十五日，藝術委員會（其中的委員有李毘 Filippino Lippi，鮑梯卻梨 Botticelli，班呂勤 Pérugin 與萊渥那·特·文西等）討論安置這座巨像的地方。依了彌蓋朗琪羅底請求，人們決定把牠立在「諸侯宮邸」底前面。（四）搬運的工程交託大寺底建築家們去辦理。五月十四日傍晚，人們把「大衞像」從臨時廊棚下移出來。晚上市民向巨像投石，要擊破牠，當局不得不加以嚴密的保護。巨像慢慢地移動，繫得挺直，高處又把牠微微弔起，免得在移轉時要抵住泥土。從 Duomo 廣場搬到老宮前面一共費了四天光陰。五月十八日正午，終於到達了指定的場所。夜間防護的工作仍未稍懈。可是雖然那麼周密，某個晚上羣衆底石子終於投中了大衞像。（五）

這便是人家往往認爲值得我們作爲模範的翡冷翠民族。（六）

註（一）一五〇一年八月。——幾個月之前，他和 Francesco Piccolomini 大主教簽訂合同，承應爲西衰納寺塑造裝飾用的雕像。這件工作他始終沒有做他一生常常如此而內疚。

（二）據伐薩利記載。

（三）這個像在他的工作室內時，一個雕塑家想使外面的光線更適宜於這件作品，彌蓋朗琪羅和他說：『不必你辛

上編　戰鬪　一九　三三

苦，最要的是直接受到陽光。』

（四）委員會討論此事的會議錄還保存着。

迄一八七三年爲止，大衛像留在當時彌蓋朗琪羅所指定的地位在諸侯宮邸前面。以後，人們把牠移到翡冷翠美術學士院底一個特別的圓亭中，因爲那時代這像已被風雨侵蝕到令人耽憂的程度。翡冷翠藝術協會同時提議作一個白石的摹本放在諸侯宮邸前底原位上。

（五）這一段記載，完全根據當時的歷史，詳見 Pietro di Marco Parenti 著「翡冷翠史」。

（六）大衛底聖潔的裸體使翡冷翠人大感侷促。一五四五年，人們指責「最後之審判」中的猥褻（因爲其中全是裸體的人物）時，寫信給他道：『倣效翡冷翠人底謙恭罷，把他們身體上可羞的部分用金葉遮掩起來。』

一五〇四年，翡冷翠底諸侯把彌蓋朗琪羅和萊渥那・特・文西放在敵對的立場上。

兩人原不相契。他們都是孤獨的，在這一點上，他們應該互相接近了。但他們覺得離開一般的人羣固然很遠，他們兩人卻離得更遠。兩人中更孤獨的是萊渥那。他那時是五十二歲，長彌蓋朗琪羅二十歲。從三十歲起，他離開了翡冷翠，那裏的狂亂與熱情使他不耐；他的天性是細膩精密的，微微有些膽怯，他的清明寧靜與帶着懷疑色彩的智慧，和翡冷翠人底性格都是不相投契的。這享樂主義者，這絕對自由絕對孤獨的人，對於他的鄉土，宗教，全世界，都極淡漠，他只有在一般思想自由的君主旁邊纔感到舒服。一四九九年，他的保護人 Ludovic le More 下臺了，他不得不離別米蘭。一五〇二年他投效於 César Borgia 幕下；一五〇三年，這位親王在政治上失勢了，他又不得不回到翡冷翠。在此，他的譏諷的微笑正和陰沈狂熱的彌蓋朗琪羅相遇，而他正激怒他。彌蓋朗琪羅，整個地投入他的熱情與信仰之中的人，痛恨他的熱情與信仰底一切敵人，而他尤其痛恨毫無熱情毫無信仰的人。萊渥那愈偉大，彌蓋朗琪羅對他愈懷着敵意；他亦絕不放過表示敵意的機會。

『萊渥那面貌生得非常秀美，舉止溫文爾雅。有一天他和一個朋友在翡冷翠街上閒步；他穿着一件玫瑰紅的外衣，一直垂到膝蓋；修剪得很美觀的鬈曲的長鬚在胸前飄蕩。在Santa Tripità寺旁，幾個中產者在談話，他們辯論着但丁底一段詩。他們招呼萊渥那，請他替他們辨明其中的意義。這時候彌蓋朗琪羅在旁走過。萊渥那說：『彌蓋朗琪羅會解釋你們所說的那段詩。』彌蓋朗琪羅以爲是有意嘲弄他，冷酷地答道：『你自己解釋罷，你這曾做過一座銅馬底模塑(二)不會鑄成銅馬而你居然不覺羞恥地就此中止了的人！』——說完他旋轉身走了。萊渥那站着，臉紅了。彌蓋朗琪羅還以爲未足，滿懷着要中傷他的念頭，喊道：『而那些混帳的米蘭人竟會相信你做得了這

上編　戰鬪　一九　　三五

樣的工作！』(二)

是這樣的兩個人，行政長官 Soderini 竟把他們安置在一件共同的作品上：卽諸侯宮邸中會議廳底裝飾畫。這是文藝復興兩股最偉大的力底奇特的爭鬪。一五〇四年五月，萊渥那開始他的「Anghiari 戰役」底圖稿。(三) 一五〇四年八月，彌蓋朗琪羅受命製作那「Cascina 戰役」(四) 全個翡冷翠爲了他們分成兩派。——但是時間把一切都平等了。兩件作品全都消滅了。(五)

註：(一)這是隱指萊渥那沒有完成的 Francesco Sforza 大公底雕像。

(二)一個同時代人底記錄。

(三)這戰役是翡冷翠人打敗米蘭人的一仗。這個題目是故意使萊渥那難堪的，因爲他在米朗有那麼多的朋友與保護人。

(四)亦名「比士之役。」

(五)彌蓋朗琪羅底圖稿於一五〇五年畫到壁上，到了一五一二年梅迭西斯捲土重來時的暴亂中便毀掉了。這件作品只有從零星的摹本中可以窺見一斑。——至於萊渥那底一幅，萊渥那自己已够把牠毀滅了。他爲求技巧完美起見，試用一種油膏，但不能持久；那幅畫後來因他灰心而丟棄，到一五五〇年時已不存在了。

彌蓋朗琪羅這時代（一五〇一——一五〇五）底作品尚有「聖母」「小耶穌」二座浮雕，現存倫敦王家美術院與翡冷翠 Bargello 博物館；——「勃呂勃之聖母」一五〇六年時被弗拉芒商人購去；——還有現存 Uffizi 博物館的「聖家庭」那幅大水膠畫是彌氏最經意最美之作。他的清教徒式的嚴肅他的英雄的調子，和萊渥那底懶散肉感的藝術極端相反。

一五〇五年三月，彌蓋朗琪羅被教皇于勒二世召赴羅馬。從此便開始了他生涯中的英雄的時代。

兩個都是強項偉大的人，當他們不是凶狠地衝突的時候，教皇與藝術家生來便是相契的。他們的腦海中湧現着巨大的計劃。于勒二世要令人替他造一個陵墓，和古羅馬城相稱的。彌蓋朗琪羅為這個驕傲的思念激動得厲害。他懷抱着一個巴比侖式的計劃，要造成一座山一般的建築，上面放着碩大無朋的四十餘座雕像。教皇興奮非凡，派他到加拉爾地方去，在石廠中斲就一切必需的白石。在山中彌蓋朗琪羅住了八個多月。他完全被一種超人的狂熱籠罩住了。『一天他騎馬在山中閒逛，他看見一座威臨全景的山頭：他突然想把牠整個地雕起來，成為一個巨大無比的石像，使海中遠處的航海家們也能望到……如果他有時間，如果人家答應他，他定會那麼做。』（一）

一五〇五年十二月，他回到羅馬，他所選擇的大塊白石亦已開始運到，安放在聖比哀爾場上，彌蓋朗琪羅所住的 Santa-Caterina 底後面。『石塊堆到那麼高大，羣衆爲之驚愕，教皇爲之狂喜。』彌蓋朗琪羅埋首工作了。教皇不耐煩地常來看他，『和他談話，好似父子那般親熱。』爲更便於往來起見，他令人在梵諦岡宮底走廊與彌蓋朗琪羅底寓所中間造了一頂浮橋，使他可以隨意在祕密中去看他。

但這種優遇並不如何持久。于勒二世底性格和彌蓋朗琪羅底同樣無恆。他一忽兒熱心某個計劃，一忽兒又熱心另一個絕然不同的計劃。另一個計劃於他顯得更能使他的榮名垂久：他要重建聖比哀爾大寺。這是彌蓋朗琪羅底敵人們慫恿他傾向於這新事業的。那些敵人數不在少，而且都是強有力的。他們中間的首領是一個天才與彌蓋朗琪羅相仿而意志更堅強的人物：勃拉芒德(Braniante d'Urbin)，他是教皇底建築家，拉斐爾底朋友。在兩個理智堅強的翁勃里偉人與一個天才獷野的翡冷翠人中間，毫無同情心可言。但他們所以決心要打倒他，(二)無疑是因爲他曾向他們挑戰之故。彌蓋朗琪羅毫無顧忌地指摘勃拉芒德，說他在工程中舞弊。(三)那時勃拉芒德便決意要剪除他。

他使他在教皇那邊失寵。他利用于勒二世底迷信；在他面前說據普通的觀念，生前建造陵墓是大不祥的。他居然使教皇對於彌蓋朗琪羅底計劃冷淡了下來，而乘機獻上他自己的計劃。一五〇六年正月，于勒二世決定重建聖比哀爾大寺。陵墓的事情擱置了，彌蓋朗琪羅不獨被壓倒了，而且爲了他在作品方面所化的錢負了不少債務。(四)他悲苦地怨艾。教皇不再見他了；他爲了工程的事情去求見時，于勒二世教他的馬弁把他逐出梵諦岡宮。

目擊這幕情景的呂克主教，和馬弁說：

——「你難道不認識他麼？」

馬弁向彌蓋朗琪羅說：

——「請原諒我先生，但我奉命而行，不得不如此。」

彌蓋朗琪羅回去上書教皇：

「聖父。今天早上我由你聖下底意旨被逐出宮。我通知你自今日起，如果你有何役使，你可以教人到羅馬以外的任何區處找我。』

他把信寄發了，喊着住在他家裏的一個石商和一個石匠，和他們說：

『去覓一個猶太人，把我家裏的一切全賣給他，以後再到翡冷翠來。』

於是他上馬出發。（五）教皇接到了信，派了五個騎兵去追他，他晚上十一點鐘時在Poggibonsi地方追上了，交給他一道命令：『接到此令，立刻回轉羅馬，否則將有嚴厲處分。』彌蓋朗琪羅回答他可以回來如果教皇履行他的諾言：否則，于勒二世永遠不必希望再看到他。（六）

他把一首十四行詩寄給教皇：（七）

『吾主，如果俗諺是對的，那眞所謂「非不能也，是不欲也。」你相信了那些謊話與讒言，對於眞理底敵人，你卻給他酬報。至於我，我是，我曾是你的忠實的老僕，我的皈依你好比光芒之於太陽；而我所費掉的時間並不使你感動！我愈勞苦，你愈不愛我。我曾希望靠了你的偉大而偉大，曾希望你的公正的度量與威嚴的寶劍將是我唯一的裁判人而非聽從了謊騙的回聲。但上天把德性降到世上之後，老是把牠作弄，彷彿德性只當在一棵枯索的樹上企待果實。』（八）

于勒二世底侮慢，還不止是促成彌蓋朗琪羅底逃亡的唯一的原因。在一封給 Giuliano da San Gallo 的信中，他露出勒拉芒德要暗殺他的消息。（九）

彌蓋朗琪羅走了，勒拉芒德成爲唯一的主宰。他的敵手逃亡底翌日，他舉行聖比哀爾大寺底奠基禮。（十）他的深切的讐恨集中於彌蓋朗琪羅底作品上，他要安排得使彌氏底事業永遠不能恢復。他令羣衆把聖比哀爾場上底工場，堆着建造于勒二世陵墓的石塊底區處，搶劫一空。（十一）

可是，教皇爲了他的雕塑家底反抗大爲震怒，接連着下敕令到翡冷翠底諸侯那裏，因爲彌蓋朗琪羅躲避在翡冷翠。諸侯教彌蓋朗琪羅去，和他說：『你和教皇搗蛋，卽是法蘭西王也不敢那麽做。我們不願爲了你而和他輕啓爭端：因此你當回羅馬去；我們將給你必要的信札，說一切對於你的無理將無異是對於我們的無理。』（十二）

彌蓋朗琪羅固執着。他提出條件。他要于勒二世讓他建造他的陵寢，並且不在羅馬而在翡冷翠工作。當于勒二世出征班羅士 (Pérouse) 與蒲洛涅的時候，（十三）他的敕令愈來愈嚴厲了，彌蓋朗琪羅想起到土耳其那邊的蘇丹曾託法朗梭阿派教士轉請他去造一座班拉地方底橋。（十四）

終於他不得不讓步了。一五〇六年十一月杪，他委屈地往蒲洛涅去，那時于勒二世正攻陷了城，以征服者底資格進入蒲洛涅城。

『一個早上，彌蓋朗琪羅到 San Petronio 寺去參與彌撒禮。教皇底馬弁瞥見他，給認識了，把他引到于勒二世前面，他正在 Seize 宮內用餐。教皇發怒着和他說：『是你應當到羅馬去晉謁我們的；而你竟等我們到蒲洛涅來訪問你！』——彌蓋朗琪羅跪下，高聲請求寬赦，說他的行動並非由於惡意而是因爲被逐之後憤怒之故。教皇坐着，頭微俯着，臉上滿佈着怒氣；一個翡冷翠諸侯府派來爲彌蓋朗琪羅說情的主教上前說道：『務望聖下不要把他的蠢事放在心上；他爲了愚昧而犯罪。所有的畫家除了藝術之外，在一切事情上都是一樣的。』教皇暴怒起來，大聲呼喝道：『你竟和他說卽是我們也不敢和他說的侮辱的話。你纔是愚昧的……滾開，見你的鬼罷！』——他留着不走，教皇底侍役上前一陣拳頭把他攢走了。於是，教皇底怒氣在主教身上發洩完了，令彌蓋朗琪羅近前去，寬赦了他。』（十五）

不幸，爲與于勒二世言和起見，還得依從他任性的脾氣；而這專橫的意志已從新轉變了方向。

此刻他已不復提及陵墓問題，卻要在蒲洛涅建立一個自己的銅像了。彌蓋朗琪羅雖然竭力聲明『他一些也不懂得鑄銅的事，』也是無用他必得學習起來，又是艱苦的工作。他住在一間很壞的屋子裏，他兩個助手 Lapo 與 Lodovico，和一個鑄銅匠 Bernadino 三個人只有一張牀。十五個月在種種煩惱中度過了。Lapo 與 Lodovico 偷盜他，他和他們鬧開了。

『Lapo 這壞蛋，他寫信給他的父親說，告訴大家說是他和 Lodovico 兩人做了全部的作品或至少是他們和我合作的。在我沒有把他們攆出門外之前，他們腦筋中不知道他們並非是主人；直到我把他們逐出時，他們纔明白是爲我雇用的。如畜牲一般，我把他們趕走了。』（十六）

Lapo 與 Lodovico 大爲怨望；他們在翡冷翠散布謠言，攻擊彌蓋朗琪羅，甚至到他父親那裏強索金錢，說是彌蓋朗琪羅偷他們的。

接着是那鑄銅匠顯得是一個無用的傢伙。

『我本信 Bernadino 師父會鑄銅的，即不用火也會鑄，我眞是多麼信任他。』

一五〇七年六月，鑄銅的工作失敗了。銅像只鑄到腰帶部分。一切得重行開始。彌蓋朗琪羅到一五〇八年二月爲止，一直在幹這件作品。他的健康爲之損害了。

『我幾乎沒有用餐的時間，他寫信給他的父親說……我在極不舒服極痛苦的情景中生活；除了夜以繼日地工作之外，我甚麼也不想；我曾經受過那樣的痛苦，現在又受着這樣的磨難，竟使我相信如果再要我作一個像，我的生命將不夠了：這是巨人底工作。』（十七）

這樣的勞作卻獲得了可悲的結果。一五〇八年二月在 San Petronio 寺前建立的于勒二世像，只有四年底壽命。一五一一年十二月，牠被于勒二世底敵人 Bentivogli 黨人毀滅了；殘餘的古銅被 Alphonse d'Este 收買去鑄大礮。

註：（一）據 Condivi 記載。

（二）至少是勃拉芒德有此決心。至於拉斐爾，他和勃拉芒德交情太密了，不得不和他取一致行動，但說拉斐爾個人反對彌蓋朗琪羅卻並無實據。只是彌蓋朗琪羅確言他也加入陰謀『我和教皇于勒所發生的爭執全是勃拉芒德與拉斐爾嫉妒的緣果：他們設法要壓倒我；實在，拉斐爾也是主動的人，因爲他在藝術上所知道的，都是從我這裏學去的。』（一五四二年十月彌氏給一個不可考的人的信。）

（三）Condivi，因爲他對於彌蓋朗琪羅的盲目的友誼，也猜疑着說：『勃拉芒德被逼着去損害彌蓋朗琪羅，第一是因爲嫉妒，第二是因爲他怕彌蓋朗琪羅對他的判斷，他是知道他的過失的人。大家知道，勃拉芒德極愛享樂，揮霍無度。不論他在教皇那邊的薪給是如何高，他總不够化，於是他設法在工程方面舞弊，用劣等的材料築牆，於堅固方面是不够的。這情形，大家可以在他所主持的聖比哀爾建築中鑒別出來……近來好些地方都在重修，因爲已在下沈或將要下沈。』

（四）『當教皇轉變了念頭，而運貨船仍從加拉勒地方把石塊運到時，我不得不自己來付錢。同時我從翡冷翠雇來的斲石匠們也到了羅馬；正當我在教皇支配給我的屋子中安排他們的住處與用具時，我的錢化完了，我處於極大的窘境中……』（一五四二年十月的信——註二已經引用過的）

（五）一五〇六年四月十七日。

（六）這一切敍述都是引用上述的一五四二年十月一信原文。

（七）有人把這首十四行詩認爲是一五一一年作的，但我仍以爲放在這個時期較爲適當。

（八）『枯索的樹』隱喩于勒二世系族底旗號上的圖案。

（九）『這還不是使我動身的唯一的原因；還有別的事情，爲我不願講述的。此刻只須說我想如果我留在羅馬，這城將成爲我的墳墓，而不是教皇底墳墓了。這是我突然離開的主因。』

（十）一五〇六年四月十八日。

（十一）見一五四二年十月信。

（十二）同前。

(十三)一五〇六年八月終。

(十四)Condivi 記載——一五〇四年，彌蓋朗琪羅已有到土耳其去的念頭。一五一九年，他和 Andrinopole 諸侯來往，他要他去替他作畫。

我們知道萊渥那·特·文西也曾有過到土耳其去的意念。

(十五)Condivi 記載。

(十六)一五〇七年二月八日給他父親的信。

(十七)一五〇七年十一月十日給他兄弟的信。

彌蓋朗琪羅回到羅馬。于勒二世命他做另一件同樣意想不到同樣艱難的工程。對於這個全不懂得壁畫技術的畫家，教皇命他去作西施庭教堂底天頂畫。人們可以說他簡直在發不可能的命令，而彌蓋朗琪羅居然會執行。

似乎又是勃拉芒德看見彌蓋朗琪羅回來重行得寵了，故把這件事情作難他，使他的榮名掃地。(一)即在這一五〇八年，彌氏底敵手拉斐爾在梵諦岡宮開始 Stanza 那組壁畫，獲得極大的成功，故彌蓋朗琪羅底使命尤其來得危險，因爲他的敵人已經有了傑作擺在那裏和他挑戰。(二)

他用盡方法辭謝這可怕的差使，他甚至提議請拉斐爾代替他：他說這不是他的藝術，他絕對不會成功的。但教皇儘是固執着，他不得不讓步。

勃拉芒德爲彌蓋朗琪羅在西施庭教堂內造好了一個臺架，並且從翡冷翠召來好幾個有壁畫經驗的畫家來幫他忙。但上面已經說過，彌蓋朗琪羅不能有任何助手。他開始便說勃拉芒德底臺架不能用，另外造了一個。至於從翡冷翠招來的畫家，他看見便頭痛，甚麼理由也不說，把他們送出門外。『一個早上，他把他們所畫的東西盡行毀掉；他自己關在教堂裏，他不願再開門讓他們進來，即在他自己家裏也躲着不令人見。當這場玩笑似乎持續到夠久時，他們沮喪萬分，決意回翡冷翠去了。』（三）

彌蓋朗琪羅只留着幾個工人在身旁；（四）但困難不獨沒有減煞他的膽量，反而使他把計劃擴大了，他決意在原定的天頂之外，更要畫四周的牆壁。

一五〇八年五月十日，巨大的工程開始了。黯澹的歲月，——這整個生涯中最黯淡最崇高的歲月！——這是傳說上的彌蓋朗琪羅，西施庭底英雄，他的偉大的面目應當永遠鏤刻在人類底記憶之中。

他大感痛苦。那時代底信札證明他的狂亂的失望，決非他神明般的思想能夠解救的了：

『我的精神處在極度的苦惱中。一年以來我從教皇那裏沒有拿到一文錢；我甚麼也不向他要求，因為我的工作進行的程度似乎還不配要求酬報。工作遲緩之故，因為技術上發生困難，因為這不是我的內行。因此我的時間是枉費了的。神佑我！』（五）

他纔畫完「洪水」一部，作品已開始發黴：人物底面貌辨認不清。他拒絕繼續下去。但教皇一些也不原諒。他不得不重行工作。

在他一切疲勞與煩惱之外，更加上他的家族底糾纏。全家都靠了他生活，濫用他的錢，拚命的壓搾他。他的父親不停地為了錢的事情煩悶，呻吟。他不得不費了許多時間去鼓勵他，當他自己已是病苦不堪的時候。

『你不要煩躁罷，這並非是人生遭受侮弄的事情……只要我自己還有些少東西，我決不令你短少什麼……即使你在世界上所有的東西全都喪失了，只要我存在，你必不至有何缺乏……

我寧願自己貧窮而你活着，決不願具有全世界底金銀財富而你不在人世。……如你不能和其餘的人一樣在世界上爭得榮譽，你當以有你的麵包自足；不論貧與富，當和基督一起生活，如我在此地所做的那樣因爲我是不幸的，我可既不爲生活發愁亦不爲榮譽——即爲了世界——苦惱；然而我確在極大的痛苦與無窮的猜忌中度日。十五年以來，我不曾有過一天好日子，我竭力支撑你；而你從未識得也從未相信。神寬恕你們衆人！我準備在未來，在我存在的時候，永遠同樣的做人，只要我能够！』(六)

他的三個弟弟都依賴他。他們等他的錢，等他爲他們覓一個地位；他們毫無顧忌地浪費他在翡冷翠所積聚的小資產；他們更到羅馬來依附他；Buonarroto 與 Giovan Simone 要他替他們購買一份商業的資產，Gismondo 要他買翡冷翠附近的田產。而他們絕不感激他：似乎這是他欠他們的債。彌蓋朗琪羅知道他們在剝削他；但他太驕傲了，不願拒絕他們而顯出自己的無能。那些壞蛋還不安分守己呢。他們行動乖張，在彌蓋朗琪羅不在家的時候虐待他們的父親。於是彌蓋朗琪羅暴跳起來。他把他的兄弟們當作頑童一般看待，鞭笞他們。必要時他也許會把他們殺死。

『Giovan Simone（七），

常言道：與善人行善會使其更善，與惡人行善會使其更惡。幾年以來，我努力以好言好語和溫柔的行動使你改過自新，和父親與我們好好地過活，而你卻愈來愈壞了……我或能細細地和你說，但這不過是空言而已。現在不必多費口舌，只要你確切知道你在世界上甚麼也沒有；因爲是我爲了上帝的緣故維持你的生活，因爲我相信你是我的兄弟和其餘的一樣。但我此刻斷定你不是我的兄弟；因爲如果是的，那麼你不會威脅我的父親。你眞可說是一頭畜牲，我將如對待畜牲一般對待你。須知一個人眼見他的父親被威脅或被虐待的時候，應當爲了他而犧牲生命……這些事情做得夠了！……我告訴你，世界上沒有一件東西是你所有的；如果我再聽到關於你的什麼話，我將籍沒你的財產，把不是你所掙來的房屋田地放火燒掉；你不是你自己理想中的人物。如果我到你面前來，我將給你看些東西使你會痛哭流涕，使你明白你靠了什麼纔敢這麼逞威風……如果你願改過，你願尊敬你的父親，我將幫助你如對於別的兄弟一樣，而且不久之後，我可以替你盤下一家商店。但你如不這樣做，我將要清理你，使你明白你的本來面目，使你確確實實知道你在世上所有的東西……完了！言語有何欠缺的地方；我將由事實來補足。

彌蓋朗琪羅於羅馬。

還有兩行。十二年以來，我爲了全意大利過着悲慘的生活，我受着種種痛苦，我忍受種種恥辱，我的疲勞毀壞我的身體，我把生命經歷着無數的危險，只爲要幫扶我的家庭；——現在我纔把我們的家業稍振，而你卻把我多少年來受着多少痛苦建立起來的事業在一小時中毀掉！……像基督一般！這不算什麼！因爲我可以把你那樣的人——不論是幾千幾萬——分裂成塊塊，如果是必要的話。——因此要乖些，不要把對你具有多少熱情的人逼得無路可走！』（八）

以後是輪到 Gismondo 了：

『我在這裏，過的是極度苦悶，極度疲勞的生活。任何朋友也沒有，而且我也不願有……極少時間我能舒舒服服地用餐。不要再和我說煩惱的事情了；因爲我再不能忍受分毫煩惱了。』（九）

末了是第三個兄弟，Buonarroto，在 Strozzi 底商店中服務的，問彌蓋朗琪羅要了大宗款項之後，盡情揮霍而且以「用得比收到的更多來」自豪：

「我極欲知道你的忘恩負義，彌蓋朗琪羅寫信給他道，我要知道你的錢是從何而來的；我要知道：你在 Santa Maria Nuova 銀行裏支用我的二百二十八金幣與我寄回家裏的另外好幾百金幣時，你是否明白在用我的錢，是否知道我歷盡千辛萬苦來支撑你們。我極欲知道你曾否想過這一切！——如果你還有相當的聰明來承認事實，你將決不會說：「我用了我自己的許多錢，」也決不會再到此地來和我糾纏而一些也不回想起我已往對於你們的行爲。你應當說：「彌蓋朗琪羅知道沒有寫信給我們，他是知道的；如果他現在沒有信來，他定是被什麼我們所不知道的事務耽擱着！我們且耐性罷。」當一匹馬在盡力前奔的時候，不該再去蹴牠，要牠跑得不可能地那麼快。然而你們從未認識我，而且現在也不認識我。神寬宥你們！是他賜我恩寵，曾使我能盡力幫助你們。但只有在我不復在世的時候，你們纔會識得我。」(十)

這便是薄情與妬羡的環境，使彌蓋朗琪羅在剝削他的家庭和不息地中傷他的敵人中間掙扎苦鬬。而他，在這個時期內，完成了西施庭底英雄的作品。可是他化了何等可忍的代價！差一些他要放棄一切而從新逃跑。他自信快死了。(十一)他也許願意這樣。

教皇因爲他工作遲緩和固執着不給他看到作品而發怒起來。他們傲慢的性格如兩朵陣雨時的烏雲一般時時衝擊。『一天，Condivi 述說，于勒二世問他何時可以畫完，彌蓋朗琪羅依着他的習慣答道：「當我能够的時候。」教皇怒極了，把他的杖打他口裏反覆地說：「當我能够的時候！當我能够的時候！」

彌蓋朗琪羅跑回家裏準備行裝要離開羅馬了。于勒二世馬上派了一個人去，送給他五〇〇金幣，竭力撫慰他，爲教皇道歉。彌蓋朗琪羅接受了道歉。』

但翌日，他們又重演一番。一天，教皇終於憤怒地和他說：『你難道要我把你從臺架上倒下地來麼？』彌蓋朗琪羅只得退步；他把臺架撤去了，揭出作品，那是一五一二年底諸聖節日。

那盛大而黯淡的禮節，這祭亡魂的儀式，與這件駭人的作品底開幕禮，正是十分適合；因爲作品充滿着生殺一切的神底精靈——這挾着疾風雷雨般的氣勢橫掃天空的神，帶來了一切生命底力。（十二）

註：(一)這至少是 Condivi 底意見。但我們應得注意在彌蓋朗琪羅沒有逃到蒲洛涅之前，要他作西施庭壁畫的問題

已經提起過了，那時節勃拉芒德對於這計劃並未見得歡欣，因爲他正設法要他離開羅馬。（一五〇六年五月 Pietro Rosselli 致彌蓋朗琪羅書）

（二）在一五〇八年四月至九月中間，拉斐爾畫成了所謂「諸侯廳」中的壁畫。其中有「雅典學派，」「聖體爭辯」等諸名作。

（三）見伐薩利記載。

（四）在彌蓋朗琪羅一五一〇年致父親書中，他曾提及他的助手，甚麼也不能做的話，『只要人家去服侍他……當然我不能管這些！我自己已感到幫助的人不够！他使我受苦如一頭畜牲。』

（五）一五〇九年正月二十七日致他的父親書。

（六）致他的父親書（一五〇九——一五一二年間。）

（七）Giovan Simone 對他的父親橫施暴行。彌蓋朗琪羅寫信給他的父親說：

『在你的信中我知道一切和 Simone 底行爲。十年以來，我不曾有過比這更壞的消息。……如果我能够，即在收到信的那天，我將跨上馬，把一切都整頓好了。但我既然不能如此做，我便寫信給他。但如果他不改性，如果他拿掉家裏的一支牙籤，如果他做任何你所厭惡的事情，請你告訴我：我將向教皇請假，我將回來。』（一五〇九年春）

（八）這封信底日期有人說是一五〇九年春，有人說是一五〇八年七月。

注意這時候 Giovan Simone 已是三十歲的人了，彌蓋朗琪羅只長他四歲。

(九)一五〇九年十月十七日致 Gismondo 書。

(十)一五一三年七月三十日致 Buonarroto 書。

(十一)一五一二年八月信。

(十二)關於彌蓋朗琪羅底作品在另書解釋了，此處不贅。

二　力底崩裂

從這件巨人底作品中解放出來，彌蓋朗琪羅變得光榮了，支離破滅了。成年累月地仰着頭畫西施庭底天頂，『他把他的目光弄壞了，以至好久之後讀一封信或看一件東西時他必得把牠們放在頭頂上纔能看清楚。』（一）

他把自己的病態作爲取笑的資料：

『……

我的鬍子向着天，

我的頭顱彎向着肩，

胸部像頭梟。

畫筆上滴下的顏色

在我臉上形成富麗的圖案。
腰縮向腹部底位置，
臀部變做秤星，維持我全身重量底均衡。
我再也看不清楚了，
走路也徒然摸索幾步。
我的皮肉在前身拉長了，
在後背縮短了，
髣髴是一張敍利亞底弓。
……』(二)

我們不當爲這玩笑的口氣蒙蔽。彌蓋朗琪羅爲了變得那樣醜而深感痛苦。像他那樣的人，比任何人都更愛慕肉體美的人，醜是一樁恥辱。(三)在他的一部分戀歌中，我們看出他的愧恧之情。(四)他的悲苦之所以尤其深刻，是因爲他一生被愛情煎熬着而似乎他從未獲得回報。於是他自己反省，在詩歌中發洩他的溫情與痛苦。

自童年起他就作詩，這是他熱烈的需求。他的素描，信札，散頁上面滿塗着他的反覆推敲的思想底痕跡。不幸，在一五一八年時，他把他的青年時代底詩稿焚去大半；有些在他生前便毀掉了。可是他留下的少數詩歌已足喚引起人們對於他的熱情的概念。（五）

最早的詩似乎是於一五〇四年左右在翡冷翠寫的：（六）

『我生活得多麼幸福，愛啊，祇要我能勝利地抵拒你的瘋癲！而今是可憐！我涕淚沾襟，我感到了你的力……』（七）

一五〇四與一五一一年底，或即是寫給同一個女子的兩首情詩，含有多麼悲痛的表白：

『誰強迫我投向着你……噫！噫！噫！……緊緊相連着麼？可是我仍是自由的！……』（八）

『我怎麼會不復屬於我自己呢？喔神！喔神！喔神！……誰把我與我自己分離？……誰能比我更深入我自己？喔神！喔神！喔神！……』（九）

一五〇七年十二月自蒲洛涅發的一封信底背後，寫着下列一首十四行詩，其中肉慾底表白，令人回想起鮑梯卻梨底形象：

『鮮豔的花冠戴在她的金髮之上，牠是何等幸福！誰能够，和鮮花輕撫她的前額一般，第一個親吻她？終日緊束着她的胸部長袍眞是幸運。金絲一般的細髮永不厭倦地掠着她的雙頰與蝤頸。金絲織成的帶子溫柔地壓着她的乳房，牠的幸運更是可貴。腰帶似乎說：「我願永遠束着她……」啊！……那麼我的手臂又將怎樣呢！』（十）

在一首含有自白性質的親密的長詩中（十一）——在此很難完全引述的——彌蓋朗琪羅在特別放縱的辭藻中訴說他的愛情底悲苦：

『一日不見你，我到處不得安寧。見了你時，彷彿是久飢的人逢到食物一般……當你向我微笑，或在街上對我行禮……我像火藥一般燃燒起來……你和我說話，我臉紅，我的聲音也失態，我的欲念突然熄滅了……』（十二）

接着是哀呼痛苦的聲音：

『啊！無窮的痛苦，當想起我多麼愛戀的人絕不愛我時，我的心碎了！怎麼生活呢？……』（十三）

下面幾行，是他寫在梅迭西斯家廟中的聖母像畫稿旁邊的：

『太陽底光芒耀射着世界，而我卻獨自在陰暗中煎熬。人皆歡樂，而我，倒在地下，浸在痛苦中，呻吟，嚎哭。』（十四）

彌蓋朗琪羅底強有力的雕塑與繪畫中間，愛的表現是缺如的；在其中他只訴說他的最英雄的思想。似乎把他心底弱點混入作品中間是一樁羞恥。他祇把牠付託給詩歌。是在這方面應當尋覓藏在獷野的外表之下的溫柔與怯弱的心：

『我愛：我為何生了出來？』（十五）

註：（一）伐薩利記載。

（二）詩集卷九。

這首以詼諧情調寫的詩是一五一〇年七月作的。

（三）Henry Thode 在他的 Michelangelo und das Ende der Renaissance—1902, Berlin 中提出這一點，把彌氏的性格看到很準確。

（四）『……既然吾主把人死後的肉體交給靈魂去受永久的平和或苦難，我祈求他把我的肉體——雖然牠是醜

的，不論在天上地下——留在你的旁邊；因爲一顆愛的心至少和一個美的臉麗有同等價值。』……（詩集卷一百零九第十二首）

『上天似乎正因爲我在美麗的眼中變得這麼醜而發怒。』（詩集卷一百〇九第九十三首）

（五）彌蓋朗琪羅全部詩集底第一次付印是在一六二三年，由他的姪孫在翡冷翠發刊的。這一部版本錯訛極多。一八六三年，Cesare Guasti 在翡冷翠發刊第一部差不多是正確的版本。但唯一完全的科學的版本，當推 Dr. Karl Frey 於一八九七年在柏林刊行的一部。本書所申引依據的，亦以此本爲準。

（六）在同一頁紙上畫有人與馬的交戰圖。

（七）詩集卷二。

（八）詩集卷五。

（九）詩集卷六。

（十）詩集卷七。

（十一）據 Frey 氏意見，此詩是一五三一——三二年之作，但我認爲是早年之作。

（十二）詩集卷三十六。

（十三）詩集卷十三。

另一首著名的情詩，由作曲家 Bartolommeo Tromboncino 於一五一八年前譜成音樂的，亦是同時期之作：『我的寶貝，如果我不能求你的援助，如果我沒有了你，我如何能有生活的勇氣？呻吟着，哭泣着，嘆息着，我可憐的心跟踪着你，夫人，並且向你表顯我不久將要臨到的死，和我所受的苦難。但離別永不能使我忘掉我對你的忠誠，我讓我的心和你在一起：我的心已不復是我的了。』（詩集卷十一。）

（十四）詩集卷二十二。

（十五）詩集卷一百零九第三十五首。

試把這些愛情與痛苦幾乎是同義字的情詩，和肉感的，充滿着青春之氣的拉斐爾底十四行詩（寫在「聖體爭辯」圖稿反面的）作一比較。

西施庭工程告成了，于勒二世死了，（一）彌蓋朗琪羅回到翡冷翠，回到他念念不忘的計劃上去：于勒二世底墳墓。他簽訂了十七年中完工的契約。（二）三年之中，他差不多完全致力於這件工作。（三）在這個相當平靜的時期——悲哀而清明的成熟時期，西施庭時代底狂熱鎮靜了，好似波濤洶湧的大海重歸平復一般，——彌蓋朗琪羅產生了最完美的作品，他的熱情與意志底均衡實現得最完全的作品：摩西像（四）與現藏盧佛宮的奴隸像。（五）

可是這不過是一刹那而已：生命底狂潮幾乎立刻重復掀起；他重新墮入黑夜。

新任教皇雷翁十世，竭力要把彌蓋朗琪羅從宣揚前任教皇的事業上轉換過來，爲他自己的宗族歌頌勝利。這對於他祇是驕傲底問題，無所謂同情與好感；因爲他的伊璧鳩派的精神不會瞭解彌蓋朗琪羅底憂鬱的天才：(六)他全部的恩寵都加諸拉斐爾一人身上。但完成西施庭的人物卻是意大利底光榮，雷翁十世要役使他。

他向彌蓋朗琪羅提議建造翡冷翠底梅迭西斯家廟。彌蓋朗琪羅因爲要和拉斐爾爭勝——拉斐爾利用他離開羅馬的時期把自己造成了藝術上的君王底地位，(七)——不由自主地聽讓這新的鎖鏈繫住自己了。實在，他要擔任這一件工作而不放棄以前的計劃是不可能的，他永遠在這矛盾中掙扎着。他努力令自己相信他可以同時進行于勒二世底陵墓與聖洛朗查教堂——即梅迭西斯家廟。他打算把大部分工作交給一個助手去做，自己只塑幾個主要的像。但由着他的習慣，他慢慢地放棄這計劃，他不肯和別人分享榮譽。更甚於此的是他還擔憂教皇會收回成命呢；他求雷翁十世把他繫住在這新的鎖鏈上。(八)

當然他不能繼續于勒二世底紀念建築了。但最可悲的是連聖洛朗查教堂也不能建立起來。拒絕和任何人合作猶以爲未足，由着他的可怕的脾氣，要一切由他自己動手的願欲，他不留在翡冷翠做他的工作，反而跑到加拉爾地方去監督斲石工作。他遇着種種困難，梅迭西斯族人要用最近被翡冷翠收買的比德拉桑太石廠底出品。因爲彌蓋朗琪羅主張用加拉爾底白石，故他被教皇誣指爲得賄；(九)爲要服從教皇底意志，彌蓋朗琪羅又受加拉爾人底責難，他們和航海工人聯絡起來；以至他找不到一條船肯替他在日納與比士中間運輸白石。(十)他逼得在連亙的山中和荒确難行的平原上造起路來。當地的人又不肯拿出錢來幫助築路費。工人一些也不會工作，這石廠是新的，工人亦是新的。彌蓋朗琪羅呻吟着：

『我在要開掘山道把藝術帶到此地的時候，簡直在幹和令死者復活同樣爲難的工作。』(十一)

然而他掙扎着：

『我所應允的，我將冒着一切患難而實踐；我將做一番全意大利從未做過的事業，如果神助我。』

多少的力，多少的熱情，多少的天才枉費了！一五一八年九月杪，他在薩拉伐柴地方，因爲勞作過度，煩慮太甚而病了。他知道在這苦工生活中健康衰退了，夢想枯竭了。他日夜爲了熱望終有一日可以開始工作而焦慮，又因爲不能實現而悲痛。他受着他所不能令人滿意的工作壓榨。(十二)

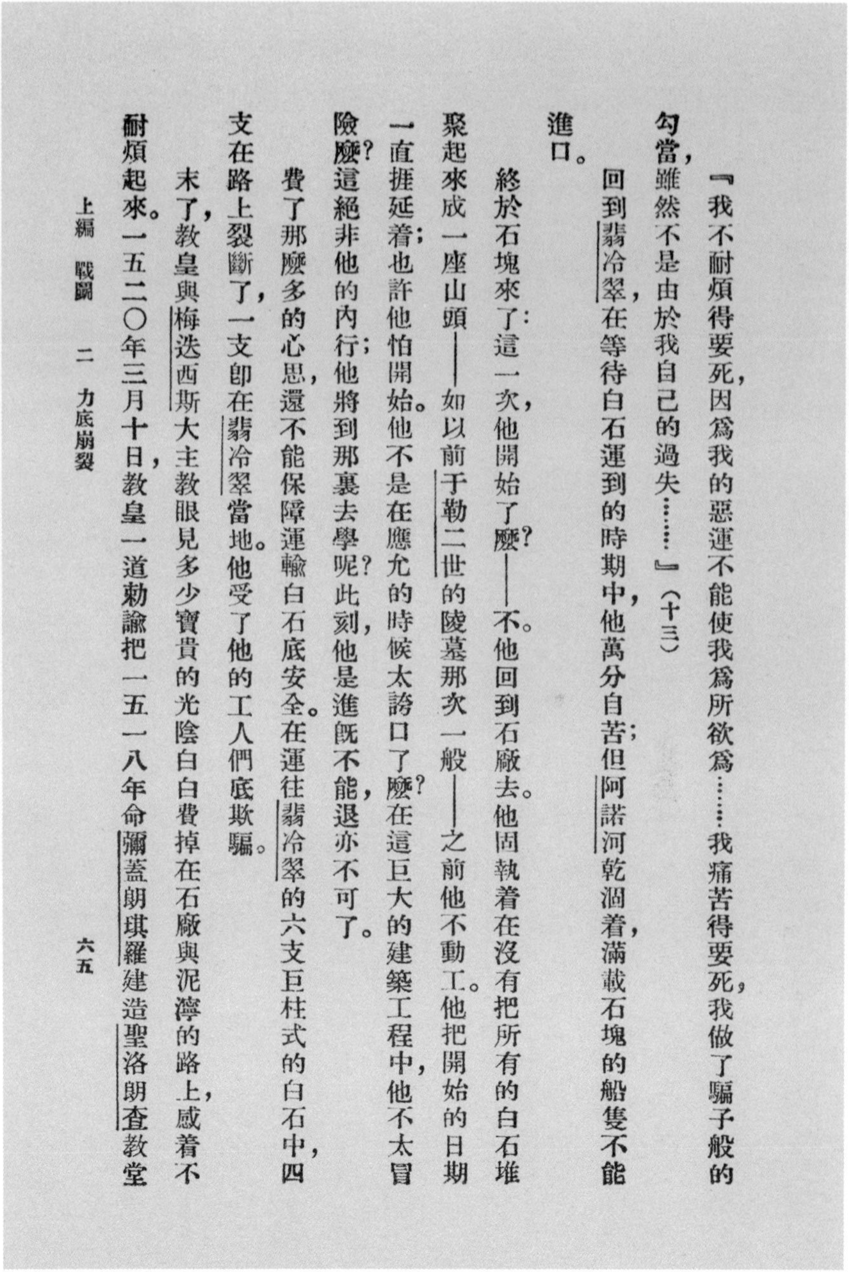
『我不耐煩得要死，因爲我的惡運不能使我爲所欲爲……我痛苦得要死，我做了騙子般的勾當，雖然不是由於我自己的過失……』（十三）

回到翡冷翠，在等待白石運到的時期中，他萬分自苦；但阿諾河乾涸着，滿載石塊的船隻不能進口。

終於石塊來了：這一次，他開始了麼？——不。他回到石廠去。他固執着在沒有把所有的白石堆聚起來成一座山頭——如以前于勒二世的陵墓那次一般——之前他不動工。他把開始的日期一直捱延着；也許他怕開始。他不是在應允的時候太誇口了麼？在這巨大的建築工程中，他不太冒險麼？這絕非他的內行；他將到那裏去學呢？此刻，他是進既不能，退亦不可了。

費了那麼多的心思，還不能保障運輸白石底安全。在運往翡冷翠的六支巨柱式的白石中，四支在路上裂斷了，一支卽在翡冷翠當地。他受了他的工人們底欺騙。

末了，教皇與梅迭西斯大主教眼見多少寶貴的光陰白白費掉在石廠與泥濘的路上，感着不耐煩起來。一五二〇年三月十日，教皇一道勅諭把一五一八年命彌蓋朗琪羅建造聖洛朗查教堂

上編　戰鬥　二　力底崩裂　　六五

底契約取銷了。彌蓋朗琪羅只在派來代替他的許多工人到達比德拉桑太地方的時候纔知道消息。他深深地受了一個慘酷的打擊。

『我不和大主教計算我在此費掉的三年光陰，他說。我不和他計算我爲了這聖洛朗查作品而破產。我不和他計算人家對我的侮辱：一下子委任我做，一下子又不要我做這件工作，我不懂爲什麼緣故！我不和他計算我所損失的開支的一切……而現在，這件事情可以結束如下：教皇雷翁把已經斲好石塊的山頭收回去，我手中是他給我的五〇〇〇金幣，還有是人家還我的自由！』（十四）

但彌蓋朗琪羅所應指摘的不是他的保護人們而是他自己，他很明白這個。最大的痛苦即是爲此。他和自己爭鬭。自一五一五至一五二〇年中間，在他的力量底豐滿時期，洋溢着天才的頂點，他做了些甚麼？——黯然無色的米納佛基督像，——一件沒有彌蓋朗琪羅底成分的彌蓋朗琪羅底作品！——而且他還沒有把牠完成。（十五）

自一五一五至一五二〇年中間，在這偉大的文藝復興底最後幾年中，在一切災禍尚未摧毀意大利底美麗的青春之時，拉斐爾畫了 Loges 室、火室、以及各式各種的傑作，建造 Madame別墅，主持聖比哀爾寺底建築事宜，領導着古物發掘的工作，籌備慶祝節會，建立紀念物，統治藝術界，創辦了一所極發達的學校；而後他在勝利的勳功偉業中逝世了。（十六）

註：（一）于勒二世死於一五一三年二月二十一日，正當西施庭天頂畫落成後三個月半。

（二）契約訂於一五一三年三月六日。——這新計劃較原來的計劃更可驚，共計巨像三十二座。

（三）在這時期內，彌蓋朗琪羅似乎只接受一件工作——米納佛基督像。

（四）摩西像是在預定計劃內樹在于勒二世陵墓第一層上的六座巨像之一。直到一五四五年，彌蓋朗琪羅還在做這件作品。

（五）奴隸像共有二座，彌蓋朗琪羅一五一三年之作，一五四六年時他贈與 Roberto Strozzi，那是一個翡冷翠底共和黨人，那時正逃亡在法國，奴隸像卽由他轉贈給法蘭西王法郎梭阿一世，今存盧佛美術館。

（六）他對於彌蓋朗琪羅並非沒有溫情的表示；但彌蓋朗琪羅使他害怕，他覺得和他一起非常侷促。Sébastien del Piombo 在寫給彌氏的信中說：

『當教皇講起你時，髣髴在講他的一個兄弟；他差不多眼裏滿含着淚水。他和我說你們是一起教養長大的（彌氏幼年在梅迭西斯學校中的事情已見前文敘述，）而他不承認認識你愛你，但你要知道你使一切的人害怕，甚至教皇也如此。』（一五二〇年十月二十七日）

在雷翁十世底宮廷中人們時常把彌蓋朗琪羅作為取笑的資料。他寫給拉斐爾底保護人 Bibbiena 大主教的一封信措辭失當，使他的敵人們引爲大樂。Sébastien 和彌氏說：『在宮中人家只在談論你的信；牠使大家發笑。』（一五二〇年七月三日書）

（七）勃拉芒德死於一五一四年。拉斐爾受命爲重建聖比哀爾寺的總監。

（八）『我要把這個教堂底屋面，造成爲全意大利底建築與雕塑取法的鏡子。教皇與大主教（于勒·特·梅迭西斯，即未來的教皇克萊芒七世）必須從速決定到底要不要我做，是或否。如果他們要我做，那麼應當簽訂一張合同……Messer Domenico，關於他們的主意，請你給我一個切實的答復，這將是我的歡樂中最大的歡樂。』（一五一七年七月致 Domenico Buoninsegni 書）

一五一八年正月十九日，教皇與他簽了約，彌蓋朗琪羅應允在八年中交出作品。

（九）一五一八年二月二日，大主教于勒·特·梅迭西斯致書彌蓋朗琪羅，有云：『我們疑惑你莫非爲了私人的利益袒護加拉爾石廠而不願採用比德拉桑太底白石……我們告訴你，不必任何解釋，聖下的旨意要完全採用比德拉桑太底石塊，任何其他的都不要……如果你不這麼做，將是故意違反聖下與我們底意願，我們將極有理由地對你表示嚴重的憤怒……因此，把這種固執從你頭腦裏驅逐出去罷。』

（十）『我一直跑到日內地方去尋覓船隻……加拉爾人買通了所有的船主人……我不得不往比士去……』（見一五一八年四月二日彌蓋朗琪羅致于爾白諾書）——『我在比士租的船永遠沒有來。我想人家又把我作弄了：這是我一切事情上的命運喔！我離開加拉爾的那一天那一時刻眞該詛咒啊！這是我的失敗底原因……』（一五一八年四月十八日書）

（十一）一五一八年四月十八日書。——幾個月之後：『山坡十分峭險，而工人們都是蠢極的得忍耐着應得要克服高山，教育人民……』（一五一八年九月致斐里加耶書）

（十二）指米納佛基督像與于勒二世底陵墓。

（十三）一五一八年十二月二十一日致阿昂大主教書。——四個僅僅動工的巨像，預備安放在于勒二世墓上的奴隸像似乎是這一期底作品。

（十四）一五二〇年書信。

（十五）彌蓋朗琪羅把完成這座基督像的工作交付給他蠢笨的學生于爾白諾，他把牠弄壞了。（見一五二一年九月六日 Sébastien del Piombo 致彌蓋朗琪羅書）羅馬底雕塑家 Frizzi 胡亂把牠修葺了。

這一切憂患並沒阻止彌蓋朗琪羅在已往把他磨折不堪的工作上不更加上新的工作。一五一九年十月二十日，他爲翡冷翠學院簽具公函致雷翁十世要求把留在拉伐納後但丁遺物運回翡冷翠，他自己提議『爲神聖的詩人建造一個紀念像。』

（十六）一五二〇年四月六日。

他的幻滅的悲苦，枉費時日底絕望，意志底破裂，在他後來的作品中完全反映着：如梅迭西斯底墳墓，與于勒二世紀念物上的新雕像。（一）

自由的彌蓋朗琪羅，終生只在從一個羈絆轉換到另一個羈絆，從一個主人換到另一個主人中，消磨過去。大主教于勒·特·梅迭西斯，不久成爲教皇克萊芒七世，自一五二〇至一五三四年間主宰着他。

人們對於克萊芒七世曾表示嚴厲的態度。當然，和所有的教皇一樣，他要把藝術和藝術家作爲誇揚他的宗族的工具。但彌蓋朗琪羅不應該對他如何怨望。沒有一個教皇曾這樣愛他。沒有一個教皇曾對他的工作保有這麼持久的熱情。(二)沒有一個教皇曾比他更瞭解他的意志底薄弱，和他那樣時時鼓勵他振作，阻止他枉費精力。即在翡冷翠革命與彌蓋朗琪羅反叛之後，克萊芒對他的態度也並沒改變。(三)但要醫治侵蝕這顆偉大的心的煩躁，狂亂，悲觀，與致命般的哀愁，卻並非是他權力範圍以內的事。一個主人慈祥有何用處？他畢竟是主人啊！……

『我服侍教皇，彌蓋朗琪羅說，但這是不得已的。』(四)

少許的榮名和一二件美麗的作品又算得甚麼？這和他所夢想的境界距離得那麼遠！……而衰老來了。在他周圍，一切陰沈下來。文藝復興快要死滅了。羅馬將被野蠻民族來侵略蹂躪。一個悲哀的神底陰影慢慢地壓住了意大利底思想。彌蓋朗琪羅感到悲劇的時間底將臨；他被悲愴的苦痛悶塞着。

把彌蓋朗琪羅從他焦頭爛額的艱難中拯拔出來之後，克萊芒七世決意把他的天才導入另一條路上去，爲他自己所可以就近監督的。他委託他主持梅迭西斯家廟與墳墓底建築。(五)他要他專心服務。他甚至勸他加入教派，(六)致送他一筆教會俸金。彌蓋朗琪羅拒絕了；但克萊芒七世仍是按月致送他薪給，比他所要求的多出三倍，又贈與他一所鄰近聖洛朗的屋子。

一切似乎很順利，教堂底工程也積極進行，忽然彌蓋朗琪羅放棄了他的住所，拒絕克萊芒致送他的月俸。(七)他又灰心了。于勒二世底承繼人對他放棄已經承應的作品這件事不肯原諒；他們恐嚇他要控告他，他們提出他的人格問題。訴訟底念頭把彌蓋朗琪羅嚇倒了；他的良心承認他的敵人們有理，責備他自己爽約：他覺得在尚未償還他所化去的于勒二世的錢之前，他決不能接受克萊芒七世底金錢。

『我不復工作了，我不再生活了，』他寫着。(八)他懇求教皇替他向于勒二世底承繼人們疏通，幫助他償還他們的錢：

『我將賣掉一切，我將盡我一切的力量來償還他們。』

或者，他求教皇允許他完全去幹于勒二世底紀念建築：

『我要解脫這義務的企望比之求生的企望更切。』

一想起如果克萊芒七世崩逝，而他要被他的敵人控告時，他簡直如一個孩子一般，他絕望地哭了：

『如果教皇讓我處在這個地位，我將不復能生存在這世界上……我不知我寫些甚麼，我完全昏迷了……』（九）

克萊芒七世並不把這位藝術家底絕望如何認真，他堅持着不准他中止梅迭西斯家廟底工作。他的朋友們一些也不懂他這種煩慮，勸他不要鬧笑話拒絕俸給。有的認爲他是不假思索的胡鬧，大大地警告他，囑咐他將來不要再如此使性。（十）有的寫信給他：

『人家告訴我，說你拒絕了你的俸給，放棄了你的住處，停止了工作；我覺得這純粹是瘋癲的行爲。我的朋友，你不啻和你自己爲敵……你不要去管于勒二世底陵墓，接受俸給罷；因爲他們是

以好心給你的。』（十一）

彌蓋朗琪羅固執着。——教皇宮底司庫和他戲弄，把他的話作準了：他撤銷了他的俸給。可憐的人，失望了幾個月之後，他不得不重行請求他所拒絕的錢。最初他很膽怯地，含着羞恥：

『我親愛的喬伐尼，既然筆桿較口舌更大膽，我把我近日來屢次要和你說而不敢說的話寫信給你了：我還能獲得月俸麼？……如果我知道我決不能再受到俸給，我也不會改變我的態度：我仍將盡力爲教皇工作；但我將算清我的帳。』（十二）

以後，爲生活所迫，他再寫信：

『仔細考慮一番之後，我看到教皇多麼重視這件聖洛朗查底作品；既然是聖下自己答應給我的月俸，爲的要我加緊工作；那麼我不收受他無異是延宕工作了：因此，我的意見改變了；迄今爲止我不請求這月俸，此刻爲了一言難盡的理由我請求了。……你願不願把從答應我的那天算起把這筆月俸給我？……何時我能拿到？請你告訴我。』（十三）

人家要給他一頓教訓：只裝作不聽見。兩個月之後，他還甚麼都沒拿到。他不得不再三聲請。

他在煩惱中工作；他怨嘆這些煩慮把他的想像力窒塞了：

『……煩惱使我受着極大的影響……人們不能用好幾隻手做一件工作，尤其是雕塑。人家說這是要刺激我；但我說這是壞刺激會令人後退的。我一年多沒有收到月俸，我和窮困掙扎：我在我的憂患中是十分孤獨；而且我的憂患是那麼多，比藝術使我操心得更厲害！我無法獲得一個服侍我的人。』（十四）

克萊芒七世有時爲他的痛苦所感動了。他託人向他致意，表示他深切的同情。他擔保『在他生存的時候將永遠優遇他。』（十五）但梅迭西斯族人們底無可救治的輕佻性又來糾纏着彌蓋朗琪羅，他們非惟不把他的重負減輕一些，反又令他擔任其他的工作：其中有一個無聊的巨柱，頂上放一座鐘樓。（十六）彌蓋朗琪羅爲這件作品又費了若干時間的心思。——此外他時時被他的工人、泥水匠、車夫們麻煩，因爲他們受着一般八小時工作制的先驅的宣傳家底誘惑。（十七）

同時，他日常生活底煩惱有增無減。他的父親年紀愈大，脾氣愈壞；一天，他從翡冷翠底家中逃走了，說是他的兒子把他趕走的。彌蓋朗琪羅寫了一封美麗動人的信給他：（十八）

『至愛的父親，昨天回家沒有看見你，我非常驚異；現在我知道你在怨我說我把你逐出的，我更驚異了。從我生下來到今日，我敢說從沒有做任何足以使你不快的事——無論大小——的用意；我所受的一切痛苦，我是爲愛你而受的……我一向保護你……沒有幾天之前，我還和你說，只要我活着，我將竭我全力爲你效命；我此刻再和你說一次，再答應你一次。你這麼快的忘掉了這一切，眞使我驚駭。三十年來，你知道我永遠對你很好，盡我所能，在思想上在行動上。你怎麼能到處去說我趕走你呢？你不知道這是爲我出了怎樣的名聲嗎？此刻，我煩惱得儘够了，再也用不到增添；而這一切煩惱我是爲你而受的！你報答我眞好！……可是萬物都聽天由命罷：我願使我自己確信我從未使你蒙受恥辱與損害；而我現在求你寬恕，就好似我眞的做了對你不起的事一般。原宥我罷，好似原宥一個素來過着放浪生活作盡世上所有的惡事的兒子一樣。我再求你一次，求你寬恕我這悲慘的人兒只不要給我這逐出你的名聲；因爲我的名譽對於我的重要是你所意想不到的：無論如何，我終是你的兒子！』

如此的熱愛，如此的卑順，只能使這老人底易怒性平息一忽。若干時以後，他說他的兒子偸了

他的錢。彌蓋朗琪羅被逼到極端了，寫信給他：(十九)

『我不復明白你要我怎樣。如果我活着使你討厭，你已找到了擺脫我的好方法，你不久可以拿到你認爲我掌握着的財寶的鑰匙。而這個你將做得很對；因爲在翡冷翠大家知道你是一個巨富，我永遠在偷你的錢，我應當被罰：你將大大地被人稱頌！……你要說我什麽就儘你說儘你喊罷，但不要再寫信給我；因爲你使我不能再工作下去。你逼得我向你索還二十五年來我所給你的一切。我不願如此說；但我終於被逼得不得不說！……仔細留神……一個人只死一次的，他再不能回來補救他所作的錯事。你是要等到死底前日纔肯懺悔。神佑你！』

這是他在家族方面所得的援助。

『忍耐啊！他在給一個朋友的信中歎息着說，只求神不要把並不使他不快的事情使我不快』(二十)

在這些悲哀苦難中，工作不進步。當一五二七年全意大利發生大政變的時候，梅迭西斯家廟中的塑像一個也沒有造好。(二十一)這樣，這個一五二〇——一五二七年間的新時代只在他前一時代底幻滅與疲勞上加上了新的幻滅與疲勞，對於彌蓋朗琪羅十年以來沒有完成一件作品實現一樁計劃的歡樂。

註：(一)指「勝利像。」

(二)一五二六年，彌蓋朗琪羅必得每星期寫信給他。

(三)Sébastien del Piombo 在致彌蓋朗琪羅的信中寫道：『他崇拜你所做的一切；他把他所有的愛來愛你的作品。他講起你時那麼慈祥愷惻，一個父親也不會對他的兒子有如此的好感。』(一五三一年四月二十九日)——『如果你願到羅馬來，你要做什麼便可做什麼，大公或王……你在這教皇治下有你的名分，你可以作主人，你可以隨心所欲。』(一五三一年十二月五日)

(四)見彌蓋朗琪羅致姪兒 Lionardo 書。(一五四八年)

(五)工程在一五二一年三月便開始了，但到了勒•特•梅迭西斯大主教登極爲教皇時起纔積極進行。這是一五二三年十一月十九日的事，從此是教皇克萊芒七世了(Clément VII)。

最初的計劃包含四座墳墓：Laurant le Magnifique 底，他的兄弟于里安底，他的兒子底和他的孫子底。一五二四年，克萊芒七世又決定加入雷翁十世底棺槨和他自己底。

同時，彌氏被任主持聖洛朗圖書館底建築事宜。

(六)這裏是指法朗梭阿教派。(見一五二四年正月二日 Fatucci 以教皇名義給彌蓋朗琪羅書)

(七)一五二四年三月。

(八)一五二五年四月十九日，彌蓋朗琪羅致教皇管事 Giovanni Spina 書。

(九)一五二五年十月二十四日，彌氏致 Fatucci 書。

(十)一五二四年三月二十二日 Fattucci 致彌氏書。

(十一)一五二四年三月二十四日 Lionardo Sellajo 致彌氏書。

(十二)一五二四年彌氏致教皇管事 Giovanni Spina 書。

(十三)一五二五年八月二十九日彌氏致前人書。

(十四)一五二五年十月二十四日彌氏致 Fattucci 書。

(十五)一五二五年十二月二十三日 Pier Paolo Marzi 以克萊芒七世名義致彌氏書。

(十六)一五二五年十月至十二月間書信。

(十七)一五二六年六月十七日彌氏致 Fattucci 書。

(十八)此信有人認爲是一五二一年左右的，有人認爲是一五一六年左右的。

(十九)一五二三年六月書信。

(二十)一五二六年六月十七日彌氏致 Fattucci 書。

(二十一)同一封信內，說一座像已開始了，還有其他棺龕旁邊的四座象徵的人像與聖母像亦已動工。

三 絕望

對於一切事物和對於他自己的憎厭，把他捲入一五二七年在翡冷翠爆發的革命漩渦中。

彌蓋朗琪羅在政治方面的思想素來亦是同樣的猶疑不決，他的一生，他的藝術老是受這種精神狀態底磨難。他永遠不能使他個人的情操和他所受的梅迭西斯底恩德相妥協。而且這個強項的天才在行動上一向是膽怯的；他不敢冒險和人世底權威者在政治的與宗教的立場上鬭爭。他的書信即顯出他老是爲了自己與爲了家族在擔憂，怕會干犯甚麼，萬一他對於任何專制的行爲說出了甚麼冒昧的批評，(一)他立刻加以否認。他時時刻刻寫信給他的家族，囑咐他們留神，一遇警變馬上要逃：

『要像疫癘盛行的時代那樣，在最先逃的一羣中逃……生命較財產更值價……安分守己，不要樹立敵人，除了上帝以外不要相信任何人，並且對於無論何人不要說好也不要說壞，因爲事

情底結局是不可知的；只顧經營你的事業……甚麼事也不要參加。』(二)

他的弟兄和朋友都嘲笑他的不安，把他當作瘋子看待。(三)

『你不要嘲笑我，彌蓋朗琪羅悲哀地答道，一個人不應該嘲笑任何人。』(四)

實在，他永遠的心驚膽戰並無可笑之處。我們應該可憐他的病態的神經，牠們老是使他成爲恐怖底玩具；他雖然一直在和恐怖戰鬬，但他從不能征服牠。危險臨到時，他的第一個動作是逃避，但經過一番磨難之後，他反而更要強制他的肉體與精神去忍受危險。況他比別人更有理由可以恐懼，因爲他更聰明，而他的悲觀成分亦只使他對於意大利底厄運預料得更明白。——但要他那種天性怯弱的人去參與翡冷翠底革命運動，眞需要一種絕望底激動，揭穿他的靈魂底底蘊的狂亂纔會可能呢。

這顆靈魂雖然那麼富於反省，深自藏納，卻是充滿着熱烈的共和思想。這種境地他在熱情激動或信託友人的時候會在激烈的言辭中流露出來，——特別是他以後和朋友Luigi del Riccio，Antonio Petreo和 Donato Giannotti 諸人的談話，爲 Giannotti 在他的『關於但丁神曲的對語』中所引述的（五）朋友們覺得奇怪，爲何但丁把 Brutus 與 Cassius 放在地獄中最後的一層，而把 César 倒放在他們之上（意卽受罪更重。）當友人問起彌蓋朗琪羅時，他替刺殺暴君的武士辯護道：（六）

『如果你們仔細去讀首段的詩篇，你們將看到但丁十分明白暴君底性質，他也知道暴君所犯的罪惡是神人共殛的罪惡。他把暴君們歸入「凌虐同胞」的一類，罰入第七層地獄，沈入鼎沸的腥血之中。……既然但丁承認這點，那麽說他不承認 César 是他母國底暴君而 Brutus 與 Cassius 是正當地誅戮自是不可能了；因爲殺掉一個暴君不是殺了一個人而是殺了一頭人面的野獸。一切暴君喪失了人所共有的同類之愛，他們已喪失了人性：故他們已非人類而是獸類了。他們的沒有同類之愛是昭然若揭的：否則，他們決不至掠人所有以爲己有，決不至蹂躪人民而爲暴君。……因此，誅戮一暴君的人不是亂臣賊子亦是明顯的事，既然他並不殺人，乃是殺了一頭野獸。由是，殺掉 César 的 Brutus 與 Cassius 並不犯罪。第一，因爲他們殺掉一個爲一切羅馬人所欲依照法律而殺掉的人。第二，因爲他們並不殺了一個人而是殺了一頭野獸。』（七）

因此，羅馬被西班牙王 Charles-Quint 攻陷（八）與梅迭西斯宗室被逐（九）的消息傳到翡冷翠，激醒了當地人民底國家意識與共和觀念以至揭竿起義的時候，彌蓋朗琪羅便是翡冷翠革命黨底前鋒之一。卽是那個平時教他的家族避免政治爲避免疫癘一般的人，興奮狂熱到甚麼也不怕的程度。他便留在那革命與疫癘底中心區翡冷翠。他的兄弟 Buonarroto 染疫而亡，死在他的臂抱中。（十）一五二八年十月，他參加守城會議。一五二九年正月十日，他被任爲防守工程的督造者。四月六日，他被任（任期一年）爲翡冷翠衞戍總督。六月，他到比士，亞萊查，列何納等處視察城堡。七八兩月中，他被派到法拉爾地方去考察那著名的防禦，並和防禦工程專家，當地的大公討論一切。

彌蓋朗琪羅認爲翡冷翠防禦工程中最重要的是 San Miniato 山崗；他決定在上面建築礮壘。但——不知何故——他和翡冷翠長官 Capponi 發生衝突，以至後者要使彌蓋朗琪羅離開翡冷翠。（十一）彌蓋朗琪羅疑惑 Capponi 與梅迭西斯黨人有意要把他擯走使他不能守城，他便住在 San Miniato 不動彈了。可是他的病態的猜疑更煽動了這被圍之城中底流言，而這一次的流言卻並非是沒有根據的。站在嫌疑地位的 Capponi 被撤職了，由 Francesco Carducci 繼任長官同時又任命不穩的 Malatesta Baglioni 爲翡冷翠守軍統領（以後把翡冷翠城向教皇乞降的便是他）。彌蓋朗琪羅預感到災禍將臨；把他的惶慮告訴了執政官，『而長官 Carducci 非但不感謝他反而辱駡了他一頓責備他永遠猜疑膽怯。』（十二）Malatesta 呈請把彌蓋朗琪羅解職：具有這種性格的他，爲要擺脫一個危險的敵人起見是甚麼都不顧慮的；而且他那時是翡冷翠的大元帥，在當地自是聲勢赫赫的了。彌蓋朗琪羅以爲自己處在危險中了；他寫道：

『可是我早已準備毫不畏懼地等待戰爭底結局。但九月二十一日星期二清晨，一個人到我礮壘裏來附着耳朵告訴我，說我如果要逃生，那麼我不能再留在翡冷翠。他和我一同到了我的家裏，和我一起用餐，他替我張羅馬匹，直到目送我出了翡冷翠城他纔離開我。』（十三）

Varchi 更補充這一段故事說：『彌蓋朗琪羅在三件襯衣中縫了一二、〇〇〇金幣在內，而他逃出翡冷翠時並非沒有困難，他和 Rinaldo Corsini 和他的學生 Antonio Mini 從防衞最鬆的正義門中逃出。』

數日後，彌蓋朗琪羅說：

『究竟是神在指使我抑是魔鬼在作弄我，我不明白。』

他慣有的恐怖畢竟是虛妄的。可是他在路過 Castelnuovo 時，對前長官 Capponi 說了一番驚心動魄的話，把他的遭遇和預測敍述得那麼駭人，以至這老人竟於數日之後驚悸致死。(十四)可見他那時正處在如何可怕的境界。

九月二十三日，彌蓋朗琪羅到法拉爾地方。在狂亂中，他拒絕了當地大公底邀請，不願住到他的宮堡中去，他繼續逃。九月二十五日，他到佛尼市。當地底諸侯得悉之下，立刻派了兩個使者去見他，招待他；但又是慚愧又是獷野，他拒絕了，遠避在 Giudecca。他還自以為躲避得不夠遠。他要逃亡到法國去。他到佛尼市底當天，就寫了一封急切的信給代法王法朗梭阿一世在意大利代辦藝術品的朋友 Battista della Palla：

『Battista，至親愛的朋友，我離開了翡冷翠要到法國去；到了佛尼市，我詢問路徑：人家說必得要經過德國底境界，這於我是危險而艱難的路。你還有意到法國去麼？……請你告訴我，請你告許我你要我在何處等你，我們可以同走……我請求你，收到此信後給我一個答覆，愈快愈好；因爲我去法之念甚急，萬一你已無意去，那末也請告知，以便我以任何代價單獨前往……』（十五）

駐佛尼市法國大使急急寫信給法朗梭阿一世和蒙莫朗西元帥，促他們乘機把彌蓋朗琪羅邀到法國宮庭中去留住他。法王立刻向彌蓋朗琪羅致意，願致送他一筆年俸一座房屋。但信札往還自然要費去若干時日，當法朗梭阿一世底覆信到時，彌蓋朗琪羅已經回到翡冷翠去了。

瘋狂底熱度退盡了，在 Guidecca 靜寂的居留中，他儘有閒暇爲他的恐怖暗自慚愧。他的逃亡，在翡冷翠喧傳一時。九月三十日，翡冷翠執政官下令一切逃亡的人如於十月七日前不回來，將處以叛逆罪。在固定的那天，一切逃亡者果被宣布爲叛逆，財產亦概行籍沒。然而彌蓋朗琪羅底名字還沒，有列入那張表；執政官給他一個最後的期限，駐法拉爾底翡冷翠大使 Galeotto Giugni 通知翡冷翠共和邦，說彌蓋朗琪羅得悉命令的時候太晚了，如果人家能夠寬赦他，他準備回來。執政官答應原宥彌蓋朗琪羅；他又託斲石匠 Bastiano di Francesco 把一張居留許可證帶到佛尼市交給彌蓋朗琪羅，同時轉交給他十封朋友的信，都是要求他回去的。（十六）在這些信中，寬洪的 Battista della Palla 尤其表示出愛國的熱忱：

『你一切的朋友，不分派別地，毫無猶豫地，異口同聲地渴望你回來，爲保留你的生命，你的母國，你的朋友，你的財產與你的榮譽，爲享受這一個你曾熱烈地希望的新時代。』

他相信翡冷翠重新臨到了黃金時代，他滿以爲光明的前途得勝了。——實際上，這可憐人在梅迭西斯宗族重新上臺之後卻是反動勢力底第一批犧牲者中的一個。

他的一番說話把彌蓋朗琪羅底意念決定了。幸他回來了，——很慢地；因爲到 Lucques 地方去迎接他的 Battista della Palla 等了他好久，以至開始絕望了。（十七）十一月二十日，彌蓋朗琪羅終於回到了翡冷翠。（十八）二十三日，他的判罪狀由執政官撤銷了；但予以三年不得出席大會議的處分。（十九）

從此，彌蓋朗琪羅勇敢地盡他的職守，直至終局。他從新去就 San Miniato 底原職，在那裏敵人們已轟炸了一個月了；他把山崗重行築固，發明新的武器，把棉花與被褥覆蔽着鐘樓，這樣，那著名的建築物纔得免於難。（二十）人們所得到的他在圍城中的最後的活動，是一五三〇年二月二十二日底消息，說他爬在大寺底圓頂上窺測敵人底行動和視察穹窿底情狀。

可是預料的災禍畢竟臨到了。一五三〇年八月二日，Malatesta Baglioni 反叛了。十二日，翡冷翠投降了，城市交給了教皇底使者 Baccio Valori。於是殺戮開始了。最初幾天，甚麼也阻不了戰勝者底報復行爲；彌蓋朗琪羅底最好的友人們——Battista della Palla——最先被殺。據說，彌蓋朗琪羅藏在 San Niccolo-oltr'-Arno 鐘樓裏。他確有恐懼底理由：謠言說他曾欲毀掉梅迭西斯宮邸。但克萊芒七世一些沒有喪失對於他的感情。據 Sébastien del Piombo 說，教皇知道了彌蓋朗琪羅在圍城時的情形後，表示非常不快；但他祇聳聳肩說：『彌蓋朗琪羅不該如此；我從沒傷害過他。』（二十一）當最初的怒氣消降的時候，克萊芒立刻寫信到翡冷翠，他命人尋訪彌蓋朗琪羅，並言如他仍願繼續爲梅迭西斯墓工作，他將受到他應受的待遇。（二十二）

彌蓋朗琪羅從隱避中出來，重新爲他所抗拒的人們底光榮而工作。可憐的人所做的事情還不止此呢：他爲 Baccio Valori 那個爲教皇做壞事的工具，和殺掉彌氏底好友 Battista della Palla 那兒手雕塑『抽箭的阿波羅像』（二十三）不久，他更進一步，竟至否認那些流戍者曾經是他的朋友。(二十四)一個偉大的人物底可哀的弱點逼得他卑怯地在物質的暴力前面低首，爲的要使他的藝術夢得以保全。他的所以把他的暮年整個地獻在爲使徒比哀爾建造一座超人的紀念物上面實非無故：因他和比哀爾一樣，曾多少次聽到雞鳴而痛哭。

被逼着說謊，不得不去諂媚一個 Valori 頌讚洛朗查和于爾朋大公，他的痛苦與羞愧同時迸發。他全身投入工作中，他把一切虛無底狂亂發洩在工作中。(二十五)他全非在雕塑梅迭西斯宗室像，而是在雕塑他的絕望底像。當人家和他提及他的洛朗與于里安底肖像並不肖似時，他美妙地答道：『千年後誰還能看出肖似不肖似？』一個，他雕作「行動」；另一個，雕作「思想」；臺座上的許多像彷彿是兩座主像底註釋，——「日」與「夜」，「晨」與「暮」——說出一切生之苦惱與憎厭。這些人類痛苦底不朽的象徵在一五三一年完成了。(二十六)無上的譏諷啊！可沒有一個人懂得。Giovanni Strozzi，看到這可驚的「夜」時，寫了下列一首詩：

『夜，爲你所看到嫵媚地睡着的夜，卻是由一個天使在這塊岩石中雕成的；她睡着，故她生存着。如你不信，使她醒來罷，她將與你說話。』

彌蓋朗琪羅答道：

『睡眠是甜蜜的。成爲頑石更是幸福，只要世上還有罪惡與恥辱的時候。不見不聞，無知無覺，於我是最大的歡樂：因此，不要驚醒我，啊！講得輕些罷！』（二十七）

在另一首詩中他又說：『人們只能在天上睡眠，既然多少人底幸福只有一個人能體會到！』而屈服的翡冷翠來呼應他的呻吟了：（二十八）

『在你聖潔的思想中不要惶惑。相信把我從你那裏剝奪了的人不會長久享受他的罪惡的，因爲他中心惴惴，不能無懼。些須的歡樂，對於愛人們是一種豐滿的享樂，會把他們的欲念熄滅，不若苦難會因了希望而使欲願增長。』（二十九）

在此，我們應得想一想當羅馬被掠與翡冷翠陷落時的心靈狀態：理智底破產與崩潰。許多人底精神從此便墮入哀苦的深淵中，一蹶不振。

Sébastien del I iombo 變成一個享樂的懷疑主義者：

『我到了這個地步：宇宙可以崩裂，我可以不注意，我笑一切……我覺得已非羅馬被掠前的

我，我不復能回復我的本來了。』（三十）

彌蓋朗琪羅想自殺：

『如果可以自殺，那麼，對於一個滿懷信仰而過着奴隸般的悲慘生活的人，最應該給他這種權利了。』（三十一）

他的精神正在動亂。一五三一年六月他病了。克萊芒七世竭力撫慰他，可是徒然。他令他的祕書和 Sébastien del Piombo 轉勸他不要勞作過度，勉力節制，不時出去散步，不要把自己壓制得如罪人一般。（三十二）一五三一年秋，人們擔憂他的生命危險。他的一個友人寫信給 Valori 道：『彌蓋朗琪羅衰弱瘦瘠了。我最近和 Bugiardini 與 Antonio Mini 談過，我們一致認爲如果人家不認眞看護他，他將活不了多久。他工作太過，喫得太少太壞，睡的更少。一年以來，他老是爲頭痛與心病侵蝕着。』（三十三）——克萊芒七世認眞地不安起來：一五三一年十一月二十一日，他下令禁止彌蓋朗琪羅在于勒二世陵墓與梅迭西斯墓之外更做其他的工作，否則將驅逐出教，他以爲如此方能調養他的身體，『使他活得更長久，以發揚羅馬，他的宗族與他自己的光榮。』

他保護他，不使他受 Valori 和一般乞求藝術品的富丐們底糾纏，因爲他們老是要求彌蓋朗琪羅替他們做新的工作。他和他說：『人家向你要求一張畫時，你應當把你的筆繫在脚下，在地上劃四條痕跡，說：「畫完成了。」』(三十四)當于勒二世底承繼人對於彌蓋朗琪羅實施恫嚇時，他又出面調解。(三十五)一五三二年，彌蓋朗琪羅和他們簽了第四張關於于勒陵墓的契約：彌蓋朗琪羅承應從新作一個極小的陵墓，(三十六)於三年中完成，費用全歸他個人負擔，還須付出二、〇〇〇金幣以償還他以前收受于勒二世及其後人底錢。Sébastien del Piombo 寫信給彌蓋朗琪羅說：『只要在作品中令人聞到你的一些氣息就够。』(三十七)——悲哀的條件，既然他所簽的約是證實他的大計劃底破產，而他還須出這一筆錢！可是年復一年，彌蓋朗琪羅在他每件絕望的作品中所證實的，確是他的生命底破產，整個「人生」底破產。

在于勒二世底陵墓計劃破產之後，梅迭西斯墓底計劃亦接着解體了，一五三四年九月二十五日，克萊芒七世駕崩。那時，彌蓋朗琪羅由於極大的幸運，竟不在翡冷翠城內。長久以來，他在翡冷翠度着惶慮不安的生活；因爲亞歷山大·特·梅迭西斯大公恨他，不是因爲他對於教皇的尊敬，

（三十八）他早已遣人殺害他了。自從彌蓋朗琪羅拒絕爲翡冷翠建造一座威臨全城的要塞之後，大公對他的怨恨更深了：——可是對於彌蓋朗琪羅這麼膽怯的人，這舉動確是一樁勇敢的舉動，表示他對於母國底偉大的熱愛；因爲建造一座威臨全城的要塞這件事，是證實翡冷翠對於梅迭西斯底屈服啊！——自那時起，彌蓋朗琪羅已準備聽受大公方面底任何處置，而在克萊芒七世薨後他的生命，亦衹是靠偶然的福，那時他竟住在翡冷翠城外。（三十九）從此他不復再回到翡冷翠去了。他永遠和牠訣別了。——梅迭西斯底家廟算是完了，牠永沒完成。我們今日所謂的梅迭西斯墓，和彌蓋朗琪羅所幻想的，衹有若干細微的關係而已。牠僅僅遺下壁上裝飾底輪廓。不獨彌蓋朗琪羅沒有完成預算中的雕像（四十）和繪畫（四十一）底半數，且當他的學生們以後要重行覓得他的思想底痕跡而加以補充的時候，他連自己也不能說出牠們當初的情況了：（四十二）是這樣地放棄了他一切的計劃，他一切都遺忘了。

註（一）一五一二年九月書信中說及他批評梅迭西斯底聯盟者，帝國軍隊劫掠伯拉多事件。

（二）一五一二年九月彌氏致弟 Buo.iarroto 書。

(三)一五一五年九月彌氏致弟 Buonarroto 書：『我並非是一個瘋子，像你們所相信的那般，……』

(四)一五一二年九月十月彌氏致弟 Buonarroto 書。

(五)一五四五年間事。

彌蓋朗琪羅底 Brutus 胸像便是爲 Donato Giannotti 作的。一五三六年，在那部「但丁神曲對語」前數年，亞歷山大・特・梅迭西斯被洛朗齊諾刺死，洛朗齊諾被人當作 Brutus 般的加以稱頌。

(六)朋友們所討論的主題是要知道但丁在地獄中過多少日子：是從星期五晚到星期六晚呢？抑是星期四晚至星期日早晨？他們去請教彌蓋朗琪羅，他比任何人更瞭解但丁底作品。

(七)彌蓋朗琪羅並辯明暴君與世襲君王或與立憲諸侯之不同：『在此我不是指那些握有數百年權威的諸侯或是爲民衆底意志所擁戴的君王而言，他們的統治城邑，與民衆底精神完全和洽……』

(八)一五二七年五月六日。

(九)一五二七年五月十八日梅迭西斯宗室中的伊巴里德與亞歷山大被逐。

(十)一五二八年七月二日。

(十一)據彌蓋朗琪羅底祕密的訴白，那人是 Busini。

(十二)Condivi 又言：『實在他應該接受這好意的忠告，因爲當梅迭西斯重入翡冷翠時，他被處死了。』

(十三)一五二九年九月二十五日彌氏致 Battista della Palla 書。

(十四)據 Segni 記載。

(十五)一五二九年九月二十五日致 Battista della Palla 書。

(十六)一五二九年十月二十二日。

(十七)他又致書彌蓋朗琪羅，敦促他回去。

(十八)數日前，他的俸給被執政官下令取銷了。

(十九)據彌氏致 Sébastien del Piombo 書中言，他亦判處繳納一、五〇〇金幣底罰金充公。

(二十)彌氏在致 François de Hollande 書中述道：『當教皇克萊芒與西班牙軍隊連合圍攻翡冷翠時，這般敵軍被我安置在鐘樓上的機器擋住了長久。一夜，我在牆底外部覆蓋了羊毛袋；又一夜，我令人掘就陷坑，安埋火藥，以炸死嘉斯蒂人；我把他們的斷腿殘臂一直轟到半空。……瞧啊！這是繪畫底用途！牠用作戰爭底器械與工具；牠用來使轟炸與手銃得有適當的形式；牠用來建造橋梁製作雲梯；牠尤其用來構成要塞砲壘壕溝陷坑與對坑底配置圖……』

（見 François de Hollande 著：「論羅馬城中的繪畫」第三編，一五四九年。）

(二十一)一五三一年四月二十九日 Sébastien del Piombo 致彌氏書。

(二十二)Condivi 記載——一五三〇年十二月十一日起，教皇把彌蓋朗琪羅底月俸恢復了。

(二十三)一五三〇年秋。——此像現存翡冷翠國家美術館。

(二十四)一五四四年。

(二十五)即在他一生最慘澹的幾年中，彌蓋朗琪羅底粗野的天性對於一向壓制着他的基督教底悲觀主義突起及抗他製作大膽的異教色彩極濃厚的作品，如『被鵝狎戲着的麗達』（一五二九——一五三〇年間，）本是爲法拉爾大公畫的，後來彌氏贈給了他的學生 Antoni Mini，他把牠攜到法國，據說是在一六四三年被 Sublet des Noyers 嫌其放浪而毀掉的。稍後，彌蓋朗琪羅又爲人繪『被愛神撫摩着的維納斯』圖稿，尙有二幅極猥褻的素描，大概亦是同時代的。

（二十六）「夜」大概是於一五三〇年秋雕塑，於一五三一年春完成的；「晨」完成於一五三一年九月，「日」與「暮」又稍後。

（二十七）詩集卷一〇九，第十六，十七兩首。——弗萊推定二詩是作於一五四五年。

（二十八）彌蓋朗琪羅在此假想着翡冷翠和翡冷翠底流亡者中間的對白。

（二十九）詩集卷一〇九，第四十八首。

（三十）一五三一年二月二十四日 Sébastien del Piombo 致彌氏書，這是羅馬被掠後第一次寫給他的信：『神知道我眞是多少快樂，當經過了多少災患，多少困苦和危險之後，強有力的主宰以他的惻隱之心，使我們仍得苟延殘喘，我一想起這，不禁要說這是一件靈跡了……此刻，我的同胞，既然出入於水火之中，經受到意想不到的事情，我們且來感謝神罷，而這虎口餘生至少也要竭力使牠在寧靜中度過了罷。只要幸運是那麼可惡那麼痛苦，我們便不應該依賴牠。』

（三十一）詩集卷三十八。

那時他們的信札要受檢查，故他囑咐彌蓋朗琪羅假造一個簽名式。

（三十二）一五三一年六月二十日Pier Paolo Marzi致彌氏書，一五三一年六月十六日Sébastien del Piombo致彌氏書。

（三十三）一五三一年九月二十九日 Giovanni Battista di Paolo Mini 致 Valori 書。

（三十四）一五三一年十一月二十六日 Benvenuto della Volpaja 致彌氏書。

（三十五）一五三二年三月十五日 Sébastien 致書彌氏有言：『如你沒有教皇爲你作後盾，他們會如毒蛇一般跳起來噬你了。』

（三十六）在此，只有以後立在 San Pietro in Vincoli 寺前的六座像了，這六座像是開始了沒有完成（摩西像，勝利像，兩座奴隸像和 Boboli 石窟像。）

（三十七）一五三二年四月六日 Sebastien del Piombo 致彌氏書

（三十八）屢次，克萊芒七世不得不在他的姪子，亞歷山大·特·梅迭西斯前迴護彌蓋朗琪羅。Sébastien del Piombo講給彌氏聽，說『教皇和他姪兒的說話充滿了激烈的忿怒，可怖的狂亂，語氣是那麼嚴厲，難於引述。』（一五三三年八月十六日）

（三十九）Condivi 記載。

（四十）彌蓋朗琪羅部分地雕了七座像（Laurent d'Urban 與 Jalien de Nemours 底兩座墳墓，聖母像。）他預定的「江河四座像」沒有開始；而 Laurent le Magnifique 與他的兄弟 Julien 底墓像，他放棄給別人做了。

(四十一)一五六三年三月十七日，伐薩利問彌蓋朗琪羅『他當初想如何佈置壁畫。』

(四十二)人們甚至不知道把已塑的像放在何處而空的壁龕中又當放入何像。受高斯莫一世之命去完成這件彌氏未完之作的 Vasari 與 Ammanati 寫信問他，可是他竟想不起來了。一五五七年八月彌蓋朗琪羅寫道：『記憶與思想已跑在我的前面，在另一世界中等我去了。』

一五三四年九月二十三日彌蓋朗琪羅重到羅馬，在那裏一直逗留到死。(一)他離開羅馬已二十一年了。在這二十一年中，他做了于勒二世墓上底三座未完成的雕像，梅迭西斯墓上底七座未完成的雕像，洛朗查堂底未完成的穿堂，聖·瑪麗·特拉·米納佛寺底未完成的基督像，爲 Baccio Valori 作的未完成的阿波羅像。他在他的藝術與故國中喪失了他的健康，他的精力和他的信心。他失掉了他最愛的一個兄弟。(二)他失掉了他極孝的父親。(三)他寫了兩首紀念兩人的詩，和他其餘的一樣亦是未完之作，可是充滿了痛苦與死的憧憬底熱情：

『……上天把你從我們的苦難中拯救出去了。可憐我罷，我這如死一般生存着的人！……你是死在死中，你變爲神明了；你不復懼怕生存與欲願底變化：(我寫到此怎能不豔羨呢？……)運命與時間原只能賜予我們不可靠的歡樂與切實的憂患，但牠們不敢跨入你們的國土。沒有一些雲翳會使你們的光明陰暗;以後的時間不再對你們有何強暴的行爲了,「必需」與「偶然」不再役使你們了。黑夜不會熄滅你們的光華;白日不論牠如何強烈也絕不會使光華增強……我親愛的父親,由於你的死,我學習了死……死,並不如人家所信的那般壞,因爲這是人生底末日,亦是到另一世界去皈依神明的第一日,永恆的第一日。在那裏,我希望,我相信我能靠了神底恩寵而重行見到你,如果我的理智把我冰冷的心從塵土底糾葛中解放出來,如果像一切德性般,我的理智能在天上增長父子間的至高的愛話。』(四)

人世間更無足以羈留他的東西了:藝術,雄心,温情,任何種的希冀都不能使他依戀了。他六十歲,他的生命似乎已經完了。他孤獨着,他不復相信他的作品了;他對於「死」患着相思病,他熱望終於能逃避『生存與欲念底變化,』『時間底暴行』和『必須與偶然的專制。』

『可憐!可憐!我被已經消逝的我的日子欺罔了……我等待太久了……時間飛逝而我老了。我不復能在死者身旁懺悔與反省了……我哭泣也徒然……沒有一件不幸可與失掉的時間相比的了……

『可憐！可憐！當我回顧我的已往時，我找不到一天是屬於我的！虛妄的希冀與欲念；——我此刻是認識了，——把我羈絆着使我哭，愛，激動，嘆息，——（因爲沒有一件致命的情感爲我所不識得，）——遠離了眞理……

『可憐！可憐！我去而不知去何處；我害怕……如我沒有錯誤的話，——（啊！請神使我錯誤了罷！）——我看到，主啊，我看到，認識善而竟作了惡的我，是犯了如何永恆的罪啊！而我只知希望……

……』（五）

註：（一）一五四六年三月二十日，彌蓋朗琪羅享有羅馬士紳階級底名位。

（二）指一五二八年在大疫中死亡的 Bouonarroto。

（三）一五三四年六月。

（四）詩集卷五十八。

（五）詩集卷四十九。

下編　捨棄

一　愛情

在這顆殘破的心中，當一切生機全被剝奪之後，一種新生命開始了，春天重又開出鮮豔的花朵，愛情底火焰燃燒得更鮮明。但這愛情幾乎全沒有自私與肉感的成分。這是對於加伐麗麗底美貌底神密的崇拜。這是對於維多利亞·高龍那底虔敬的友誼，——兩顆靈魂在神明的境域中的溝通。這是對於他的無父底姪兒們底慈愛，和對於孤苦煢獨的人們底憐憫。

彌蓋朗琪羅對於加伐麗麗（Tommaso dei Cavalieri）底愛情確是為一般普通的思想——不論是質直的或無恥的——所不能瞭解的。即在文藝復興末期底意大利，牠亦引起種種難堪的傳說；諷刺家拉萊汀（P'Arétin 1492-1557）甚至把這件事作種種汚辱的諷喻。（一）但是拉萊汀般底誹謗——（這是永遠有的）——決不能加諸彌蓋朗琪羅。『那些人把他們自己汚濁的心地來造成一個他們的彌蓋朗琪羅。』（二）

沒有一顆靈魂比彌蓋朗琪羅底更純潔。沒有一個人對於愛情底觀念有那麼虔敬。

Condivi 曾說：

『我時常聽見彌蓋朗琪羅談起愛情；在場的人都說他的言論全然是柏拉圖式的。爲我，我不知道柏拉圖底主張；但在我和他那麼長久那麼親密的交誼中，我在他口中只聽到最可尊敬的言語，可以抑滅青年人底強烈的慾火的言語。』

可是這柏拉圖式的理想並無文學意味也無冷酷的氣象：彌蓋朗琪羅對於一切美的事物，總是狂熱地耽溺的，他之於柏拉圖式的愛的理想亦是如此。他自己知道這點，故他有一天在謝絕他的友人 Giannotti 底邀請時說：

『當我看見一個具有若干才能或思想的人，或一個爲人所不爲言人所不言的人時，我不禁要熱戀他，我可以全身付託給他，以至我不再是屬於我的了。……你們大家都是那麼富有天稟，如果我接受你們的邀請，我將失掉我的自由；你們中每個人都將分割我的一部分。卽是跳舞與彈琴的人，如果他們擅長他們的藝術，我亦可聽憑他們把我擺佈！你們的作伴，不特不能使我休息，振作，鎭靜，反將使我的靈魂隨風飄零；以至幾天之後，我可以不知道死在哪個世界上。』(三)

思想言語聲音底美既然如此誘惑他，肉體底美麗將更如何使他依戀呢！

『美貌底力量於我是怎樣的刺激啊！

世間更無同等的歡樂了！』(四)

對於這個美妙的外形底大創造家，——同時又是有信仰的人——一個美的軀體是神明般的，是蒙着肉底外衣的神底顯示。好似摩西之於「熱烈的叢樹」一般，（譯者按舊約紀摩西於熱烈的叢樹中見到神底顯靈）他只顫抖着走近牠。他所崇拜的對象於他眞是一個偶像，如他自己所說的。他在她的足前匍匐膜拜；而一個偉人自願的屈伏卽是高貴的加伐麗麗也受不了，更何況美貌底偶像往往具有極庸俗的靈魂，如波琪沃(Febo di Poggio)呢！但彌蓋朗琪羅甚麼也看不見……他眞正甚麼也看不見麼？——他是甚麼也不願看見；他要在他的心中把已經勾就輪廓的偶像雕塑完成。

他最早的理想的愛人，他最早的生動的美夢，是一五二二年時代底貝里尼(Gherardo Perrini)（五）一五三三年他又戀着波琪沃；一五四四年戀着勃拉琪(Cecchino dei Bracci)。（六）因此，他對於加伐麗麗的友誼並非是專一的；但確是持久而達到狂熱的境界的，不獨這位朋友底美姿值得他那麼顛倒，卽是他的德性底高尙也值得他如此尊重。

伐薩利曾言：『他愛加伐麗麗甚於一切別的朋友。這是一個生在羅馬的中產者，年紀很輕，熱愛藝術；彌蓋朗琪羅爲他作過一個肖像，——是彌氏一生唯一的畫像；因爲他痛恨描畫生人，除非這人是美麗無比的時候。』

伐爾琪（Varchi）又說：『我在羅馬遇到加伐麗麗先生時，他不獨是具有無與倫比的美貌，而且舉止談吐亦是溫文爾雅，思想出衆，行動高尙，的確值得人家底愛慕，尤其是當人們認識他更透澈的時候。』（七）

彌蓋朗琪羅於一五三二年秋在羅馬遇見他。他寫給他的第一封信，充滿了熱情的訴白，加伐麗麗底覆信亦是十分尊嚴；

『我收到你的來信，使我十分快慰，尤其因爲牠是出我意外的緣故；我說出我意外，因爲我不相信值得像你這樣的人寫信給我。至於你稱贊我的話，和你對於我的工作表示極爲欽佩的話，我可回答你：我的爲人與工作，決不能令一個舉世無雙的天才如你一般的人——我說舉世無雙，因爲我不信你之外更有第二個——對一個啓蒙時代的青年說出那樣的話。可是我亦不相信你對我說謊。我相信，是的，我確信你對於我的感情，確是像你那樣一個藝術的化身者，對於一切獻身藝術愛藝術的人們所必然地感到的。我是這些人中底一個，而在愛藝術這一點上，我確是不讓任何人。我回報你的盛情，我應允你；我從未如愛你一般的愛過別人，我從沒有如希冀你的友誼一般希冀別人……我請你在我可以爲你效勞的時候驅使我，我永遠爲你馳驅。

你的忠誠的『Thomao Cavalieri』。(八)

加伐麗麗似乎永遠保持着這感動的但是謹愼的語氣。他直到彌蓋朗琪羅臨終的時候一直對他是忠誠的，他並且在場送終。彌蓋朗琪羅也永遠信任他；他是被認爲唯一的影響彌蓋朗琪羅

下編　捨棄　一　愛情　　一〇五

的人，他亦利用了這信心與影響爲彌氏底幸福與偉大服役。是他使彌蓋朗琪羅決定完成聖比哀爾大寺穹窿底木雕模型。是他爲我們保留下彌蓋朗琪羅爲穹窿構造所裝的圖樣，是他努力把牠實現。而且亦是他，在彌蓋朗琪羅死後，依着他亡友底意志監督工程底實施。

但彌蓋朗琪羅對他的友誼無異是愛情底瘋狂。他寫給他無數的激動的信。他是俯伏在泥塵裏向偶像申訴。（九）他稱他『一個有力的天才，……一件靈蹟，……時代底光明；』他哀求他『不要輕蔑他因爲他不能和他相比，沒有人可和他對等。』他把他的現在與未來一齊贈給他；他更說：『這於我是一件無窮的痛苦：我不能把我的已往也贈與你以使我能服侍你更長久，因爲未來是短促的：我太老了。……（十）我相信沒有東西可以毀壞我們的友誼，雖然我出言僭越；因爲我遠在你之下。（十一）……我可以忘記你的名字如忘記我藉以生存的食糧一般；是的，我比較更能忘記毫無樂趣地支持我肉體的食糧，而不能忘記支持我靈魂與肉體的你的名字，……牠使我感到那樣甘美甜蜜，以至我在想起你的時間內，我不感到痛苦，也不畏懼死。（十二）——我的靈魂完全處在我把牠給予的人底手中……（十三）如我必得要停止思念他，我信我立刻會死。（十四）』

他贈給加伐麗麗最精美的禮物：

『可驚的素描，以紅黑鉛筆畫的頭像，他在教他學習素描的用意中繪成的。其次，他送給他一座「被宙斯底翅翼舉起的 Ganymède」，一座「Tityos」，和其他不少最完美的作品。』（十五）

他也寄贈他十四行詩，有時是極美的，往往是暗晦的，其中的一部分不久便在文學團體中有人背誦了，全個意大利都吟詠着。（十六）人家說下面一首是『十六世紀意大利最美的抒情詩』：（十七）

『由你的慧眼，我看到為我的盲目不能看到的光明。你的足助我擔荷重負，為我疲痿的足所不能支撐的。由你的精神，我感到往天上飛昇。我的意志全包括在你的意志中。我的思想在你的心中形成，我的言語在你喘息中吐露。孤獨的時候，我如月亮一般，只有在太陽照射牠時纔能見到。』（十八）

另外一首更著名的十四行詩，是頌讚完美的友誼的最美的歌辭：

『如果兩個愛人中間存在着貞潔的愛情，高超的虔敬，同等的運命，如果殘酷的運命打擊一個時也同時打擊別個，如果一種精神，一種意志統制着兩顆心，如果兩個肉體上的一顆靈魂成為永恆，把兩個以同一翅翼挾帶上天，如果愛神在一枝箭上同時射中了兩個人底心，如果大家相愛，如果大家不自愛，如果兩人希冀他們的快樂與幸福得有同樣的終局，如果千萬的愛情不能及到他們的愛情底百分之一，那麽一個怨恨的動作會不會永遠割裂了他們的關連？』（十九）

這自己底遺忘，這把自己底全生命融入愛人底全生命的熱情，並不永遠淸明寧靜的。憂鬱重又變成主宰；而被愛情控制着的靈魂，在呻吟着掙扎；

『我哭，我燃燒，我磨難自己，我的心痛苦死了……』（二十）

他又和加伐麗麗說：『你把我生底歡樂帶走了。』（二十一）

對於這些過於熱烈的詩，『溫和的被愛的主』（二十二）加伐麗麗卻報以冷靜的安定的感情。（二十三）這種友誼底誇張使他暗中難堪。彌蓋朗琪羅求他寬恕：

『我親愛的主，你不要爲我的愛情憤怒，這愛情完全是奉獻給你最好的德性的；因爲一個人底精神應當愛慕別個人底精神。我所願欲的，我在你美麗的姿容上所獲得的，決非常人所能瞭解的。誰要懂得牠應當先認識死。』（二十四）

當然，這愛美的熱情只有誠實的分兒。可是這熱烈的惶亂（二十五）而貞潔的愛情底對象全不露出顛狂與不安的情態。

在這些心力交瘁的年月之後，——絕望地努力要否定他的生命底虛無而重創出他渴求的愛，——幸而有一個女人底澹泊的感情來撫慰他，她瞭解這孤獨地迷失在世界上的老孩子，在這苦悶欲死的心魂中她從新灌注入若干平和信心理智和淒涼地接受生與死的準備。

註：(一)彌蓋朗琪羅底姪孫於一六二三年第一次刊行彌氏底詩集時，不敢把他致加伐麗麗的詩照原文刊入。他要令人相信這些詩是給一個女子的。卽在近人底研究中，尙有人以爲加伐麗麗是維多利亞・高龍那底假名。

(二)一五四二年十月彌蓋朗琪羅書。（收信人不詳）

(三)見 Donato Giannotti 著 Dialogi（一五四五年。）

(四)詩集卷一百四十一。

(五)貝里尼尤其被拉萊汀攻擊的厲害。Frey 曾發表他的若干封一五二二年時代底頗爲溫柔的信：『……當我讀到你的信時，我覺得和你在一起：這是我唯一的願望啊！』他自稱爲『你的如兒子一般的……』——彌蓋朗琪羅底一首抒寫離別與遺忘之苦的詩似乎是致獻給他的：『卽在這裏，我的愛使我的心與生命爲之歡欣。這裏，他的美眼應允助我，不久，目光卻移到別處去了。這裏，他和我關連着；這裏他卻和我分離了。這裏，我無窮哀痛地哭，我看見他走了，不復顧我了。』

(六)彌蓋朗琪羅認識加伐麗麗年餘之後纔戀愛波琪沃；一五三三年十二月他寫給他狂亂的信與詩，而這壞小子波琪沃卻在覆信中問他討錢。——至於勃拉琪他是 Luigi del Riccio 底朋友，彌蓋朗琪羅認識了加伐麗麗十餘年後纔認識他的。他是翡冷翠底一個流戍者底兒子，一五四四年時在羅馬夭折了。彌蓋朗琪羅爲他寫了四十八首悼詩，可說是彌蓋朗琪羅詩集中最悲愴之作。

(七)見 Benedetto Varchi 著：Due Lezzioni（一五四九年。）

(八)一五三三年六月一日加伐麗麗致彌蓋朗琪羅書。

(九)加伐麗麗底第一封信，彌蓋朗琪羅在當天卽答復他（卽一五三三年六月一日。）這封信一共留下三份草稿。在其中一份草稿底補白中，彌蓋朗琪羅寫着『在此的確可以用爲一個人獻給另一個人的事物底名詞；但爲了禮制，這封信裏可不能用。』——在此顯然是指「愛情」這名詞了。

(十)一五三三年六月一日彌氏致加伐麗麗書。

(十一)一五三三年七月二十八日彌氏致前人書底草稿。

(十二)一五三三年七月二十八日彌氏致前人書。

(十三)彌氏致 Bartolommeo Angiolini 書。

(十四)彌氏致 Sébastien del Piombo 書。

(十五)伐薩利記載。

(十六)Varchi 把兩首公開了，以後他又在 Due Lezzioni 中刊出。——彌蓋朗琪羅並不把他的愛情保守祕密，他告訴 Bartolommeo Angiolini，Sébastien del Piombo。這樣的友誼一些也不令人驚奇。當勃拉琪逝世時，Riccio 向着所有的朋友發出他的愛與絕望底呼聲：『喲我的朋友 Donato！我們的勃拉琪死了。全個羅馬在哭他。彌蓋朗琪羅爲我計劃他的紀念物。請你爲我寫一篇祭文，寫一封安慰的信給我：我的悲苦使我失掉了理智。耐心啊！每小時內整千的人死了喔！神命運怎樣的改換了牠的面目啊！』（一五四四年正月致 Donato Giannotti 書）——

（十七）Scheffler 書。

（十八）詩集卷一百零九第十九首。

（十九）詩集卷四十四。

（二十）詩集卷五十二。

（二十一）詩集卷一百零九第十八首。

（二十二）詩集卷一百。

（二十三）詩集卷一百零九第十八首。

（二十四）詩集卷五十。

（二十五）在一首十四行中，彌蓋朗琪羅要把他的皮蒙在他的愛人身上。他要成爲他的鞋子，把他的腳載着去踏雪。

一五三三與一五三四年間，（一）彌蓋朗琪羅對於加伐麗麗的友誼達到了頂點。一五三五年，他開始認識維多利亞·高龍那。

她生於一四九二年。她的父親叫做法勃里查·高龍那，是巴里阿諾地方底諸侯，太里阿哥查親王。她的母親，阿嚴·斯·特·蒙德番爾脫洛，便是于皮諾親王底女兒。她的門第是意大利最高貴的門第中之一，亦是受着文藝復興精神底薰沐最深切的一族。十七歲時，她嫁給貝斯加拉侯爵，大將軍法朗昔斯各·特·阿伐羅。她愛他他卻不愛她。她是不美的。(二)人們在小形浮雕像上所看到的她的面貌是男性的，意志堅強的，嚴峻的：額角很高鼻子很長很直，上唇較短，下唇微向前突，嘴巴緊閉。認識她而爲她作傳的Filonico Alicarnasseo 雖然措辭婉約但口氣中也露出她是醜陋的：『當她嫁給貝斯加拉侯爵的時候，她正努力在發展她的思想；因爲她沒有美貌，她修養文學，以獲得這不朽的美，不像會消逝的其他的美一樣。』——她是對於靈智的事物抱有熱情的女子。在一首十四行中她說『粗俗的感官，不能形成一種和諧以產生高貴心靈底純潔的愛，他們決不能引起她的快樂與痛苦……鮮明的火焰，把我的心昇化到那麼崇高以至卑下的思想會使牠難堪。』——實在她在任何方面也不配受那豪放而縱慾的貝斯加拉底愛的；然而，愛底盲目竟要她愛他，為他痛苦。

她的丈夫在他自己的家裏就欺騙她，鬧得全個拿波利都知道，她為此感到殘酷的痛苦。可是，當他在一五二五年死去時，她亦並不覺得安慰。她遁入宗教，賦詩自遣。她度着修道院生活，先在羅馬，繼在拿波利，(三)但她早先並沒完全脫離社會的意思，她的尋求孤獨只是要完全沈浸入她的愛底回憶中，為她在詩中歌詠的她和意大利底一切大作家 Sadolet Bembo Castiglione 等都有來往，Castiglione 把他的著作 Cortegiano 付託給她，Arioste 在他的 Orlando 中稱頌她。一五三〇年她的十四行詩流傳於整個意大利，在當時女作家中獲得一個唯一的光榮的地位。隱在 Ischia 荒島上她在和諧的海中不絕地歌唱她的蛻變的愛情。

但自一五三四年起，宗教把她完全征服了。基督舊教底改革問題，在避免教派分裂的範圍內加以澄清的運動把她鼓動了。我們不知她曾否在拿波利認識 Juan de Valdès；(四)但她確被西阿納 Bernardino Ochino 底宣道所激動；(五)他是 Pietro Carneschi，(六)Giberti Sadolet，Reginald Pole 和改革派中最偉大的 Gaspare Contarini (七)主教們底朋友；這 Contarini

主教曾想和新教徒們建立一種適當的妥協，曾經寫出這些強有力的句子（八）：

『基督底法律是自由底法律……凡以一個人底意志爲準繩的政府不能稱之爲政府；因爲牠在原質上便傾向於惡而且受着無數情欲底播弄。不！一切主宰是理智底主宰。他的目的在以正當的途徑引領一切服從他的人到達他們正當的目的：幸福。教皇底權威也是一種理智底權威。一個教皇應該知道他的權威是施用於自由人的。他不應該依了他的意念而指揮，或禁止，或豁免，但應該只依了理智底規律，神明的命令，愛底原則而行事。』

維多利亞，是聯合着全意大利最精純的意識的這一組理想主義中的一員。她和 Renée de Ferrare 與 Marguerite de Navarre 們通信；以後變成新教徒的 Pier Paolo Vergerio 稱她爲『一道眞理底光。』——但當殘忍的 Caraffa（九）所主持的反改革運動開始時，她墮入可怕的懷疑中去了。她是，如彌蓋朗琪羅一樣，一顆熱烈而又怯弱的靈魂；她需要信仰，她不能抗拒教會底權威。『她持齋，絕食，苦修，以至她筋骨之外只包裹着一層皮。』（十）她的朋友，波爾(Pole)主教（十一）教她抑制她的智慧底驕傲，因了神而忘掉她自己底存在：這樣，她纔稍稍重行覓得平和。

她用了犧牲的精神做這一切……然而她還不止犧牲她自己—她還犧牲和她一起的朋友，她犧牲，Ochino 把他的文字送到羅馬底裁判異教徒機關中去，如彌蓋朗琪羅一般這偉大的心靈爲恐懼所震破了。她把她良心底責備掩藏在一種絕望的神祕主義中：

『你看到我處在愚昧底混沌中，迷失在錯誤底陷陣裏，肉體永遠勞動着要尋覓休息，靈魂永遠騷亂着找求平和。神要我知道我是一個毫無價值的人，要我知道一切只在基督身上。』(十二)

她要求死，如要求一種解放。——一五四七年二月二十五日她死了。

註：(一)尤其在一五三三年六月至十月，當彌蓋朗琪羅回到翡冷翠與加伐麗麗離開的時節。

(二)人家把許多肖像假定爲彌蓋朗琪羅替維多利亞作的，其實都沒有根據。

(三)那時代她的精神上的導師是凡龍納地方底主教 Matteo Giberti，他是有意改革宗教的第一人。他的祕書便是 Francesco Berni。

(四)Juan de Valdès 是西班牙王 Charles-Quint 底親信祕書底兒子，自一五三四年起住在拿波利，爲宗教改革運動底領袖。許多有名的貴婦都聚集在他周圍。他死於一五四一年，據說在拿波利他的信徒共有三千數人之衆。

(五)Bernardino Ochino，有名的宣道者，加波生教派底副司教，一五三九年成爲 Valdès 底朋友，梵氏受他的影響很多。雖然被人控告他在拿波利，羅馬，佛尼市仍繼續他的大膽的宣道，羣衆擁護他不使他受到教會的限止。一五四二年，他正要被人以路德派黨徒治罪時，自翡冷翠逃往法拉爾，又轉往日內瓦，在日內瓦他改入了新教。他是維多利亞·高龍納底知友；在離去意大利時，他在一封親密的信裏把他的決心告訴了她。

（六）Pietro Carnesecchi 是克萊芒七世底祕書官，亦是 Valdès 底朋友與信徒，一五四六年第一次被列入異教判罪人名單，一五六七年在羅馬被焚死。他和維多利亞·高龍納來往甚密。

（七）Gaspare Contarini 是佛尼市底世家子，初任佛尼市，荷蘭，英國，西班牙及教皇等的大使。一五三五年，教皇保爾三世任爲大主教。一五四一年被派出席北歐國際會議。他和新教徒們不洽，一方面又被舊教徒猜疑。失望歸來，一五四二年八月死於鮑洛涅。

（八）Henri Thode 所述。

（九）Giampietro Caraffa 是 Chieti 底主教，於一五二四年創造 Théatin 教派；一五二八年，在佛尼市組織反宗教改革運動團體。他初時以大主教資格繼而在一五五五年起以教皇資格嚴厲執行新教徒底判罪事宜。

（十）一五六六年，Carnes chi 在異教徒裁判法庭供述語。

（十一）Reginald Pole 自英國逃出，因爲他與英王亨利八世衝突之故；一五三二年他經過佛尼市，成爲 Cont rini 底契友，以後被教皇保爾三世任爲大主教。爲人和藹柔婉，他終於屈服在反改革運動之下，把 Contarini 派底自由思想者重行引入舊教。自一五四一至一五四四年間，維多利亞·高龍那完全聽從他的指導，——一五五四年，他又重回英國，於一五五八年死。

（十二）一五四三年十二月二十二日維多利亞・高龍納致 Morone 主教書。

在她受着 Valdès 與 Ochino 底神秘主義薰染最深的時代，她認識彌蓋朗琪羅。這女子，悲哀的，煩悶的，永遠需要有人作她的依傍，同時也永遠需要一個比她更弱更不幸的人使她可以在他身上發洩她心中洋溢着的母愛。她在彌蓋朗琪羅前面掩藏着她的惶亂，外表很寧靜，拘謹，她把自己所要求之於他人的平和，傳遞給彌蓋朗琪羅。他們的友誼，始於一五三五年，到了一五三八年，漸趨親密，可完全建築在神底領域內。維多利亞四十六歲，他六十三歲。她住在羅馬聖・西凡斯德羅修院中，在冰幾屋山崗之下。彌蓋朗琪羅住在加伐羅崗附近。每逢星期日，他們在加伐羅崗底聖・西凡斯德羅教堂中聚會。修士巴里蒂（Ambrogio Caterino Politi）誦讀聖保爾福音，他們共同討論着。葡萄牙畫家 François de Hollande，在他的四部繪畫隨錄中，曾把這些情景留下眞切的回憶。在他的紀載中，嚴肅而又溫柔的友誼描寫得非常動人。

François de Hollande 第一次到聖・西凡斯德羅教堂中去時，他看見貝斯加拉侯爵夫人和幾個朋友在那裏諦聽誦讀聖書。彌蓋朗琪羅並不在場。當聖書讀畢之後，可愛的夫人微笑着向外國畫家說道：

——François de Hollande 一定更愛聽彌蓋朗琪羅底談話。

François 被這句話中傷了，答道；

——怎麼，夫人，你以爲我只有繪畫方面底感覺嗎？

——不要這樣多心，法朗昔斯各先生，——多洛曼（Lattanzio Tolomei）說，——侯爵夫人底意思正是深信畫家對於一切都感覺靈敏。我們意大利人多麼敬重繪畫！但她說這句話也許是要使你聽彌蓋朗琪羅談話時格外覺得快樂。

François 道歉了。侯爵夫人和一個僕人說：

——到彌蓋朗琪羅那邊去，告訴他說我和多洛曼先生在宗教儀式完畢後留在這教堂裏，非常涼快；如果他願耗廢若干時間，將使我們十分快慰……但，——她又說，因爲她熟知彌蓋朗琪羅底野性，——不要和他說西班牙人 François de Hollande 也在這裏。

在等待僕人回來的時候，他們談着用何種方法把彌蓋朗琪羅於他不知不覺中引上繪畫底談話；因爲如果他發覺了他們的用意，他會立刻拒絕繼續談話。

『那時靜默了一會。有人叩門了。我們大家都恐怕大師不來，既然僕人回來得那麼快。但彌蓋朗琪羅那天正在望聖・西凡斯德羅的路上來，一面和他的學生于皮諾在談哲學。我們的僕人在路上遇到了他把他引來了，這時候便是他站在門口。侯爵夫人站起來和他立談了長久，以後纔請他坐在她和多洛曼之間。』

François de Hollande 坐在他旁邊；但彌蓋朗琪羅一些也不注意他，——這使他大爲不快，François 憤憤地說：

『眞是，要不使人看見的最可靠的方法，便是直站在這個人底面前。』

彌蓋朗琪羅驚訝起來，望着他，立刻向他道歉，用着謙恭的態度：

『——寬恕我，法朗昔斯各先生，我沒有注意到你，因爲我一直望着侯爵夫人。』

『侯爵夫人稍稍停了一下，用一種美妙的藝術，開始和他談着種種事情；談話非常婉轉幽密，一些也不涉及繪畫。竟可說一個人圍攻一座防守嚴固的城，圍攻的時候頗爲艱難，同時又是用了巧妙的藝術手腕；彌蓋朗琪羅彷似一個被圍的人，孔武有力，提防得很周密，到處設了守壘，吊橋，陷坑。但是侯爵夫人終於把他戰敗了。實在，沒有人能夠抵抗她。

『——那麼，——她說，——應得承認當我們用同樣的武器，即策略去攻襲彌蓋朗琪羅時，我們永遠是失敗的。多洛曼先生，假若要他開不得口而讓我們來說最後一句話，那麼，我們應當和他談訟案，教皇底勑令，或者……繪畫。』

這巧妙的轉紐把談鋒轉到藝術底領土中去了。維多利亞用很虔誠的態度去激動彌蓋朗琪羅，他居然自告奮勇地開始討論虔敬問題了。

『——我不大敢向你作這麼大的要求，——侯爵夫人答道，——雖然我知道你在一切方面都聽從抑強扶弱的救主底教導……因此，認識你的人尊重彌蓋朗琪羅底爲人更甚於他的作品，不比那般不認識你的人稱頌你的最弱的部分，即你雙手作出的作品。但我亦稱譽你屢次置身場外，避免我們的無聊的談話，你並不專畫那些向你請求的王公卿相達官貴人，而幾乎把你的一生全獻給一件偉大的作品。』

彌蓋朗琪羅對於這些恭維的話，謙虛地遜謝，乘機表示他厭惡那些多言的人與有閒的人，——諸侯或教皇——自以爲可把他們的地位壓倒一個藝術家，不知盡他的一生還不及完成他的功業。

接着，談話又轉到藝術底最崇高的題材方面去了，侯爵夫人以含有宗教嚴肅性底態度討論着。爲她，和爲彌蓋朗琪羅一樣，一件藝術品無異是信心底表現。

『——好的畫，——彌蓋朗琪羅說，——迫近神而和神結合……牠只是神底完美底鈔本，神底畫筆底陰影，神底音樂，神底旋律……因此，一個畫家成爲偉大與巧妙的大師還是不够。我想他的生活應當是純潔的，聖的，使神明底精神得以統制他的思想……』(一)

這樣，他們在聖·西凡斯德羅教堂裏在莊嚴寧靜的會話中消磨日子，有時候，朋友們更愛到花園裏去，如 François de Hollande 所描寫的：『坐在石凳上，旁邊是噴泉，上面是桂樹底蔭蔽，牆上都是碧綠的蔓藤，』在那裏他們憑眺羅馬，全城展開在他們的脚下。(二)

可惜這些美妙的談話並不能繼續長久。貝斯加拉侯爵夫人所經受的宗教苦悶把這些談話突然止了。一五四一年，她離開羅馬，去幽閉在奧爾維多，繼而是維丹勃地方底修院中去。

『但她時常離開維丹勃回到羅馬來，只是爲要訪問彌蓋朗琪羅。他爲她的神明的心地所感動了，她使他的精神獲得安慰。他收到她的許多信，都充滿着一種聖潔的溫柔的愛情，完全像這樣一個高貴的心魂所能寫的。（三）

『依了她的意念，他做了一個裸體的基督像，離開了十字架，如果沒有兩個天使扶掖會倒下地去的樣子。聖母坐在十字架下面哭泣着；張開着手臂舉向着天。（四）——爲了對於維多利亞的愛情，彌蓋朗琪羅也畫了一個十字架上底基督像，不是死的，但是活的，面向他的在天之父喊着「Eli Eli!」肉體並不顯得癱瘓的樣子；牠痙攣着在最後的痛苦中掙扎。』

現藏法國盧佛宮與英國不列顛博物館的兩張「復活像」，也許亦是受着維多利亞影響的作品。——在盧佛的那張，力士式的基督奮激地推開墓穴底石板；他的雙腿還在泥土中，仰着首，舉着臂，他在熱情底激動中迫向着天，這情景令人回想起「奴隸像」。回到神座旁邊去！離開這世界，這爲他不屑一顧的惶亂的人羣！終於，終於，擺脫了這無味的人生！……——不列顛博物館中的那

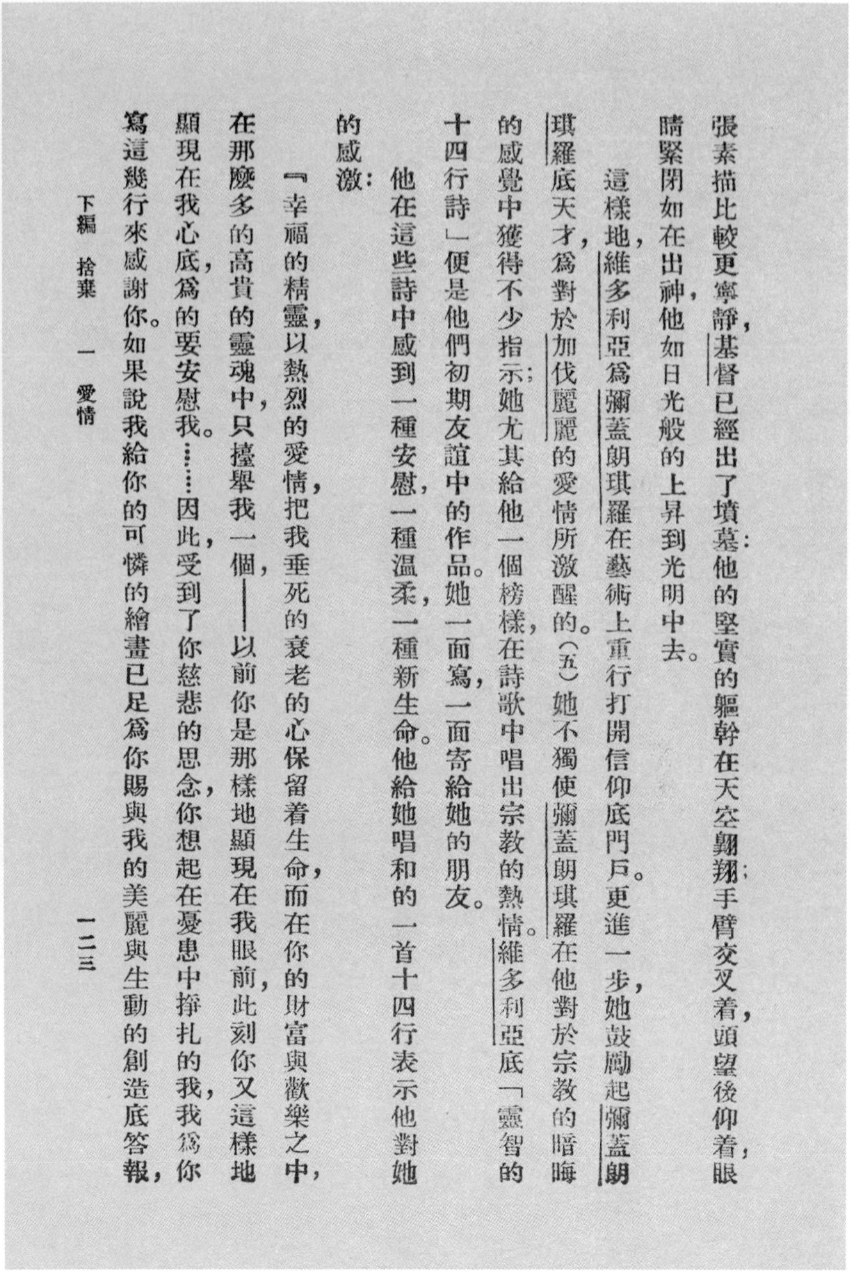
张素描比较更寧静，基督已經出了墳墓他的堅實的軀幹在天空翺翔；手臂交叉着，頭望後仰着，眼睛緊閉如在出神他如日光般的上昇到光明中去。

這樣地，維多利亞為彌蓋朗琪羅在藝術上重行打開信仰底門戶。更進一步，她鼓勵起彌蓋朗琪羅底天才，為對於加伐麗麗的愛情所激醒的。(五)她不獨使彌蓋朗琪羅在他對於宗教的暗晦的感覺中獲得不少指示；她尤其給他一個榜樣在詩歌中唱出宗教的熱情。維多利亞底「靈智的十四行詩」便是他們初期友誼中的作品。她一面寫，一面寄給她的朋友。

他在這些詩中感到一種安慰，一種溫柔，一種新生命。他給她唱和的一首十四行表示他對她的感激：

『幸福的精靈，以熱烈的愛情，把我垂死的衰老的心保留着生命，而在你的財富與歡樂之中，在那麼多的高貴的靈魂中，只擡舉我一個，——以前你是那樣地顯現在我眼前，此刻你又這樣地顯現在我心底，為的要安慰我。……因此，受到了你慈悲的思念，你想起在憂患中掙扎的我，我為你寫這幾行來感謝你。如果說我給你的可憐的繪畫已足為你賜與我的美麗與生動的創造底答報，

下編　捨棄　一　愛情　一二三

那將是僭越與羞恥了』。（六）

一五四四年夏，維多利亞重新回到羅馬，居住在聖安娜修院中，一直到死。彌蓋朗琪羅去看她。她熱情地想念他，她想使他的生活變得舒服些，有趣味些，她暗地裏送他若干小禮物。但這猜疑的老人，『不願收受任何人底禮物，』（七）甚至他最愛的人們亦不能使他破例。他拒絕了她的餽贈。

她死了，他看着她死了。他說下面的幾句，足以表明他們貞潔的愛情保守拘謹到如何程度：

『我看着她死，而我沒有吻她的額與臉如我吻她的手一樣，言念及此，眞是哀痛欲絕！』（八）

『維多利亞之死，——據 Condivi 說，——使他癡呆了很久；他彷彿失去了一切知覺。』

『她爲我實在是一件極大的財寶，以後他悲哀地說。死奪去了我的一個好友。』

他爲她底死寫了兩首十四行詩。一首是完全感染柏拉圖式思想的，表示他的狂亂的理想主義，彷如一個給閃電照耀着的黑夜。彌蓋朗琪羅把維多利亞比做一個神明的雕塑家底錘子，從物質上斲鍊出崇高的思想：

『我的粗笨的錘子，把堅硬的岩石有時斲成一個形象，有時斲成另一個形象，這是由手執握着，指揮着的，錘子從手那裏受到動作，牠被一種不相干的力驅使着。但神明的錘子，卻是以牠惟一的力量，在天國中創造牠自己的美和別的一切底美。沒有一柄別的錘子能够不用錘子而自行創造的；祇有這一柄使其他的一切賦有生氣。因爲錘子舉得高，故錘擊的力量愈強。所以，如果神明的錘手能够助我，他定能引我的作品到達美滿的結果。迄今爲止，在地上，祇有他一個。』(九)

別一首十四行是更溫柔，宣示愛情對於死的勝利：

『當那個曾使我屢屢愁嘆的她離棄了世界，離棄了她自己，在我眼中消滅了的時候，「自然」覺得羞恥，而一切見過她的人哭泣。——但死啊，你今日且慢得意，以爲你把太陽熄滅了！因爲愛情是戰勝了，愛情使她在地下在天上，在聖者旁邊再生了。可惡的死以爲把她德性底回聲掩蔽了，以爲把她靈魂底美抑滅了。她的詩文的表示正是相反：牠們把她照耀得更光明；死後，她竟征服了天國。』(十)

註：(一)見「羅馬城繪畫錄」第一卷。

(二)見前書第三卷。——他們談話底那天，教皇保爾三世底姪子 Octave Farnèse，娶 Alexandre de Médicis 底寡婦爲妻。那次有盛大的儀仗，——十二駕古式車——在拿伏納場上經過，全城的民衆都去觀光。彌蓋朗琪

下編　捨棄　一　愛情　一二五

羅和幾個朋友躲在平和的聖・西凡斯德羅教堂中。

(三)Condivi 記載。——實在說來這些並不是我們所保留着的維多利亞底信，那些信當然是高貴的，但稍帶冷淡。——應該要想到她的全部通信，我們只保留着五封：一封是從沃維多發出的，一封是從維丹勃發的，三封是從羅馬發的。（一五三九——一五四一年間）

(四)這幅畫是彌蓋朗琪羅以後所作的許多耶穌死像底第一幅像，也是感應這些作品底像——一五五〇——一五五五年間的翡冷翠底死像，一五六三年 Rondanini 死像。一五五五——一五六〇年間的 Palestrina 死像。——

(五)那時候，彌蓋朗琪羅開始想發刊他的詩選。他的朋友 Luigi del Riccio 與 Donato Giannotti 給他這念頭。至此爲止，他一向不把他所寫的東西當作重要。一五四五年起，Giannotti 爲他的詩集付梓；彌蓋朗琪羅把他的詩加以選擇；他的朋友們替他重鈔。但一五四六年 Riccio 之死與一五四七年維多利亞之死使他又不關切這付印事，他似乎認爲這是一種無聊的虛榮。因此，他的詩除了一小部分外，在他生時並沒印行。當代底大作曲家把他的十四行詩譜成音樂。

彌蓋朗琪羅受着但丁底感應極深。他對於古拉丁詩人亦有深切的認識，但他的情操完全是柏拉圖式底理想主義，這是他的朋友們所公認的。

(六)一五五一年三月七日，彌蓋朗琪羅寫給 Fattucci 的信中有言：『十餘年前，她送給我一本羊皮小冊，其中包含着一百零三首十四行詩，她在維丹勃寄給我的四十首還不在內。我把牠們一起裝訂成冊……我也保有她的許多信，爲她自沃維多與維丹勃兩地寫給我的。』

(七)伐薩利記載。——有一時，他和他最好的一個朋友 Luigi del Riccio 齟齬，因爲他送了他禮物之故。彌氏寫信給他說：

『你的極端的好意，比你偷盜我更使我難堪。朋友之中應該要平等，如果一個給得多些，一個給得少些，那末兩人便要爭執起來了。』

(八)Condivi 記載。

(九)詩集卷一百零一。

(十)詩集卷一百。

在這嚴肅而寧靜的友誼中，(一)彌蓋朗琪羅完成了他最後的繪畫與雕塑底大作：「最後之審判，」巴里納教堂壁畫與——「于勒二世陵墓。」

當彌蓋朗琪羅於一五三四年離開翡冷翠住在羅馬的時候，他想因了克萊芒七世之死擺脫了一切工作，他終於能安安靜靜完成于勒二世底陵墓了，以後，他良心上的重負卸掉之後，可以安靜地終了他的殘生。但他纔到羅馬，又給他的新主人把他牽繫住了。

『保爾三世召喚他要他供奉他。……彌蓋朗琪羅拒絕了，說他不能這樣做；因爲他以契約的關係，受着于爾朋大公底拘束，除非他把于勒二世底陵墓完成之後。於是教皇怒道：『三十年以來，我懷有這個願望；而我現在成了教皇反不能滿足我的願望麼？我將撕掉那契約，無論如何，我要你侍奉我。』（一）

彌蓋朗琪羅又想逃亡了。

『他想隱遁到日那附近的一所修院中去，那裏的阿萊里亞主教是他的朋友，也是于勒二世底朋友。他或能在那邊方便地做完他的作品。他亦想起避到于爾朋地方，那是一個安靜的居處，亦是于勒二世底故鄉；他想當地的人或能因懷念于勒之故而善視他。他已派了一個人去，到那裏買一所房子。』（二）

但，正當決定的時候，意志又沒有了；他顧慮他的行動底後果，他以永遠的幻夢，永遠破滅的幻夢來欺騙自己：他妥協了。他重新被人牽繫着，繼續擔負着繁重的工作，直到終局。

一五三五年九月一日，保爾三世底一道勅令，任命他爲聖比哀爾底建築繪畫雕塑總監。自四月起，彌蓋朗琪羅已接受「最後之審判」底工作。(四)自一五三六年四月至一五四一年十一月止，即在維多利亞逗留羅馬的時期內，他完全經營着這件事業。即在這件工作底過程中，在一五三九年，老人從臺架上墮下，腿部受了重傷，『又是痛楚又是憤怒，他不願給任何醫生診治。』(五)他瞧不起醫生，當他知道他的家族冒昧爲他延醫的時候，他在信札中表示一種可笑的惶慮。

『幸而他墮下之後，他的朋友，翡冷翠底 Baccio Rontini 是一個極有頭腦的醫生，又是對於彌蓋朗琪羅十分忠誠的，他哀憐他，有一天去叩他的屋門。沒有人接應，他上樓，挨着房間去尋，一直尋到了彌蓋朗琪羅睡着的那間。彌氏看見他來，大爲失望。但 Baccio 再也不願走了，直到把他醫愈之後纔離開他。』(六)

像從前于勒二世一樣，保爾三世來看他作畫，參加意見。他的司禮長賽斯那伴隨着他，教皇徵詢他對於作品的意見。據伐薩利說，這是一個非常迂執的人，宣稱在這樣莊嚴的一個場所，表現那麼多的猥褻的裸體是大不敬；這是他說，配裝飾浴室或旅店的繪畫。彌蓋朗琪羅憤慨之餘，待賽斯那走後，憑了記憶把他的肖像畫在圖中；他把他放在地獄中，畫成判官 Minos 底形像，在惡魔羣中給毒蛇纏住了腿。賽斯那到教皇前面去訴說。保爾三世和他開玩笑地說：『如果彌蓋朗琪羅把你放在鍊獄中，我還可設法救你出來；但他把你放在地獄裏，那是我無能爲力了；在地獄裏是毫無挽救的了。』

可是對於彌蓋朗琪羅底繪畫認爲猥褻的不止賽斯那一人。意大利正在提倡貞潔運動；且那時距梵羅納士因爲作了 Céne Chez Simon（七）一畫而被人向異教法庭控告的時節也不遠了。不少人士大聲疾呼說是有妨風化。叫囂最厲害的要算是拉萊汀了。這個淫書作家想給貞潔的彌蓋朗琪羅以一頓整飭端方的教訓。（八）他寫給他一封無恥的信。他責備他『表現使一個娼家也要害羞的東西，』他又向異教法庭控告他大不敬的罪名；『因爲，他說，破壞別人底信心較之自己底不信仰犯罪尤重。』他請求教皇毀滅這幅壁畫。他在控訴狀中說他是路德派的異教徒；（九）末了，更說他偷盜于勒二世底錢。這封信（十）把彌蓋朗琪羅靈魂中最深刻的部分——他的虔敬，他的友誼，他的愛惜榮譽的情操——都汚辱了，對於這一封信，彌蓋朗琪羅讀的時候不禁報以輕蔑的微笑，可也不禁憤懣地痛哭，他置之不答。無疑地他彷彿如想起某些敵人般的想：『他不值得去打擊他們因爲對於他們的勝利是無足重輕的。』——而當拉萊汀與賽斯那兩人對於「最後之審判」底見解漸漸占得地位時，他也毫不設法答覆，也不設法阻止他們。他甚麽也不說，當他的作品被視爲「路德派的穢物」的時候。(十一)他甚麽也不說，當保爾四世要把他的壁畫除下的時候。(十二)他甚麽也不說，當達尼哀·特·伏爾丹受了教皇之命來把他的英雄們穿上褲子的時候。(十三)——人家詢問他的意見。他怒氣全無地回答，譏諷與憐憫的情緒交混着：『告訴教皇，說這是一件小事情，容易整頓的。只要聖下也願意把世界整頓一下：整頓一幅畫是不必費多大心力的。』——他知道他是在怎樣一種熱烈的信仰中完成這件作品的，在和維多利亞·高龍納底宗教談話底感應，在這顆潔白無瑕的靈魂底掩護下。他會感到恥辱要去向那些汚濁的猜度與下流的心靈辯白他在裸體人物上所寄託的英雄思想。

當西施庭底壁畫完成時，(十四)彌蓋朗琪羅以爲他終於能够完成于勒二世底紀念物了。但不知足的教皇還逼着七十歲的老人作巴里納教堂底壁畫。(十五)他還能動手做預定的于勒二世墓上的幾個雕像已是僥幸的事了。他和于勒二世底承繼人簽訂第五張亦是最後一張的契約。

根據了這張契約，他交付出已經完工的雕像，（十六）出資雇用兩個雕塑家了結陵墓：這樣，他永遠卸掉了他的一切責任了。

他的苦難還沒有完呢，于勒二世底後人不斷地向他要求償還他們以前他收受的錢。教皇令人告訴他不要去想這些事情，專心幹那巴里納教堂底壁畫。他答道：

『但是我們是用腦子不是用手作畫的啊！不想到自身的人是不知榮辱的；所以只要我心上有何事故，我便作不出好東西……我一生被這陵墓連繫着；我為了要在雷翁十世與克萊芒七世之前爭得了結此事以至把我的青春葬送了；我的太認眞的良心把我毀滅無餘。我的命運要我如此！我看到不少的人每年進款達二三千金幣之巨，而我，受盡了艱苦終於是窮困。人家還要當我是竊賊！……在人前——（我不說在神前）——我自以為是一個誠實之士；我從未欺騙過他人……我不是一個竊賊，我是一個翡冷翠底士紳，出身高貴……當我必得要在那些混蛋前面自衛時，我變成瘋了！……』（十七）

為應付他的敵人起見，他把「行動的生活」與「冥想的生活」二像親手完工了。雖然契約上並不要他這麼做。

一五四五年正月，于勒二世底陵墓終於在 San Pietro in Vincoli 寺落成了。原定的美妙的計劃在此存留了甚麼？——摩西像原定祇是一座陪襯的像，在此卻成爲中心的雕像。一個偉大計劃底速寫！

至少，這是完了。彌蓋朗琪羅在他一生的惡夢中解放了出來。

註：(一)彌蓋朗琪羅對於維多利亞・高龍那底友誼並不是唯一的熱情。這友誼還不能滿足他的心靈。人家不大願意說出這一點，恐怕要把彌蓋朗琪羅理想化了。彌蓋朗琪羅眞是多麼需要被理想化啊！——在一五三五與一五四六年間，正在彌蓋朗琪羅與維多利亞友誼密切的時候，他愛了一個『美麗的與殘忍的』女人，——他稱之爲『我的敵對的太太』——他熱烈地愛她，在她前面變得怯弱了，他幾乎爲了她犧牲他的永恆的幸福。他爲這場愛情所苦。她玩弄他。她和別的男子賣弄風情，剌激他的嫉妒。他終於恨她了。他祈求運命把她變得醜陋而爲了他顚倒，使他不愛她以致她也爲之痛苦。

(二)伐薩利記載。

(三)Condivi 記載。

(四)這幅巨大的壁畫把西施庭教堂入口處的牆壁全部掩蔽了，在一五三三年時克萊芒七世已有這個思念。

下編　捨棄　一　愛情　一三三

（五）伐薩利記載。

（六）同前。

（七）一五七三年六月間事。——梵羅納士老老實實把「最後之審判」作為先例，辯護道：

『我承認這是不好的；但我仍堅執我已經說我的話，為我，依照我的大師們給我的榜樣是一件應盡的責任。』

——那麼你的大師們做過什麼？也許是同樣的東西吧？

——彌蓋朗琪羅在羅馬，教皇御用的教堂內，把吾主基督，他的母親，聖約翰，聖比哀爾和天廷中的神明及一切人物都以裸體表現，看那聖母瑪麗亞，不是在任何宗教所沒有令人感應到的姿勢中麼？……』

（八）這是一種報復的行為。拉萊汀曾屢次向他要索藝術品；甚至他覥顏為彌蓋朗琪羅設計一張「最後之審判」底圖稿。彌蓋朗琪羅客客氣氣拒絕了這獻計，而對於他要索禮物的請求裝作不聞。因此，拉萊汀要顯一些本領給彌蓋朗琪羅看，讓他知道瞧不起他的代價。

（九）信中並侵及無辜的 Gherardo Perini 與 Tommaso dei Cavalieri 等。（彌氏好友，見前）

（十）這封無恥的信，末了又加上一句含着恐嚇的話，意思還是要挾他送他禮物。

（十一）一五四九年有一個翡冷翠人這麼說。

（十二）一五九六年，克萊芒八世要把「最後之審判」塗掉。

（十三）一五五九年事。——達尼哀·特·伏爾丹把他的修改工作稱做『穿褲子。』他是彌蓋朗琪羅底一個朋友。另一個朋友，雕塑家阿瑪拏諦，批斥這些裸體表現為猥褻。——因此，在這件事情上，彌氏底信徒們也沒有擁護他。

(十四)「最後之審判」底開幕禮於一五四一年十二月二十五日舉行。意大利，法國，德國，弗朗特各處都有人來參加。

(十五)這些壁畫包括「聖保爾談話」「聖比哀爾殉難」等。彌氏開始於一五四二年，在一五四四與一五四六年上因兩場病症中止了若干時，到一五四九——一五五〇年間纔勉強完成。伐薩利說：『這是他一生所作的最後的繪畫，而且費了極大的精力因爲繪畫尤其是壁畫，對於老人是不相宜的。』

(十六)最初是摩西像與兩座奴隸像；但後來彌蓋朗琪羅認爲奴隸像不再適合於這個減縮的建築，故又塑了「行動生活」與「冥想生活」以代替。

(十七)彌氏一五四二年十月書。(收信人不明)

二　信心

維多利亞死後，他想回到翡冷翠，把『他的疲勞的筋骨睡在他的老父旁邊。』（一）當他一生侍奉了幾代的教皇之後，他要把他的殘年奉獻給神。也許他是受着女友底鼓勵，要完成他最後的意願。一五四七年一月一日，維多利亞·高龍那逝世前一月，他奉到保爾三世底勅令，被任爲聖比哀爾大寺底建築師兼總監。他接受這委任並非毫無困難；且亦不是教皇底堅持纔使他決心承允在七十餘歲的高年去負擔他一生從未負擔過的重任。他認爲這是神底使命，是他應盡的義務：

『許多人以爲——而我亦相信——我是由神安放在這職位上的，他寫道，不論我是如何衰老，我不願放棄牠；因爲我是爲了愛戴神而服務，我把一切希望都寄託在他身上。』（二）

對於這件神聖的事業，任何薪給他不願收受。

在這樁事情上，他又遇到了不少敵人：第一是聖·迦羅一派，（三）如伐薩利所說的，此外還有一切辦事員，供奉人，工程承造人，被他揭發出許多營私舞弊的劣蹟，而聖·迦羅對於這些卻假作癡聾不加聞問。『彌蓋朗琪羅，伐薩利說，把聖比哀爾從賊與強盜底手中解放了出來。』

反對他的人都聯絡起來。首領是無恥的建築師拿尼·第·擺幾沃·皮琪沃（Nanni di Baccio Bigio）爲伐薩利認爲盜竊彌蓋朗琪羅而此刻又想排擠他的人們散布流言，說彌蓋朗琪羅對於建築是全然不懂的，祇是浪費金錢，弄壞前人底作品。聖比哀爾大寺底行政委員會也加入攻擊建築師，於一五五一年發起組織一個莊嚴的查辦委員會，即由教皇主席；監察人員與工人都來控告彌蓋朗琪羅，薩爾維阿蒂與賽維尼兩個主教又袒護着那些控訴者。（四）彌蓋朗琪羅簡直不願申辯：他拒絕和他們辯論。——他和賽維尼主教說：『我並沒有把我所要做的計劃通知你，或其他任何人的義務。你的事情是監察經費底支出。其他的事情與你無干。』（五）——他的不改性的驕傲從來不答應把他的計劃告訴任何人。』他回答那些怨望的工人道：『你們的事情是泥水工，斲工，木工，做你們的事，執行我的命令。至於要知道我思想些甚麼，你們永不會知道；因爲這是有損我的尊嚴的。』（六）

他這種辦法自然引起許多仇恨，而他如果沒有教皇們底維護，（七）他將一刻也抵擋不住那些怨毒的攻擊。因此，當于勒三世崩後，（八）賽維尼主教登極承繼皇位的時候，他差不多要離開羅馬了。但新任教皇馬賽三世登位不久卽崩；保爾四世承繼了他。最高的保護從新確定之後，彌蓋朗琪羅繼續奮鬬下去。他以爲如果放棄了作品，他的名譽會破產，他的靈魂會墮落。他說：

『我是不由自主地被任作這件事情的。八年以來，在煩惱與疲勞中間，我徒然掙扎。此刻，建築工程已有相當的進展，可以開始造穹窿的時候，若我離開羅馬，定將使作品功虧一簣：這將是我的大恥辱，亦將是我靈魂底大罪孽。』（九）

他的敵人們絲毫不退讓；而這種鬬爭，有時竟是悲劇的。一五六三年，在聖比哀爾工程中對於彌蓋朗琪羅最忠誠的一個助手，迦太（Pier Luigi Gaeta）被抓去下獄，誣告他竊盜；他的工程總管賽沙爾（Cesare da Casteldurante）又被人刺死了。彌蓋朗琪羅爲報復起見，便任命迦太代替了賽沙爾底職位。行政委員會把迦太趕走，任命了彌蓋朗琪羅底敵人拿尼·第·擺幾沃·皮琪沃。彌蓋朗琪羅大怒，不到聖比哀爾視事了。於是人家散放流言，說他辭職了；而委員會迅又委任拿尼去代替他，拿尼亦居然立刻做起主人來。他想以種種方法使這八十八歲的病危的老人灰心。可是他不識得他的敵人。彌蓋朗琪羅立刻去見教皇；他威嚇說如果不替他主張公道他將離開羅馬。他堅持要作一個新的偵查，證明拿尼底無能與謊言，把他驅逐。(十)這是一五六三年九月，他逝世前四個月底事情。——這樣直到他一生底最後階段，他還須和嫉妬與怨恨爭鬬。

可是我們不必為他抱憾。他知道自衞；即在臨死的時光，他還能够，如他往昔和他的兄弟所說的，獨個子『把這些獸類裂成齏粉。』

註(一)一五五二年九月十九日彌蓋朗琪羅致伐薩利書。

(二)一五五七年七月七日彌氏致他的姪兒李沃那陶書。

(三)這是 Antonio da San Galo，一五三七年至一五四六年他死時為止，一直是聖比哀爾底總建築師。他一向是彌蓋朗琪羅底敵人，因為彌氏對他不留餘地。為了教皇宮區內的城堡問題，他們兩人曾處於極反對的地位，終於彌氏把聖・迦羅底計劃取銷了。後來在建造法爾奈士宮邸時，聖・迦羅已造到二層樓，一五四九年彌氏在補成時又把他原來的圖樣完全改過。

(四)賽維尼主教即未來的教皇馬賽二世(Marcel II)

(五)據伐薩利記載。

（六）據鮑太利（Bottari）記載。

（七）一五五一年調查委員會末次會議中，彌蓋朗琪羅轉向着委員會主席于勒三世說：『聖父，你看，我掙得了甚麼！如果我所受的煩惱無裨我的靈魂，我便白費了我的時間與痛苦。』——愛他的教皇舉手放在他的肩上，說道：『靈魂與肉體你都掙得了。不要害怕！』（據伐薩利記載）

（八）教皇保爾三世死於一五四九年十一月十日；和他一樣愛彌蓋朗琪羅的于勒三世在位的時間是一五五〇年二月八日至一五五五年三月二十三日。一五五五年四月九日，賽維尼大主教被選為教皇，名號為馬賽二世。他登極只有幾天；一五五五年五月二十三日保爾四世承繼了他的皇位。

（九）一五五五年五月十一日彌氏致他的姪兒李沃那陶書。

一五六〇年，受着他的朋友們底批評，他要求『人們答應卸掉他十七年來以教皇之命而且義務地擔任的重負。』——但他的辭職未被允准，教皇比四世下令從新授予他一切權宜。——那時他纔決心答應加伐麗麗底要求，把穹窿底木型開始動工。至此為止，他一直把全部計劃隱瞞着，不令任何人知道。

（十）彌蓋朗琪羅逝死後翌日，拿尼馬上去請求高斯莫大公，要他任命他繼任彌氏底職位。

在聖比哀爾那件大作之外，還有別的建築工程占據了他的暮年，如：京都大寺（Capitole），（一）Santa Maria degli Angeli 教堂，（二）翡冷翠底聖洛朗查教堂，（三）畢阿門，尤其是 San Giovanni dei Fiorentini 教堂，如其他作品一樣是流產的。

翡冷翠人曾請求他在羅馬建造一座本邦底教堂；即是高斯莫大公自己亦爲此事寫了一封很恭維的信給他而彌蓋朗琪羅受着愛鄉情操底激勵，也以青年般的熱情去從事這件工作。（四）他和他的同鄉們說：『如果他們把他的圖樣實現，那麼即是羅馬人、希臘人也將黯然無色了。』——據伐薩利說，這是他以前沒有說過以後亦從未說過的言語；因爲他是極謙虛的。翡冷翠人接受了圖樣，絲毫不加改動。彌蓋朗琪羅底一個友人，Tiberio Calcagni 在他的指導之下作了一個教堂底木型：——『這是一件稀世之珍的藝術品，人們從未見過同樣的教堂，無論在美，在富麗，在多變方面。人們開始建築，化了五千金幣。以後，錢沒有了，便那麼中止了，彌蓋朗琪羅感着極度強烈的悲痛。』（五）教堂永遠沒有造成，即是那木型也遺失了。

這是彌蓋朗琪羅在藝術方面的最後的失望。他垂死之時怎麼能有這種幻想，說剛剛開始的聖比哀爾寺會有一天實現，而他的作品中居然會有一件永垂千古？他自己，如果是可能的話，他就要把牠們毀滅。他的最後一件雕塑，翡冷翠大寺底十字架像，表示他對於藝術已到了那麼無關心的地步。他的所以繼續雕塑，已不是爲了藝術底信心，而是爲了基督底信心，而是因爲『他的力與精神不能不創造。』（六）但當他完成了他的作品時，他把牠毀壞了。（七）『他將完全把牠毀壞，假若他的僕人安多諾不請求賜給他的話。』（八）

這是彌蓋朗琪羅在垂死之年對於藝術的淡漠的表示。

註：（一）彌蓋朗琪羅沒有看見屋前盤梯底完成。京都大寺底建築在十七世紀時纔完工的。

（二）關於彌蓋朗琪羅底教堂，今日毫無遺跡可尋牠們在十八世紀都重建過了。

（三）人們把教堂用白石建造，而並非如彌蓋朗琪羅原定的用木材建造。

（四）一五五九——一五六〇年間。

（五）伐薩利記載。

（六）同前。

一五五三年，他開始這件作品，他的一切作品中最動人的；因為牠是最親切的：人們感到他在其中只談到他自已，他痛苦着，把自已整個地沈入痛苦之中。此外，似乎那個扶持基督的老人，臉容痛苦的老人即是他自已的肖像。

（七）一五五五年事。

（八）Tiberio Calcagni 從安多諾那裏轉買了去，又請求彌蓋朗琪羅把牠加以修補。彌蓋朗琪羅答應了，但他沒有修好便死了。

自維多利亞死後再沒有任何壯闊的熱情燭照他的生命了。愛情已經遠去：

『愛底火焰沒有遺留在我的心頭。最重的病（衰老）永遠壓倒最輕微的我把靈魂底翅翼折斷了。』(一)

他喪失了他的兄弟和他的最好的朋友。Luigi del Riccio 死於一五四六年，Sébastien del Piombo 死於一五四七年；他的兄弟 Giovan Simone 死於一五四八年。他和他的最小的兄弟 Gismondo 一向沒有甚麽來往，亦於一五五五年死了。他把他的家庭之愛和暴烈的情緒一齊發洩在他的姪子——孤兒——們身上，他的最愛的兄弟 Buonarroto 底孩子們身上。他們是一男一女，男的卽李沃那陶，女的叫賽加。彌蓋朗琪羅把賽加送入修道院，供給她衣食及一切費用，他亦去看她；而當她出嫁時，(二)他給了她一部分財產作爲奩資。(三)——他親自關切李沃那陶底教育，他的父親逝世時他只有九歲。冗長的通信令人想起貝多芬與其姪兒底通信，表示他如何嚴肅地盡了他父輩底責任。(四)這也並非沒有時時發生的暴怒。李沃那陶常常試練他的伯父底耐性；而這耐性是極易消耗的。青年底惡劣的字跡已足使彌蓋朗琪羅暴跳。他認爲這是對他的失

下編　捨棄　二　信心　　一四三

敬：

『收到你的信時，從沒有在開讀之前不使我憤怒的。我不知你在哪裏學得的書法毫無恭敬的情操！……我相信你如果要寫信給世界上最大的一頭驢子，你必將寫得更小心些……我把你最近的來信丟在火裏了，因爲我無法閱讀：所以我亦不能答覆你。我已和你說過而且再和你說一遍，每次我收到你的信在沒有能够誦讀牠的之前，我總是要發怒的。將來你永遠不要寫信給我了。如果你有什麽事情告訴我，你去找一個會寫字的人代你寫罷；因爲我的腦力需要去思慮別的事情，不能耗費精力來猜詳你的塗鴉般的字跡。』（五）

天性是猜疑的，又加和兄弟們的糾葛使他更爲多心，故他對於他的姪兒底阿諛與卑恭的情感並無甚麽幻想：他覺得這種情感完全是小孩子底乖巧，因爲他知道將來是他的遺產承繼人。彌蓋朗琪羅老實和他說了出來。有一次，彌蓋朗琪羅病危，將要死去的時候，他知道李沃那陶到了羅馬，做了幾件不當做的事情；他怒極了，寫信給他：

『李沃那陶！我病時，你跑到法朗昔斯各先生那裏去探聽我留下些甚麽。你在翡冷翠所化的我的錢還不够麼？你不能向你的家族說謊，你也不能不肖似你的父親——他把我從翡冷翠家裏趕走！須知我已做好了一個遺囑，那遺囑上已沒有你的名分。去罷，和神一起去罷，不要再到我前面來，永遠不要再寫信給我！』（六）

這些憤怒並不使李沃那陶有何感觸，因爲在發怒的信後往常是繼以温言善語的信和禮物。（七）一年之後，他重新趕到羅馬，被贈與三千金幣的諾言吸引着。彌蓋朗琪羅爲他這種急促的情態激怒了，寫信給他道：

『你那麼急忽忽地到羅馬來。我不知道，如果當我在憂患中沒有麵包的時候，你會不會同樣迅速地趕到。……你說你來是爲了愛我，是你的責任。——是啊，這是蛀蟲之愛！（八）如果你真的愛我，你將寫信給我說：「彌蓋朗琪羅，留着三千金幣，你自己用罷：因爲你已給了那麼多錢，很够了；你的生命對於我們比財產更寶貴……」——但四十年來，你們靠着我活命，而我從沒有獲得你們一句好話……』（九）

李沃那陶底婚姻又是一件嚴重的問題。牠占據了叔姪倆六年底時間。（十）李沃那陶，温良地，只覷着遺產他接受一切勸告，讓他的叔父挑選，討論，拒絕一切可能的機會：他似乎毫不在意。反之，彌蓋朗琪羅卻十分關切，彷彿是他自己要結婚一樣。他把婚姻看作一件嚴重的事情，愛情倒是不關重要的條件；財產也不在計算之中：所認爲重要的，是健康與清白。他發表他的嚴格的意見，毫無詩意的，極端的，肯定的：

『這是一件大事情：你要牢記在男人與女人中間必須有十歲底差別；注意你將選擇的女子不獨要溫良，而且要健康……人家和我談起好幾個：有的我覺得合意，有的不。假若你考慮之後，在這幾個中合意那個，你當來信通知我，我再表示我的意見……你儘有選擇這一個或那一個的自由，只要她是出身高貴，家教很好；而且與其有奩產，寧可沒有爲妙，——這是爲使你們可以安靜地生活……（十一）一位翡冷翠人告訴我，說有人和你提起奚諾利家底女郎，你亦合意。我卻不願你娶一個女子，因爲假如有錢能備奩資，他的父親不會把她嫁給你的。我願選那種爲了中意你的人（而非中意你的資產）而把女兒嫁給你的人……你所得唯一地考慮的，祇是肉體與精神底健康，血統與習氣底品質，此外，還須知道她的父母是何種人物，因爲這極關重要……去找一個在必要時不怕洗滌碗盞，管理家務的妻子。……至於美貌，既然你並非翡冷翠最美的男子，那麼你可不必着急，祇要牠不是殘廢的或醜得不堪的就好。……』（十二）

搜尋了好久之後，似乎終於覓得了稀世之珍。但到了最後一刻，又發現了足以藉爲解約理由的缺點：

『我得悉她是近視眼：我認爲這不是甚麼小毛病。因此我還甚麼也沒有應允。既然你也毫未應允，那麼我勸你還是作爲罷論，如果你所得的消息是確切的話。』（十三）

李沃那陶灰心了。他反而覺得他的叔叔堅持要他結婚爲可怪了：

『這是眞的，彌蓋朗琪羅答道，我願你結婚：我們的一家不應當就此中斷。我很知道即使我們的一族斷絕了，世界也不會受何影響；但每種動物都要綿延種族。因此我願你成家。』（十四）

終於彌蓋朗琪羅自己也厭倦了；他開始覺得老是由他去關切李沃那陶底婚姻，而他本人反似淡漠是可笑的事情。他宣稱他不復顧問了：

『六十年來，我關切着你們的事情；現在，我老了，我應得想着我自己的了。』

這時候，他得悉他的姪兒和嘉桑特拉・麗杜菲訂婚了。他很高興，他祝賀他，答應送給他一千五百金幣。李沃那陶結婚了。（十五）彌蓋朗琪羅寫信去道賀新夫婦，許贈一條珠項鏈給嘉桑特拉。可是歡樂也不能阻止他不通知他的姪兒，說『雖然他不大明白這些事情，但他覺得李沃那陶似乎應在伴他的女人到他家裏去之前，把金錢問題準確地弄好了：因爲在這些問題中時常潛伏着決裂底種子。』信末，他又附上這段不利的勸告：

『啊！……現在，努力生活罷：仔細想一想，因爲寡婦底數目永遠超過鰥夫底數目。』（十六）

兩個月之後，他寄給嘉桑特拉的，不復是許諾的珠項鏈，而是兩隻戒指，——一隻是鑲有金鋼鑽的，一隻是鑲有紅寶玉的。嘉桑特拉深深地謝了他，同時寄給他八件內衣。彌蓋朗琪羅寫信去說：

『牠們眞好，尤其是布料我非常愜意。但你們爲此耗費金錢，使我很不快；因爲我甚麼也不缺少。爲我深深致謝嘉桑特拉，告訴她說我可以寄給她我在這裏可以找到的一切東西，不論是羅馬底出品或其他。這一次，我祇寄了一件小東西；下一次，我寄一些更好的，使她高興的物件罷。』（十七）

不久，孩子誕生了。第一個名字題做 Buonarroto（十八），這是依着彌氏底意思；——第二個名字題做彌蓋朗琪羅，（十九）但這個生下不久便夭亡了。而那個老叔，於一五五六年邀請年青夫婦到羅馬去，他一直參與着家庭中底歡樂與憂苦，但從不答應他的家族去顧問他的事情，也不許他們關切他的健康。

註：

（一）詩集卷八十一（約於一五五〇年左右）。

他暮年時代底幾首詩，似乎表現火焰並不如他自己所信般的完全熄滅，而他自稱的『燃過的老木』有時仍有火焰顯現。

（二）她於一五三八年嫁給 Michele di Niccolo Guicciardinio。

（三）是他在 Pozzolatico 地方底產業。

（四）這通信始於一五四〇年。

（五）見一五三六——一五四八年間底書信。

（六）一五四四年七月十一日信。

（七）一五四九年，彌蓋朗琪羅在病中第一個通知他的姪兒，說已把他寫入遺囑。——遺囑大體是這樣寫的：『我把我所有的一切，遺留給 Gismondo 和你；要使我的弟弟 Gismondo 和你，我的姪兒享有均等的權利，兩個人中任何一個如不得另一個底同意，不得處分我的財產。

（八）原文是 L'amore del tarlo！指他的姪兒只是覬覦遺產而愛他。

（九）一五四六年二月六日書。

他又附加着：『不錯，去年因爲我屢次責備你，你寄了一小桶德萊皮諾酒給我。啊！這已使你破費得夠了！』

（十）自一五四七年至一五五三年。

（十一）另外他又寫道：

『你不必追求金錢，祇要好的德性與好的聲名，……你需要一個和你留在一起的妻子，爲你可以支使的，不討厭的，不是每天去出席宴會的女人；因爲在那裏人們可以誘惑她使她墮落。』（一五四九年二月一日書）

（十二）一五四七年至一五五二年間書信。

（十三）一五五一年十二月十九日書。

（十四）可是他又說：『但如果你自己覺得不十分健康，那麽還是克制自己，不要在世界上多造出其他的不幸者爲妙。』

（十五）一五五三年五月十六日。

（十六）一五五三年五月二十日書。

（十七）一五五三年八月五日書。

（十八）生於一五五四年。

（十九）生於一五五五年。

在他和家庭的關係之外，彌蓋朗琪羅亦不少著名的高貴的朋友。(一)雖然他性情很粗野，但要把他認作一個如貝多芬般的粗獷的鄉人卻是完全錯誤的。他是意大利底一個貴族，學問淹博，閥閱世家。從他青年時在聖瑪各花園中和洛朗·梅迭西斯等廝混在一起的時節起，他和意大利可以算作最高貴的諸侯親王主教，(二)文人，(三)藝術家(四)都有交往。他和詩人法朗昔斯各·裴爾尼(Francesco Berni)在思想上齊名；(五)他和伐爾幾(Benedetto Varchi)通信和 Luigi del Riccio 與 Donato Giannotti 們唱和。人們搜羅他關於藝術的談話和深刻的見解，還有沒有人能和他相比的關於但丁的認識。一個羅馬貴婦(六)於文字中說在他願意的時候，他是一個溫文爾雅，婉轉動人的君子，在歐洲罕見的人品。』在 Giannotti 與 François de Hollande 底筆記中，可以看出他的周到的禮貌與交際的習慣。在他若干致親王們的信中，(七)更可證明他很易做成一個純粹的宮臣。社會從未逃避他：卻是他常常躲避社會；要度一種勝利的生活完全在他自己。他之於意大利無異是整個民族天才底化身。在他生涯底終局，已是文藝復興期遺下的最後的巨星，他是文藝復興底代表，整個世紀底光榮都是屬於他的。不獨是藝術家們認他是一個超自然的人。(八)即是王公大臣亦在他的威望之前低首。法朗梭阿一世與加德麗納・特・梅迭西斯向他致敬。(九)高斯莫・特・梅迭西斯要任命他爲貴族院議員(十)而當他到羅馬的時候(十一)又以貴族的禮款待他，請他坐在他旁邊，和他親密地談話。高斯莫底兒子，法朗昔斯各・特・梅迭西斯，帽子握在手中『向這一個曠世的偉人表示無限的敬意。』(十二)人家對於『他的崇高的道德』和對他的天才一般尊敬。(十三)他的老年所受的光榮和歌德與囂俄相彷。但他是另一種人物。他既沒有歌德般成爲婦孺皆知的渴望，亦沒有囂俄般對於已成法統底尊重。他蔑視光榮，蔑視社會；他的侍奉教皇只是『被迫的。』而且他還公然說即是教皇，在談話時，有時也使他厭惡，『雖然他們命令他，他不高興時也不大會去。』(十四)

『當一個人這樣地由天性與教育變得憎恨禮儀，蔑視矯僞時，更無適合他的生活方式了。如果他不向你要求任何事物，不追求你的集團，爲何要去追求他的呢？爲何要把這些無聊的事情去和他的遠離世界底性格糾纏不清呢？不想滿足自己的天才而只求取悅於俗物的人，決不是一個高卓之士。』(十五)

因此他和社會只有必不可免的交接，或是靈智的關係。他不使人家參透他的親切生活；那些教皇，權貴，文人，藝術家，在他的生活中占據極小的地位。但和他們之中的一小部分卻具有眞實的好感，只是他的友誼難得持久。他愛他的朋友，對他們很寬宏；但他的強項，他的傲慢，他的猜忌時常把他最忠誠的朋友變做最凶狠的仇敵。他有一天寫了這一封美麗而悲痛的信：

『可憐的負心人在天性上是這樣的：如果你在他患難中救助他，他說你給予他的他早已先行給予你了。假若你給他工作表示你對他的關心，他說你不得不委託他做這件工作，因爲你自己不會做。他所受到的恩德，他說是施恩的人不得不如此。而如果他所受到的恩惠是那麼明顯爲他無法否認時，他將一直等到那個施恩者做了一件顯然的錯事；那時，負心人找到了藉口可以說他壞話，而且把他一切感恩的義務卸掉了。——人家對他老是如此；可是沒有一個藝術家來要求我而我不給他若干好處的，並且出於我的眞心。以後他們把我古怪的脾氣或是癲狂作爲藉口，說我是瘋了，是錯了；於是他們誣蔑我，毀謗我：——這是一切善人所得的酬報。』（十六）

註：（一）我們應當把他的一生分作幾個時期。在這長久的一生中，我們看到他孤獨與荒漠的時期，但也有若干充滿着

友誼的時期。一五一五年左右，在羅馬有一羣翡冷翠人，自由的，生氣蓬勃的人：—— Domenico Buoninsegni，Lionardo sellajo，Giovanni Spetiale Bartolommeo Verazzano，Giovanni Gellesi，Canigiani 等。——這是他第一期底朋友。以後，在克萊芒七世治下，Francesco Berni 與 Fra Sebastiano del Piombo 一羣有思想的人物。del Piombo 是一個忠誠的，但亦是危險的朋友，是他把一切關於彌蓋朗琪羅的流言報告給他聽，亦是他羅織成他對於拉斐爾派的仇恨——更後，在維多利亞·高龍那底時代，尤其是Luigi del Riccio底一般人，他是翡冷翠底一個商人，在銀錢的事情上時常作他的顧問，是他最親密的一個朋友。在他那裏，彌氏遇見 Donato Giannotti，音樂家 Archadelt 與美麗的 Cecchino。他們都一樣愛好吟咏，愛好音樂，愛嘗異味。也是爲了 Riccio 因 Cecchino 死後的悲傷，彌氏寫四十八首悼詩；而 Riccio 收到每一首悼詩時，寄給彌氏許多鮎魚，香菌，甜瓜，雉鳩……等。——在他死後（一五四六年），彌蓋朗琪羅差不多沒有朋友，祇有信徒了：Vasari，Condivi，Daniel de Volterre，Bronzino，Leone Leoni，Benvenuto Cellini 等。他感應他們一種熱烈的求知慾；他向表示對他們的動人的情感。

(二)由於他在教皇宮內底職位，和他的宗教思想底偉大，彌氏和教會中的高級人物有特別的交誼。

(三)他亦認識當時有名的史家兼愛國主義者 Machiavel。

(四)在藝術界中，他的朋友當然是最少了，但他暮年卻有不少信徒崇奉他，環繞着他——對於大半的藝術家他都沒有好感。他和文西，班呂，更法朗西亞，西虐勒利，拉斐爾，勃拉芒德，聖迦羅們皆有深切的怨恨。一五一七年六月三十日 Jacopo Sansovino 寫信給他說：『你從沒有說過任何人底好話。』——但一五二四年時，彌氏卻爲他盡了很大的力；他也爲別人幫了不少忙；但他的天才太熱烈了，他不能在他的理想之外，更愛別一個理想；而且他亦太眞誠了，他不能對於他全然不愛的東西假裝愛。——但當一五四五年蒂相(Titien)來羅馬訪他時，他卻十分客氣。——然而，雖然那時底藝術界非常令人豔羨，他寧願和文人與實際行動者交往。

(五)他們兩人唱和甚多，充滿着友情與戲謔的詩，裴爾尼極稱頌彌蓋朗琪羅，稱之爲「柏拉圖第二；」他和別的詩人們說：『靜着罷，你們這般和諧的工具！你們說的是文辭，唯有他是言之有物。』

(六)Dona Argentina Malaspina，一五一六年間事。

(七)尤其是一五四六年四月二十六日他給法朗梭阿一世的那封信。

(八)Condivi 在他的彌蓋朗琪羅傳中，開始便說：

『自從神賜我恩寵，不獨認我配拜見彌蓋朗琪羅，唯一的雕塑家與畫家，——這是我所不敢大膽希冀的，——而且許我恭聆他的談吐，領受他的眞情與信心的時候起，——爲表示我對於這件恩德底感激起見，我試着把他生命中值得頌讚的材料收集起來，使別人對於這樣一個偉大的人物有所景仰，作爲榜樣。』

(九)一五四六年，法朗梭阿一世寫信給他；一五五九年，加德麗納・特・梅迭西斯寫信給他。她信中說：『和全世界的人一起知道他在這個世紀中比任何人都卓越，』所以要請他雕一個亨利二世騎在馬上的像，或至少作一幅素描。

(十)一五五二年間事。彌蓋朗琪羅置之不答：——使高斯莫大公大爲不悅。

(十一)一五六〇年十一月間事。

（十二）一五六一年十月。

（十三）伐薩利記載。

（十四）見 François de Hollande 著：繪畫語錄。

（十五）同前。

（十六）一五二四年正月二十六日致 Piero Gondi 書。

在他自己家裏，他有相當忠誠的助手，但大半是庸碌的。人家猜疑他故意選擇庸碌的，爲只要他們成爲柔順的工具，而不是合作的藝術家，——這並也是合理的。但據 Condivi說：『許多人說他不願教練他的助手們，這是不確的：相反，他正極願教導他們。不幸他的助手不是低能的便是無恆的，後者在經過了幾個月底訓練之後，往往夜郎自大，以爲是大師了。』

無疑的，他所要求於助手們底第一種品性是絕對的服從。對於一般桀驁不馴的人，他是毫不顧惜的；對於那些謙恭忠實的信徒，他卻表示十二分的寬容與大量。懶惰的于朋諾『不願工作的，』（一）——而且他的不願工作正有充分的理由，因爲當他工作的時候，往往是笨拙得把作品弄壞，以至無可挽救的地步，如米納佛寺底基督像，——在一場疾病中，曾受彌蓋朗琪羅底仁慈的照拂看護；（二）他稱彌蓋朗琪羅爲『親愛的如最好的父親。』——Piero di Giannoto 被『他如愛兒子一般的愛。』——Silvio di Giovanni Cepparello 從他那裏出去轉到 André Doria 那裏去服務時悲哀地要求他重新收留他。——Antonio Mini 底動人底歷史可算是彌蓋朗琪羅對待助手們寬容大度底一個例子。據伐薩利說，Mini 在他的學徒中是有堅強的意志但不大聰明的一個。他愛着翡冷翠一個窮寡婦底女兒。彌蓋朗琪羅依了他的家長之意要他離開翡冷翠。Antonio 願到法國去。（三）彌蓋朗琪羅送了他大批的作品：『一切素描，一切稿圖「麗達」畫（四）』他帶了這些財富動身了。（五）但打擊彌蓋朗琪羅底惡運對於他的卑微的朋友打擊得更厲害。他到巴黎去，想把「麗達畫」送呈法王法朗梭阿一世不在京中；Antonio 把「麗達」寄存在他的一個朋友，意大利人 Giuliano Buonaccorsi 那裏，他回到里昂住下了。數月之後，他回到巴黎，「麗達」不見了，Buonaccorsi 把牠賣給法朗梭阿一世，錢給他拿去了。Antonio 又是氣憤又是惶急，經濟底來源斷絕了，流落在這巨大的首都中，於一五三三年終憂憤死了。

但在一切助手中，彌蓋朗琪羅最愛而且由了他的愛成爲不朽的卻是 Francesco d'Ama-

，dore諢名于皮諾。他是從一五三〇年起入彌蓋朗琪羅底工作室服務的，在他指導之下，他作于勒二世底陵墓。彌蓋朗琪羅關心他的前程。

『他和他說：「如我死了，你怎麼辦？」』

『于皮諾答道：「我將服侍另外一個。」』

『「——喔可憐蟲！」彌蓋朗琪羅說，「我要挽救你的災難。」』

『於是他一下子給了他二千金幣：這種餽贈即是教皇與帝皇也沒有如此慷慨。』（六）

然而倒是于皮諾比他先死。（七）他死後翌日，彌蓋朗琪羅寫信給他的姪兒：

『于皮諾死了，昨日下午四時。他使我那麼悲傷，那麼惶亂，如果我和他同死了，倒反舒適；這是因爲我深切地愛他之故；而他確也值得我愛；這是一個尊嚴的，光明的，忠實的人。他的死令我感得彷彿我已不復生存了，我也不能從新覓得我的寧靜。』

他的痛苦眞是那麼深切，以至三個月之後在寫給伐薩利信中還是非常難堪：

『喬琪沃先生，我親愛的朋友，我心緒惡劣不能作書，但爲答覆你的來信，我胡亂寫幾句罷。你知道于皮諾是死了，——這爲我是殘酷的痛苦，可也是神賜給我的極大的恩寵。這是說他活着的時候，他鼓勵我亦生存着，死了，他教我懂得死，並非不快地而是樂意地願死。他在我身旁二十六年，我永遠覺得他是可靠的，忠實的。我爲他掙了些財產，而現在我想把他作爲老年底依傍，他卻去了；除了在天國中重見他之外我更無別的希望，在那裏，神旣賜了他甘美的死底幸福，一定亦使他留在他身旁。對於他，比着死更苦惱的，卻是留我生存在這騙人的世界上，在這無窮的煩惱中。我的最精純的部分和他一起去了，只留着無盡的災難。』（八）

在極度的悲痛中，他請他的姪兒到羅馬來看他。李沃那陶與嘉桑特拉，擔憂着，來了，看見他非常衰弱。于皮諾託孤給他的責任使他鼓勵起新的精力，于皮諾兒子中底一個是他的義子，題着他的名字。（九）

註（一）伐薩利描寫彌蓋朗琪羅底助手『Pietro Urbano de Pistoie 是聰明的，但從不肯用功。Antonio Mini 很努力，但不聰明。Ascanio della Ripa Transone 也肯用功，但他從無成就。』

（二）彌蓋朗琪羅對他最輕微的痛楚也要擔心。有一次他看見他手指割破了，他監視他要他去作宗教的懺悔。

（三）一五二九年翡冷翠陷落之後，彌蓋朗琪羅曾想和 Antonio Mini 一同往法國去

(四)「麗達畫」是他在翡冷翠被圍時替法拉爾大公作的，但他沒有給他，因爲法拉爾底大使對他失敬。

(五)一五三一年。

(六)伐薩利記載。

(七)一五五五年十二月三日，在彌蓋朗琪羅最後一個兄弟 Gismondo 死後沒有幾天。

(八)一五五六年二月二十三日。

(九)他寫信給于皮諾底寡婦，高納麗阿，充滿着熱情，答應她把小彌蓋朗琪羅收受去由他教養，『要向他表示甚至比對他的姪兒更親切的愛，把于皮諾要他學的一切都教授他。』（一五五七年三月二十八日書）——高納麗阿於一五五九年再嫁了，彌蓋朗琪羅永遠不原諒她。

他還有別的奇特的朋友。因了強硬的天性對於社會底約束底反抗，他愛和一般頭腦簡單不拘形式的人斷混。——一個加拉萊地方底斲石匠，Topolino，『自以爲是出衆的雕塑家，每次開往羅馬去的運石的船上，必寄有他作的幾個小小的人像，使彌蓋朗琪羅爲之捧腹大笑的；』(一)——一個伐達爾諾地方底畫家，Menighella，不時到彌蓋朗琪羅那裏去要求他畫一個聖洛克像或聖安東納像，隨後他着了顏色賣給鄉人。而彌蓋朗琪羅，爲帝王們所難於獲得他的作品的，卻儘肯依着 Menighella 底指示作那些素描；——一個理髮匠，亦有繪畫底嗜好，彌蓋朗琪羅，爲他作了一幅聖法朗梭阿底圖稿；——一個羅馬工人，爲于勒二世底陵墓工作的，自以爲在不知不覺中成爲一個大雕塑家，因爲柔順地依從了彌蓋朗琪羅底指導，他居然在白石中雕出一座美麗的巨像，把他自己也呆住了；——一個滑稽的鏤金匠Piloto，外號Lasca；——一個懶惰的奇怪的畫家Indaco，『他愛談天的程度正和他厭惡作畫的程度相等，』他常說：『永遠工作，不尋娛樂，是不配做基督徒的；』(二)——尤其是那個可笑而無邪的Giuliano Bugiardini，彌蓋朗琪羅對他有特別的好感。

『于里阿諾有一種天然的溫良之德，一種質樸的生活方式，無惡念亦無欲念，這使彌蓋朗琪羅非常愜意。他唯一的缺點卽太愛他自己的作品。但彌蓋朗琪羅往往認爲這足以使他幸福；因爲彌氏明白他自己不能完全有何滿足是極苦惱的……有一次，沃太維諾·特·梅迭西斯要求于里阿諾爲他繪一幅彌蓋朗琪羅底肖像。于氏着手工作了；他教彌蓋朗琪羅一句不響地坐了兩小時之後他喊道：『彌蓋朗琪羅，來瞧，起來罷：面上底主要部分，我已抓住了。』彌蓋朗琪羅站起；一見肖像便笑問于里阿諾道：『你在搗什麼鬼？你把我的一隻眼睛陷入太陽穴裏去了：瞧瞧仔細罷。』

于里阿諾聽了這幾句話，弄得莫名其妙了。他把肖像與人輪流看了好幾遍；大膽地答道：『我不覺得這樣；但你仍舊去坐着，能如果是這樣，我將修改。』彌蓋朗琪羅知道他墮入何種情景，微笑着坐在于里阿諾底對面，于里阿諾對他對着肖像再三的看，於是站起來說：『你的眼睛正如我所畫的那樣，是自然顯得如此。』——『那麽，』彌蓋朗琪羅笑道，『這是自然底過失。繼續下去罷。』(三)

這種寬容，爲彌蓋朗琪羅對待別人所沒有的習慣，卻能施之於那些渺小的，微賤的人。這亦是他對於這些自信爲大藝術家底可憐蟲底憐憫，也許那些瘋子們底情景引起他對於自己的瘋狂底回想。在此，的確有一種悲哀的滑稽的幽默。(四)

註：(一)見伐薩利記載。

(二)同前。

(三)同前。

(四)如一切陰沈的心魂一般，彌蓋朗琪羅有時頗有滑稽的情趣；他寫過不少詼諧的詩，但他的滑稽總是嚴肅的，近於悲劇的。如對於他老年底速寫等等。（見詩集卷八十一）

三　孤獨

這樣地，他只和那些卑微的朋友們生活着：——他的助手和他的瘋癡的朋友，——還有是更微賤的伴侶：他的家畜，他的母雞與他的貓。(一)

實在，他是孤獨的，而且他愈來愈孤獨了。『我永遠是孤獨的，他於一五四八年寫信給他的姪兒說，我不和任何人談話。』他不獨漸漸地和社會分離，且對於人類底利害，需求，快樂，思想也都淡漠了。

把他和當代的人羣連繫着的最後的熱情，——共和思想——亦冷熄了。當他在一五四四與一五四六年兩次大病中受着他的朋友 Riccio 在 Strozzi 家中看護的時候，他算是發洩了最後一道陣雨底閃光，彌蓋朗琪羅病愈時，請求亡命在里昂的 Robert Strozzi 向法王要求履行他的諾言：他說假若法朗梭阿一世願恢復翡冷翠底自由，他將以自己的錢爲他在翡冷翠諸侯府場上建造一座古銅的騎馬像。(二)——一五四六年，爲表示他感激 Strozzi 底東道之誼，他把兩座奴隸像贈與了他，他又把牠們轉獻給法朗梭阿一世。

但這祇是一種政治熱底爆發——最後的爆發。在他一五四五年和 Giannotti 的談話中，好幾處他表白類乎托爾斯泰底鬬爭無用論與不抵抗主義底思想：

『敢殺掉某一個人是一種極大的僭妄，因爲我們不能確知死是否能產生若干善，而生是否能阻止若干善。因此我不能容忍那些人，說如果不是從惡——即殺戮——開始，決不能有善底效果。時代變了，新的事故在產生，欲念亦轉換了，人類疲倦了……而末了，永遠會有出乎預料的事情。』

同一個彌蓋朗琪羅，當初是激烈地攻擊專制君主的，此刻也反對那些理想着以一種行爲去改變世界的革命家了，他很明白他曾經是革命家之一；他悲苦地責備的即是他自己。如哈姆雷德一樣，他此刻懷疑一切，懷疑他的思想，他的怨恨，他所信的一切。他向行動告別了。他寫道：

『一個人答覆人家說：「我不是一個政治家，我是一個誠實之士，一個以好意觀照一切的人。」他是說的眞話。只要我在羅馬底工作能給我和政治同樣輕微的顧慮便好！』(三)

實際上，他不復怨恨了。他不能恨因爲已經太晚：

『不幸的我，爲了等待太久而疲倦了，不幸的我，達到我的願望已是太晚了！而現在，你不知道麼？一顆寬宏的，高傲的，善良的，心懂得寬恕，而向一切侮辱他的人以德報怨！』(四)

註：(一)一五五三年 Angiolini 在他離家時寫信給他道：『公雞與母雞很高興；——但那些貓因爲不看見你而非常憂愁，雖然牠們並不缺少糧食。』

(二)一五四四年七月二十一日 Riccio 致 Ruberto di Filippo Strozzi 書。

(三)一五四七年致他的姪兒李沃那陶書。

(四)詩集卷一百零九，第六十四首。

在此，彌氏假想一個詩人和一個翡冷翠底流戍者底談話——很可能是在一五三六年亞歷山大・特・梅迭西斯被洛朗齊諾刺死後寫的。——

他住在 Macel de'Corvi，在德拉揚古市場底高處。他在此有一座房子，一所小花園。他和一個男僕，(一)一個女傭，許多家畜占據着這住宅。他和他的僕役們並不感到舒服。因爲據伐薩利說：『他們老是大意的，不潔的。』他時常更調僕役，悲苦地怨嘆。(二)他和僕人們底糾葛，與貝多芬底差不多。一五六〇年他趕走了一個女傭之後喊道『寧願她永沒來過此地！』

他的臥室幽暗如一座墳墓。(三)『蜘蛛在內做牠們種種工作，盡量紡績。』(四)——在樓梯底中段他畫着背負着一口棺材的「死」像。(五)

他和窮人一般生活，喫得極少，(六)『夜間不能成寐，他起來執着巨剪工作。他自己做了一頂紙帽，中間可以插上蠟燭，使他在工作時雙手可以完全自由，不必費心光亮的問題。』(七)

他愈老，愈變得孤獨。當羅馬一切睡着的時候，他隱避在夜晚的工作中：這於他已是一種必需。靜寂於他是一件好處，黑夜是一位朋友：

『噢夜，噢溫和的時間，雖然是黝暗，一切努力在此都能達到平和，稱頌你的人仍能見到而且懂得；讚美你的人確有完美的判別力。你斬斷一切疲乏的思念，爲潮潤的陰影與甘美的休息所深切地透入的；從塵世，你時常把我擁到天上，爲我希冀去的地方。噢死底影子，由了牠，靈魂與心底敵害——災難——都被擋住了，悲傷的人底至高無上的救藥啊，你使我們病的肉體重新獲得健康，你揩乾我們的淚水，你卸掉我們的疲勞，你把好人洗掉他們的仇恨與厭惡。』(八)

有一夜，伐薩利去訪問這獨個子在荒涼的屋裏面對着他的悲愴的「耶穌死難像」的老人：『伐薩利叩門，彌蓋朗琪羅站起身來，執着燭臺去接應。伐薩利要觀賞雕像但彌蓋朗琪羅故意把蠟燭墮在地下熄滅了，使他無法看見。而當于皮諾去找另一支蠟燭時，他轉向伐薩利，說道：『我是如此衰老，死時常在曳我的褲脚，要我和牠同去。一天，我的軀體會崩墮，如這支火炬一般，也像牠一樣，我的生命底光明會熄滅。』

死底意念包圍着他，一天一天地更陰沈起來。他和伐薩利說：『沒有一個思念不在我的心中引起死底感觸。』（九）

死，於他似乎是生命中唯一的幸福：

『當我的過去在我眼前重現的時候——這是我時時刻刻遇到的，——喔虛僞的世界，我纔辨認出人類底謬妄與過錯。相信你的諂諛，相信你的虛幻的幸福的人，便是在替他的靈魂準備痛苦與悲哀。經驗過的人，很明白你時常許諾你所沒有，你永遠沒有的平和與福利。因此最不幸的人是在塵世覊留最久的人；生命愈短，愈容易回歸天國……』（十）

『由長久的歲月纔引到我生命底終點，喔世界，我認識你的歡樂很晚了。你許諾你所沒有的平和，你許諾在誕生之前早已死滅的休息……我是由經驗知道的，以經驗來說話：死緊隨着生的人纔是唯一爲天國所優寵的幸運者。』（十一）

他的姪兒李沃那陶慶祝他的孩子底誕生，彌蓋朗琪羅嚴厲地責備他：

『這種鋪張使我不悅。當全世界在哭泣的時候是不應當嬉笑的。爲了一個人底誕生而舉行慶祝是缺乏知覺的人底行爲。應當保留你的歡樂在一個充分地生活了的人死去的時候發洩。』（十二）

翌年，他的姪兒底第二個孩子生下不久便夭殤了，他寫信去向他道賀。

註：（一）在他的僕役之中，有過一個法國人叫做李查的。

（二）一五五〇年八月十六日，他寫信給李沃那陶說：『我要一個善良的清潔的女僕；但很困難：她們全是髒的，不守婦道的。我的生活很窮困，但我雇用僕役的價錢出得很貴。』

（三）詩集卷八十一。

（四）同前。

(五)棺材上寫着下面一首詩:『我告訴你們,告訴給世界以靈魂肉體與精神的你們:在這具黑暗的箱中你們可以抓握一切。』

(六)伐薩利記載:『他喫得很少。年青時,他祗吃一些麵包和酒,爲要把全部時間都放在工作上。老年,自從他作「最後之審判」那時起,他習慣喝一些酒,但只是在晚上,但一天底工作完了的時候,而且極有節制地。雖然他富有,他如窮人一般過活。從沒有(或極少)一個朋友和他同食:他亦不願收受別人底禮物;因爲這樣他自以爲永遠受了贈與人底恩德要報答。他的儉約的生活使他變得極爲警醒,需要極少的睡眠。』

(七)伐薩利留意到他不用蠟而用羊油蕊作燭臺,故送了他四十斤蠟。僕人拿去了,但彌蓋朗琪羅不肯收納。僕人說:『主人,我拿得手臂要斷下來了,我不願拿回去了。如果你不要,我將把牠們一齊插在門前泥穴裏盡行燃起』於是彌蓋朗琪羅說:『那麼放在這裏罷;因爲我不願你在我門前做那傻事。』(伐薩利記載)

(八)詩集卷七十八。

(九)一五五五年六月二十二日書。

(十)詩集卷一百零九,第三十二首。

(十一)詩集卷一百零九,第三十四首。

(十二)一五五四年四月致伐薩利書,上面寫着『一五五四年四月我不知何日。』

大自然,爲他的熱情與靈智的天才所一向輕忽的,(一)在他晚年成爲他的一個安慰者了。」

五五六年九月，當羅馬被西班牙阿勃大公底軍隊威脅時他逃出京城，道經斯波萊德，在那裏住了五星期。他在橡樹與橄欖樹林中，沈醉在秋日底高爽清朗的氣色中。十月杪他被召回羅馬，離開時表示非常抱憾。——他寫信給伐薩利道：『大半的我已留在那裏；因爲唯有在林中方能覓得眞正的平和。』

回到羅馬，這八十二歲的老人作了一首歌咏田園，頌讚自然生活的美麗的詩，在其中他並指責城市底謊騙；這是他最後的詩，而牠充滿了青春底朝氣。

但在自然中，如在藝術與愛情中一樣，他尋求的是神，他一天一天更迫近他。他永遠是有信仰的。雖然他絲毫不受教士僧侶，男女信徒們底欺騙，且有時還挖苦他們，（二）但他似乎在信仰中從未有過懷疑。在他的父親與兄弟們患病或臨終時，他第一件思慮老是要他們受聖餐。（三）他對於祈禱的信心是無窮的；『他相信祈禱甚於一切藥石；』（四）他把他所遭受的一切幸運和他沒有臨到的一切災禍盡歸之於祈禱底功效。在孤獨中，他曾有神祕的崇拜底狂熱。「偶然」爲我們保留着其中的一件事蹟：同時代底紀載描寫他如西施庭中的英雄般底熱狂的臉相，獨個子，深夜，在

羅馬底他的花園中祈禱，痛苦的眼睛矚視着佈滿星雲的天空。(五)

有人說他的信仰對於聖母與使徒底禮拜是淡漠的，這是不確的。他在最後二十年中全心對付着建造使徒聖比哀爾大寺底事情，而他的最後之作（因爲他的死而沒有完成的），又是一座聖比哀爾像，要說他是一個新教徒，不啻是開玩笑的說法了。我們也不能忘記他屢次要去朝山進香：一五四五年他想去朝拜 Saint-Jacques de Compostelle，一五五六年他要朝拜 Lorette。——但也得說和一切偉大的基督徒一樣，他的生和死，永遠和基督在一起。一五一二年他在致父親書中說：『我和基督一同過着淸貧的生活；』臨終時，他請求人們使他念及基督底苦難。自從他和維多利亞結交之後，——尤其當她死後，——這信仰愈爲堅固強烈。從此，他把藝術幾乎完全奉獻於頌讚基督底熱情與光榮，(六) 同時，他的詩也沈浸入一種神祕主義底情調中。他否認了藝術，投入十字架上殉道者底臂抱中去：

『我的生命，在波濤險惡的海上，由一葉殘破的小舟渡到了彼岸，在那裏大家都將對於虔敬的與冒瀆的作品下一個判斷。由是，我把藝術當作偶像，當作君主般的熱烈的幻想，今日我承認牠含有多少錯誤，而我顯然看到一切的人都在爲着他的苦難而欲求愛情的思想，虛妄的快樂的思想，當我此刻已迫近兩者之死的時光，牠們究竟是甚麽呢？愛，我是肯定了，其他只是一種威脅。既非繪畫，亦非雕塑能撫慰我的靈魂，牠已轉向着神明的愛，愛卻在十字架上張開着臂抱等待我們！』

（七）

註：（一）雖然他在鄉間度過不少歲月，但他一向忽視自然。風景在他的作品中占有極少的地位；牠只有若干簡略的指示，如在西施庭底壁畫中。在這方面，彌氏和同時代的人——拉斐爾，蒂相，班呂勤，法朗西阿，文西——完全異趣。他瞧不起弗拉芒藝人底風景畫，那時正是非常時髦的。

（二）一五四八年，李沃那陶想加入 Lorette 底朝山隊伍，彌蓋朗琪羅阻止他，勸他還是把這筆錢做了施捨的好。『因爲，把錢送給教士們，上帝知道他們怎麽使用！』（一五四八年四月七日）

Sebastien del Piombo 在 San Pietro in Montorio 寺中要畫一個僧侶像，彌蓋朗琪羅認爲這個僧侶要把一切都弄壞了：『僧侶們已經失掉了那麽廣大的世界，故他們失掉這麽一個小教堂亦不足爲奇。』

在彌蓋朗琪羅要爲他的姪兒完姻時，一個女信徒去見他，對他宣道，勸他爲李沃那陶娶一個虔敬的女子。彌氏在信中寫道：『我回答她說，她還是去織布或紡紗的好，不要在人前鼓弄簧舌，把聖潔的事情當作買賣做。』（一五四九年七月十九日）

(三)一五一六年十一月二十三日爲了父親底病致 Buonarroto 書，與一五四八年正月爲了兄弟 Giovan Simone 之死致李沃那陶書都提及此事。

(四)一五四九年四月二十五日致李沃那陶書。

(五)Fra Benedetto 記載此事甚詳。

(六)後期底雕塑，如十字架，如殉難，如死像等都是。

(七)詩集卷一百四十七。

但在這顆老耄的心中，由信仰與痛苦所激發的最精純的花朵，尤其是神明般的惻隱之心。這個爲仇敵稱爲貪婪的人(一)一生從沒停止過施惠於不幸的窮人，不論是認識的或不認識的。他不獨對他的老僕與他父親底僕人，——對一個名叫 Mona Margherita 的老僕，爲他在兄弟死後所收留，而她的死使他非常悲傷，『彷彿死掉了他自己的姊妹那樣，』(二)——對一個爲西施庭教堂造臺架的木匠，他幫助他的女兒嫁費(三)……——表露他的動人的眞摯之情；而且他時時在佈施窮人，尤其是怕羞的窮人。他愛令他姪子與姪女參與他的施捨，使他們爲之感動，他亦令他們代他去做，但不把他說出來：因爲他要他的慈惠保守祕密。(四)『他愛實地去行善，而非貌爲

下編　捨棄　三　孤獨　　　一七三

行善。』（五）——由於一種極細膩的情感，他尤其念及貧苦的女郎：他設法暗中贈與她們少數的奩資，使她們能够結婚或進入修院。他寫信給他的姪兒說：

『設法去認識一個有何急需的人，有女兒要出嫁或送入修院的。（我說的是那些沒有錢而無顏向人啓齒的人。）把我寄給你的錢給他，但要祕密地；而且你不要被人欺騙……』（六）

此外，他又寫：

『告訴我，你還認識有別的高貴的人而經濟拮据的麼？尤其是家中有年長底女兒的人家。我很高興爲他們盡力，爲着我的靈魂得救。』（七）

註：（一）這些流言是拉萊汀與彭地納利散布的。這種謠話底來源有時因爲彌蓋朗琪羅在金錢的事情上很認眞的緣故。其實，他是非常隨便的；他並不記帳；他不知道他的全部財產究有若干，而他一大把一大把地把錢施捨。他的家族一直用着他的錢。他對於朋友們，僕役們往往贈送如唯有帝王所能賞賜一般的珍貴的禮物。他的作品，大半是贈送的而非賣掉的；他爲聖比哀爾底工作是完全盡義務的。再沒有人比他更嚴厲地指斥愛財的癖好了。他寫信給他的兄弟說：『貪財是一件大罪惡。』伐薩利爲彌氏辯護，把他一生贈與朋友或信徒的作品一齊背出來說：『我不懂人們如何能把這個每件各値幾千金幣的作品隨意贈送的人當作一個貪婪的人。』

(二)一五三三年致兄弟 Giovan Simone 信，——一五四〇年十一月致李沃那陶信。
(三)伐薩利記載。
(四)一五四七年致李渥那陶書：『我覺得你太不注意施捨了。』
一五四七年八月：『你寫信來說給了這個女人四個金幣，爲了愛上帝的緣故：這使我很快樂。』
一五四九年三月二十九日：『注意，你所給的人，應當是真有急需的人，且不要爲了友誼而要爲了愛上帝之故。
不要說出錢底來源。』
(五)Condivi 記載。
(六)一五四七年八月致李沃那陶書。
(七)同前。(一五五〇年十二月二十日)

尾聲

死

『多麼想望而來得多麼遲緩的死——』(一)

終於來了。

他的僧侶般的生活雖然支持了他堅實的身體，可沒有蠲免病魔底侵蝕。自一五四四與一五四六年底兩場惡性發熱後，他的健康從未恢復；膀胱結石，(二)痛風症，(三)以及各種的疾苦把他磨蝕完了。在他暮年底一首悲慘的滑稽詩中，他描寫他的殘廢的身體：

『我孤獨着悲慘地生活着，好似包裹在樹皮中的核心……我的聲音彷彿是幽閉在臭皮囊中的胡蜂……我的牙齒動搖了，有如樂器上底鍵盤……我的臉不啻是嚇退鳥類的醜面具……

我的耳朵不息地嗡嗡作響：一隻耳朵中蜘蛛在結網；另一隻中蟋蟀終夜的叫個不停……我的感冒使我不能睡眠……予我光榮的藝術引我到這種結局。可憐的老朽，如果死不快快來救我，我將絕滅了……疲勞把我支離了，分解了，唯一的棲宿便是死……』（四）

一五五五年六月，他寫信給伐薩利說道：

『親愛的喬琪沃先生，在我的字跡上你可以認出我已到了第二十四小時了……』（五）

一五六〇年春，伐薩利去看他，見他極端疲弱。他幾乎不出門，晚上幾乎不睡覺；一切令人感到他不久人世。愈衰老，他愈溫柔，很易哭泣。

『我去看彌蓋朗琪羅，伐薩利寫道。他不想到我會去，因此在見我時彷彿如一個父親找到了他失掉的兒子般的歡喜。他把手臂圍着我的頸項，再三的親吻我，快活得哭起來。』（六）

可是他毫未喪失他清明的神志與精力。即在這次會晤中，他和伐薩利長談，關於藝術問題，關於指點伐薩利底工作，隨後他騎馬陪他到聖比哀爾。（七）

一五六一年八月，他患着感冒。他赤足工作了三小時，於是他突然倒地，全身拘攣着。他的僕人

Antonio 發見他昏暈了。加伐麗麗，彭第尼，加爾加尼立刻跑來。那時，彌蓋朗琪羅已輕醒轉。幾天之後，他又開始乘馬出外，繼續作阿比阿門底圖稿。

古怪的老人，無論如何也不答應別人照拂他他的朋友們費盡心思纔得悉他又患着一場感冒，只有大意的僕人們伴着他。

他的承繼人李沃那陶，從前爲了到羅馬來受過他一頓嚴厲的訓責，此刻卽是爲他叔父底健康問題也不敢貿然奔來了。一五六三年七月，他託但尼哀·特·伏爾丹問彌蓋朗琪羅，願不願他來看他；而且，爲了預料到彌氏要猜疑他的來有何作用，故又附帶聲明，說他的商業頗有起色，他很富有，甚麼也不需求。狡黠的老人令人回答他說，旣然如此，他很高興，他將把他存留的少數款子分贈窮人。

一個月之後，李沃那陶對於那種答復感着不滿，重復託人告訴他，說他很擔心他的健康和他的僕役。這一次，彌蓋朗琪羅回了他一封怒氣勃勃的信，表顯這八十八歲——離開他底死祇有六個月——底老人還有那麼強項的生命力：

『由你的來信，我看出你聽信了那些不能偷盜我，亦不能將我隨意擺佈的壞蛋底謊言。這是些無賴之徒，而你居然傻得會相信他們。請他們走路罷：這些人祇會給你煩惱，只知道妬羨別人，而自己度着浪人般的生活。你信中說你爲我的僕役擔憂；而我，我告訴你關於僕役，他們都很忠實地服侍我，尊敬我。至於你信中隱隱說起的偷盜問題，那麼我和你說，在我家裏的人都能使我放懷，我可完全信任他們。所以，你只須關切你自己；我在必要時是懂得自衞的，我不是一個孩子。善自珍攝罷！』（八）

關切遺產的人不止李沃那陶一個呢。整個意大利是彌蓋朗琪羅底遺產承繼人，——尤其是多斯加大公與教皇，他們操心着不令關於聖洛朗與聖比哀爾底建築圖稿及素描有何遺失。一五六三年六月，聽從了伐薩利底勸告，高斯莫大公責令他的駐羅馬大使 Averardo Serristori 祕密地稟奏教皇，爲了彌蓋朗琪羅日漸衰老之故，要暗中監護他的起居與一切在他家裏出入的人。在突然逝世的情景中，應當立刻把他所有的財產登記入册：素描，版稿，文件，金錢等等，並當監視着使人不致乘死後底紊亂中偷盜什麼東西。當然，這些是完全不令彌蓋朗琪羅本人知道的。（九）

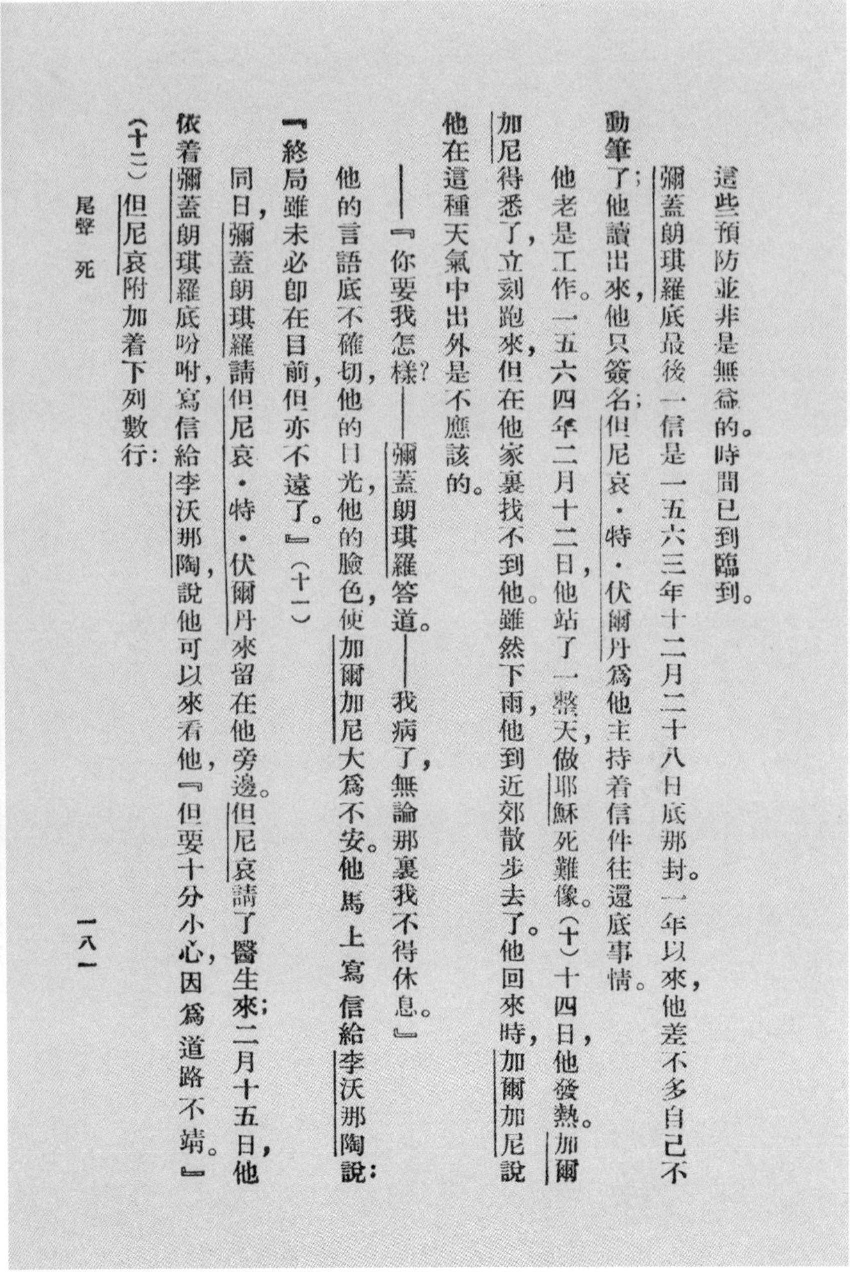

這些預防並非是無益的。時間已到臨到。

彌蓋朗琪羅底最後一信是一五六三年十二月二十八日底那封。一年以來，他差不多自己不動筆了；他讀出來他只簽名；但尼哀·特·伏爾丹爲他主持着信件往還底事情。

他老是工作。一五六四年二月十二日，他站了一整天做耶穌死難像。（十）十四日，他發熱。加爾加尼得悉了，立刻跑來，但在他家裏找不到他。雖然下雨，他到近郊散步去了。他回來時，加爾加尼說他在這種天氣中出外是不應該的。

——『你要我怎樣？——彌蓋朗琪羅答道。——我病了，無論那裏我不得休息。』

他的言語底不確切，他的目光，他的臉色，使加爾加尼大爲不安。他馬上寫信給李沃那陶說：『終局雖未必即在目前，但亦不遠了。』（十一）

同日，彌蓋朗琪羅請但尼哀·特·伏爾丹來留在他旁邊。但尼哀請了醫生來；二月十五日，他依着彌蓋朗琪羅底吩咐，寫信給李沃那陶，說他可以來看他『但要十分小心，因爲道路不靖。』（十二）但尼哀附加着下列數行：

尾聲　死　　　　一八一

『八點過一些，我離開他，那時他神志清明，頗爲安靜，但被痲痹所苦。他爲此感到不適，以至在今日下午三時至四時間他想乘馬出外，好似他每逢晴天必須履行的習慣。但天氣底寒冷與他頭腦及腿底疲弱把他阻止了：他回來坐在爐架旁邊的安樂椅中，這是他比臥牀更歡喜的坐處。』

他身邊還有忠實的加伐麗麗。

直到他逝世底大前日，他纔答應臥在牀上，他在朋友與僕人環繞之中讀出他的遺囑，神志非常清楚。他把『他的靈魂贈與上帝，他的肉體遺給塵土。』他要求『至少死後要回到』他的親愛的翡冷翠。——接着，

『從駭怕的暴風雨中轉入甘美平和的靜寂。』（十三）

這是二月中底一個星期五，下午五時。（十四）正是日落時分……『他生命底末日，和平的天國底首日！……』（十五）

終於他休息了。他達到了他願望的目標：他從時間中超脫了。

『幸福的靈魂，對於他時間不復流逝了！』（十六）

註：(一)『因爲，對於不幸的人，死是懶惰的……』(詩集卷七十三，第三十首)

(二)一五四九年三月人家勸他飲維丹勃泉水，他覺得好些。——但在一五五九年七月他還感着結石底痛苦。

(三)一五五五年七月。

(四)詩集卷八十一。

(五)一五五五年六月二十二日致伐薩利書。一五四九年他在寫給伐爾幾信中已說：『我不獨是老了，我已把自己計算在死人中間。』

(六)一五六〇年四月八日伐薩利致高斯莫·特·梅迭西斯書。

(七)那時他是八十五歲。

(八)一五六三年八月二十一日致李沃那陶書。

(九)伐薩利記載。

(十)這座像未曾完功。

(十一)一五六四年二月十四日加爾加尼致李沃那陶書。

(十二)一五六四年三月十七日，但尼哀·特·伐爾丹致伐薩利書。

(十三)詩集卷一百五十二。

(十四)一五六四年二月十八日，星期五。——送終他的，有加伐麗麗。但尼哀·特·伏爾丹，李沃尼，兩個醫生，僕人安東尼沃。李沃那陶在三天之後纔到羅馬。

尾聲 死　　一八三

（十五）詩集卷一百〇九，第四十一首。

（十六）詩集卷五十九。

這便是神聖的痛苦的生涯

在這悲劇的歷史底終了，我感到爲一項思慮所苦。我自問，在想給予一般痛苦的人以若干支撐他們的痛苦的同伴時，我會不會只把這些人底痛苦加給那些人。因此，我是否應當，如多少別人所做的那樣，只顯露英雄底英雄成分而把他們的悲苦的深淵蒙上一層帷幕？

——然而不！這是眞理啊！我並不許諾我的朋友們以謊騙換得的幸福，以一切代價去掙得的幸福。我許諾他們的是眞理，——不管牠須以幸福去換來，——是雕成永恆的靈魂的壯美的眞理。牠的氣息是苦澀的，可是純潔的：把我們貧血的心在其中薰沐一會罷。

偉大的心魂有如崇山峻嶺，風雨吹盪牠，雲翳包圍牠；但人們在那裏呼吸時，比別處更自由更有力。純潔的大氣可以洗滌心靈底穢濁；而當雲翳破散的時候，他威臨着人類了。

是這樣地這座崇高的山峯矗立在文藝復興期底意大利，從遠處我們望見他的峻嶮的側影，在無垠的青天中消失。

我不說普通的人類都能在高峯上生存。但一年一度他們應上去頂禮。在那裏，他們可以變換一下肺中底呼吸，與脈管中的血流。在那裏，他們將感到更迫近永恆。以後，他們再回到人生底廣原，心中充滿了日常戰鬭底勇氣。

羅曼·羅蘭

作品

西斯廷礼拜堂内景

西斯廷礼拜堂天顶画全景　壁画　1508—1512 年　约 520 平方米

《神分出水与陆》 西斯廷礼拜堂天顶画九景之一

《神创造太阳与月亮》 西斯廷礼拜堂天顶画九景之一

《神分出光明与黑暗》 西斯廷礼拜堂天顶画九景之一

《神创造亚当》 西斯廷礼拜堂天顶画九景之一

《神创造夏娃》 西斯廷礼拜堂天顶画九景之一

《原始罪恶》 西斯廷礼拜堂天顶画九景之一

《诺亚的献祭》 西斯廷礼拜堂天顶画九景之一

《诺亚醉酒》 西斯廷礼拜堂天顶画九景之一

《洪水》 西斯廷礼拜堂天顶画九景之一

《先知约拿》 西斯廷礼拜堂天顶画先知之一

《特尔斐之女先知》 西斯廷礼拜堂天顶画先知之一

《先知耶利米》 西斯廷礼拜堂天顶画先知之一

《利比亚之女先知》 西斯廷礼拜堂天顶画先知之一

《先知库迈》 西斯廷礼拜堂天顶画先知之一

《先知以赛亚》 西斯廷礼拜堂天顶画先知之一

西斯廷礼拜堂天顶画基督的祖先像之一

西斯廷礼拜堂天顶画裸体像之一

《朱利阿诺·美第奇墓》(《内穆尔公爵墓》) 1534 年

《洛伦佐·美第奇墓》(《乌尔比诺公爵墓》) 1520—1534 年

新祭司更衣所　1521—1534 年

《夜》 大理石　长 194cm

《日》 大理石　长 185cm

《暮》
大理石
长 195cm

《晨》
大理石
长 203cm

《思想者》(《乌尔比诺公爵像》)

《力行者》(《内穆尔公爵像》)

《思想者》
(《乌尔比诺公爵像》局部)

《力行者》
(《内穆尔公爵像》局部)

《摩西》 大理石 1513—1516年（局部完成于1542—1545年） 高235cm

《尤里乌斯二世陵墓》 大理石 1503—1545年

《活动的生命》(《拉结》)
大理石
1542 年
高 197cm

《大卫》
大理石
1501—1504 年
高 517cm

《垂死的奴隶》
大理石
1513—1516年
高 209cm